IHA Praxiswissen Hotellerie
Band 2

Das Hotel-Bett

Vom Produktions- zum Erfolgsfaktor

Herausgegeben von
Jens Rosenbaum und Hans R. Amrein

Mit Beiträgen von
Hans R. Amrein, Prof. Dr. Marco A. Gardini,
Philipp Hangartner, Stephan Hirt, Karsten Jeß,
Dr. Sven Klunker, Luzius Kuchen, Jens Rosenbaum,
Stephan Schulze-Aissen, Rolf Slickers,
Thomas G. Zydeck

ERICH SCHMIDT VERLAG

Bibliografische Information der Deutschen Nationalbibliothek
Die Deutsche Nationalbibliothek verzeichnet diese Publikation in
der Deutschen Nationalbibliografie; detaillierte bibliografische Daten
sind im Internet über http://dnb.d-nb.de abrufbar.

Weitere Informationenzu diesem Titel finden Sie im Internet unter
ESV.info/978-3-503-17172-9

Gedrucktes Werk: ISBN 978-3-503-17172-9
eBook: 978-3-503-17173-6

ISSN 2190-6874

Alle Rechte vorbehalten
© Erich Schmidt Verlag GmbH & Co. KG, Berlin 2019
www.ESV.info

Dieses Papier erfüllt die Frankfurter Forderungen
der Deutschen Bibliothek und der Gesellschaft für das Buch
bezüglich der Alterungsbeständigkeit und entspricht sowohl den
strengen Bestimmungen der US Norm Ansi/Niso Z 39.48-1992
als auch der ISO-Norm 9706.

Technische Realisierung: Pantamedia Communications
Lektorat: Ulrich Noelle
Druck und Bindung: Difo-Druck, Untersiemau

Grußwort des Hotelverbandes Deutschland (IHA)

Alle Hotels dieser Welt gründen ihr Geschäftsmodell auf ein einziges, dafür aber existenzielles Grundbedürfnis der Menschen: das Schlafen. Unsere Kernleistung, gleich ob Luxus- oder Budget-Hotel, besteht seit Anbeginn in der Vermietung von Betten für die Nacht. Und mag auch in Zukunft noch mehr Technik und Vernetzung Einzug in unsere Hotels halten, sich der Gast nur noch online einbuchen und sich per Smartphone das Zimmer öffnen, spätestens beim Bett sind wir alle wieder in der analogen Offline-Welt.

Das Bett im Mittelpunkt unserer Zimmer wird es in seiner Grundfunktion immer geben, ganz gleich, wie sich die Welt darum herum verändert. Es ist und bleibt also unser wichtigster Produktionsfaktor. Aber haben wir auch das Wissen, um diesen Produktionsfaktor wirklich erfolgreich einzusetzen? Schöpfen wir das in ihm steckende Kundenbindungspotenzial auch optimal aus?

Wer sich bislang über dieses Thema fachlich informieren wollte, stellte schnell fest, dass es hierzu für unsere Branche kaum aufbereitete und spezialisierte Informationen gibt, während wir uns vor der Masse an Testberichten, Analysen und Empfehlungen zu Espressomaschinen, WLAN oder Flachbildschirmen kaum retten können. Aber wer wissen wollte, welchem Bettsystem er bei seiner Investitionsentscheidung den Vorzug geben sollte, der stand bislang – bildlich gesprochen – im Wesentlichen allein auf dem Hotel-Flur.

Unser Ziel als Hotelverband ist es, diese Informationslücke gemeinsam mit unseren Preferred Partnern zu schließen. Wir haben daher in Zusammenarbeit mit renommierten Autoren aus der Schweiz und Deutschland Fachbeiträge rund um die Themen Bett und Schlafen gebündelt, die zu einem Teil in der Fachpresse auch schon veröffentlicht wurden.

Wenn auch sicherlich noch nicht allumfassend und mit Mehrfachnennung des einen oder anderen Aspekts, wird das Hotel-Bett in dieser erweiterten Sammlung von Fachbeiträgen erstmals aus vielen Blickwinkeln kritisch-konstruktiv beleuchtet.

Grußwort des Hotelverbandes Deutschland (IHA)

Auf das im Herbst 2016 veröffentlichte „ABettC", eine Kurzfassung für IHA-Mitglieder, folgt nun mit diesem Buch „Das Hotel-Bett" eine deutlich umfassendere Bearbeitung der Thematik. Alle relevanten Aspekte werden erfasst – von Ökologie bis Marketing, von Technik bis Wirtschaftlichkeit, von Ergonomie bis Haptik und von Schlafproblemen bis zu Hilfen für die Gesundheit.

Aus Wissen Kapital schlagen. Dazu soll diese Sammlung von Fachbeiträgen einen Beitrag leisten, wozu auch der HOTEL-BETTEN-CHECK gehört. Ein Instrument zur Selbstanalyse und in Verbindung mit einer Online-Version auch eine Hilfe für das hauseigene Betten-Management. Denn ohne unsere Betten wären wir nicht, was wir sind.

Berlin, im Mai 2019

Otto Lindner, Vorsitzender
Hotelverband Deutschland (IHA)

Einführung

Interview mit Prof. Dr. rer. pol. Marco A. Gardini über die Bedeutung des Bettes in der Hotellerie. Das Gespräch führte Jens Rosenbaum.

Ein Hotel-Betrieb ist ein umfangreiches Dienstleistungsunternehmen. Aber was sind die Kernleistungen im Sinne von Produktionsfaktoren, die unmittelbar zum Umsatz führen?

Die wesensbestimmende Kernleistung der Hotellerie ist und bleibt die Beherbergung und damit auch der Platz zum Schlafen. In Abhängigkeit von Betriebstyp, Produktkonzept und Qualitätskategorie kommen die Verpflegung sowie zahlreiche in Art, Qualität und Anzahl unterschiedliche Nebenleistungen hinzu. Außer der Kernleistung ist alles andere in der Hotellerie bei den meisten Angeboten optional, sei es die Minibar, das Frühstück, die Restaurantleistung, das Pay-TV, Wellness, Internet, Garage usw.

Welchen Anteil hat das Hotel-Bett daran?

Nun, je nach Betriebstyp, Produktkonzept und Qualitätskategorie liegt der Anteil der Beherbergungserlöse zwischen 30 und 90 Prozent des Gesamtumsatzes eines Hotel-Betriebes. Die Unterkunft ist somit der entscheidende Umsatz- und Ertragsbringer in der Branche. Neben der jeweiligen Servicequalität ist auch die Produktqualität – das heißt das Haus, die Zimmer oder eben die Qualität des Bettes – ein entscheidender Faktor, wenn es um den Erfolg oder Misserfolg eines Beherbergungsunternehmens geht.

Wenn das Hotel-Bett in seiner Eigenschaft als „der" maßgebliche Produktionsfaktor so bedeutend ist, was mag dann der Grund dafür sein, dass es in der Wahrnehmung der Branche meist eine kleinere Rolle spielt?

Das Bett bzw. die Qualität und Wirkung eines aus Gästesicht hochwertigen Schlaferlebnisses wurde in der Branche lange Zeit unterschätzt. Ein Grund dafür mag sein, dass das Bett, wie viele andere Dinge in der Hotellerie auch, lange Zeit eher als Kosten- denn als Differenzierungsfaktor gesehen wurde. Seit einiger Zeit hat jedoch ein Mentalitätswandel stattgefunden, und so haben die Themen Hotel-Bett und Schlafkomfort, wie verschiedenste Studien belegen, neuerdings einen hohen Stellenwert bei den Hoteliers. Entsprechend rücken immer mehr Akteure der Branche das Bett vermehrt in den Mittelpunkt ihrer

Produktkommunikation. Pionier dieser Entwicklung war die *Starwood*-Hotel-Gruppe, die bereits 1999 mit ihrer Marke *Westin* das sehr erfolgreiche *Westin-Heavenly-Bed*-Konzept einführte. Andere Hotel-Marken zogen nach und entwickelten ebenfalls eigene Konzepte zum Thema Schlafkomfort (zum Beispiel *Sheraton Sweet Sleeper*, *Marriott*, *Lindner* u.a.). Selbst im Economy-Bereich ist dieser Trend mittlerweile angekommen. So revolutioniert die *Ibis*-Markenfamilie nach eigenen Angaben seit 2012 den Schlafkomfort mit einem neuen Bett-Konzept *(Sweet Bed by Ibis)*.

Welche Rolle spielt in der Gesamtbetrachtung des Hotel-Betts der Gast als Kunde und Nutzer der Leistung?

Seit Jahren zeigen Studien vor allem eins: Guter und erholsamer Schlaf ist ein Grundbedürfnis des Menschen, und so ist dieser Wunsch auch bei Hotel-Gästen – fern vom eigenen Zuhause und fern vom eigenen Bett – von besonderer Relevanz. Die Qualität des Hotel-Betts ist dem Gast entsprechend wichtig und trägt im Hinblick auf die Bewertung der Ausstattung eines Hotels entscheidend zur Gesamtzufriedenheit des Aufenthalts bei. Bei Geschäftsreisenden beispielsweise ist der Schlafkomfort neben dem persönlichen Service eines der wichtigsten Kriterien bei der Wahl ihres Hotels. Wichtig ist aus Marketing-Sicht, die Grundcharakteristik des Hotel-Betts im Gesamtkontext der Bewertung der Zufriedenheit der Gäste zu verstehen. Ein sehr gutes Bett führt nicht unbedingt zu einer überragenden Bewertung, wenn andere Dinge, wie beispielsweise der Service oder die Sauberkeit, nicht stimmen, ein schlechtes Bett bzw. eine unbefriedigende Schlaferfahrung hingegen ruinieren einen Aufenthalt mit Sicherheit und führen definitiv zu einer sehr negativen Gesamtbewertung des Hauses. Die Qualität des Hotel-Betts ist somit ein wichtiger Hygienefaktor im Leistungskatalog eines Hotel-Betriebes, der sich in seiner Merkmals-Charakteristik durch seine Nicht-Kompensatorik auszeichnet, will heißen, dass ein sehr freundlicher Mitarbeiter oder ein überdurchschnittlicher Service die unerfreuliche Erfahrung einer durchwachten Nacht in der Regel nicht kompensieren können.

Wenn bei einem Hotel Standort, Zahl der Zimmer, Raumgröße, Bad-Ausstattung usw. fest definiert sind, welches Potenzial schlummert dann noch im Hotel-Bett?

Das kommt auf den wettbewerbsstrategischen Ansatz eines Hotel-Unternehmens an. Unternehmen können gemäß Harvard-Professor *Michael Porter*, vereinfacht gesehen, zwei grundlegende wettbewerbsstrategische Positionen einnehmen: die Kostenführerschaft einerseits und die Qualitätsführerschaft andererseits. In diesem Kontext gilt es, das eigene Bettenkonzept zu verorten als Möglichkeit zur Kostensenkung oder aber als Möglichkeit zur Kundengewinnung. In beiden Fällen ermöglicht ein klar definiertes Bettenkonzept, im Gegensatz zu anderen Ansätzen der Leistungsverbesserung, ein großes, schnelles und vergleichsweise günstiges Optimierungspotenzial, sei es aus Innovations- oder aus Kostengesichtspunkten.

Welchen Stellenwert haben die Themen Schlaf und Hotel-Bett in der Ausbildung an den Hotel-Fachschulen und in der entsprechenden Fachliteratur?

Die Funktionalität des Bettes und seine Bedeutung im Gesamtkontext des Leistungsangebots in der Hotellerie spielten lange Zeit überhaupt keine Rolle. Ebenso wie man davon ausgig, dass ein Auto halbwegs vernünftige Reifen hat, ging man sowohl aus Sicht des Hoteliers wie auch des Gastes lange davon aus, dass das Bett in Relation zur jeweiligen Sternekategorie in der Regel eine hinreichend angemessene Qualität aufweist. Das Differenzierungspotenzial des Hotel-Betts wurde lange nicht erkannt, und so wundert es nicht, dass im Zusammenhang mit der Vermarktung von Hotel-Leistungen die Themen Schlaf und Hotel-Bett bis dato sowohl in der Fachliteratur als auch in der Aus- und Weiterbildung kaum Relevanz genießen.

Wo steht das Hotel-Bett in Zukunft?

Das Bett wird immer noch im Hotel-Zimmer stehen, aber es wird eine zunehmende Rolle in der Wahrnehmung und Bewertung der Beherbergungsqualität durch die Gäste spielen. Entsprechend sollte jeder Hotel-Betrieb in Zukunft ein konkurrenzfähiges Bettenkonzept zum integralen Bestandteil seines Vermarktungskonzepts machen. Denn wer den Anschluss bei den Themen Schlafkomfort und Hotel-Bett verliert, der verliert langfristig auch seine Gäste.

Vorwort der Herausgeber

Bei einem Gespräch der Autoren *Hans Amrein* und *Jens Rosenbaum* anlässlich der IGEHO 2013[1] in Basel wurde die Idee geboren, in einem Fachbeitrag für die Zeitschrift *Hotelier* das Thema Bett und Schlafen zu beleuchten. Aus anfänglich einem Artikel wurde eine Artikelserie, aus der Serie wurde ein Buch. In über 30 Beiträgen und Interviews wird darin die Thematik Hotel-Bett von Fachautoren, Branchenkennern und Spezialisten unter die Lupe genommen. Ausgehend von einer Einführung über den Schlaf, seinen Ablauf und seine existenzielle Bedeutung für die Gesundheit des Menschen, werden die Grundanforderungen an ein Bett erläutert. Neben der richtigen Lagerung des Körpers für die Nacht – wozu Kopfkissen, Matratze und Unterfederung benötigt werden – wird auch dargestellt, welchen Einfluss Zudecke, Bettwäsche und Bettlaken bzw. Spannbetttuch haben. Nur das richtige Zusammenspiel all dieser Komponenten schafft die Voraussetzung für einen erholsamen Schlaf.

Je genauer dabei eine Abstimmung auf die individuellen Bedürfnisse des einzelnen Menschen möglich ist, desto besser das Ergebnis in Form von erholsamem und gesundem Schlaf. Während der Mensch als privater Verbraucher seine individuelle Bettausstattung selbst zusammenstellen kann, steht das Hotel vor der Herausforderung, es allen Gästen mit einem Bett recht machen zu müssen.

Die Entwicklung in der Bettenindustrie ist aber nicht stehen geblieben, und die Ergebnisse bei der Anpassungsfähigkeit von Bettsystemen lassen sich auch für die Hotellerie nutzen, wo sich der Gast bisher dem Bett anpassen musste. Diese Entwicklung bietet die Möglichkeit, dass sich das Bett dem Gast anpassen kann, wenn es denn entsprechend flexibel konstruiert ist.

Neben dieser Entwicklung im ergonomischen Bereich gibt es auch solche im Bereich der Hygiene. Die Verschärfung des Kriterienkatalogs der *Deutschen Hotel-Klassifizierung* 2015–2020 bei der Kissen-, Betten- und Matratzenhygiene geht einher mit einer weiter wachsenden

---

[1] Internationale Fachmesse für Gemeinschaftsgastronomie und Hotellerie

Sensibilisierung der Öffentlichkeit für das Thema Sauberkeit und Gesundheit. Auf diese seit Jahren andauernde Entwicklung und dem Bedarf an Hygienelösungen hat die Industrie bereits reagiert. Neben den gut eingeführten Encasings als einer ersten Form des Schutzes ist es auch zur Entwicklung von voll waschbaren Matratzen und entsprechenden Waschanlagen gekommen. Damit kann eine alte Hygienelücke geschlossen werden, da erstmals alle textilen Bettkomponenten (Kissen, Bettwäsche und Matratze) nach vergleichbaren Standards rückstandsfrei gewaschen werden können.

Verbunden mit diesen technischen Entwicklungen sind darauf aufbauende Servicekomponenten analog der Hotel-Mietwäsche entstanden, womit sich der Hotel-Branche völlig neue Spielräume eröffnen; denn durch die Möglichkeit einer regelmäßigen hygienischen Aufarbeitung lassen sich erstmals auch Matratzen über ihren vollen physikalischen Nutzungszeitraum hinweg einsetzen, was neben wirtschaftlichen Vorteilen nicht zuletzt auch zur Ressourcen-Schonung und Müllvermeidung beiträgt.

Sofern sich der Hotelier der Bedeutung seines Produktionsfaktors Hotel-Bett bewusst ist und die technischen Weiterentwicklungen des Marktes zu nutzen versteht, wird er die mit dem Hotel-Bett verbundenen Potenziale viel besser und vielleicht sogar erstmals wirklich nutzen können; denn neben den Möglichkeiten zur Verbesserung von Ergonomie und Hygiene bieten sich auch neue Chancen, durch entsprechende Ausrüstung und Darstellung der eigenen Betten in der Werbung zielgruppenspezifisch vorzugehen. Aber auch die Wirtschaftlichkeit bietet Optimierungspotenziale; denn wenn man das Bett nicht isoliert betrachtet, sondern das Bettenmanagement als Prozesskette begreift, in der jedes einzelne Leistungselement einer Kosten-Nutzen-Analyse unterzogen werden sollte, wird man Einspar- bzw. Wertsteigerungspotenziale finden. Und dort, wo eigene Ressourcen begrenzt sind, um sich dem Spezialthema Hotel-Bett hinreichend widmen zu können, bieten Dienstleister bereits ihr Fachwissen bis zur Möglichkeit des vollständigen Outsourcing an, wie man es zum Beispiel von der Hotel-Mietwäsche kennt.

Gesamthaft gesehen bietet diese Übersicht zum Thema Hotel-Bett zahlreiche Anregungen, wie künftig anders verfahren werden könnte. Gleichermaßen wie die Elemente eines Bettes nicht isoliert betrachtet und angeschafft werden sollten, sollte auch der Einsatz des Bettes in der Hotellerie nicht isoliert erfolgen, sondern systemisch eingebunden werden in das individuelle Gesamtkonzept eines Hotels – verbunden mit jener Wertschätzung, die dem Bett gemäß seiner Bedeutung für die Hotellerie gebührt.

Hans Amrein und Jens Rosenbaum, Zürich und Hannover, im Mai 2019

Inhaltsverzeichnis

Grußwort des Hotelverbandes Deutschland (IHA) 5
Einführung 7
Vorwort der Herausgeber 11
Abbildungs- und Tabellenverzeichnis 17

1 Grundlagen **21**
1.1 Der Schlaf 21
1.1.1 Biologie der Nacht — Warum schlafen wichtig ist 21
1.1.2 Schlafprobleme — Was Gästen helfen könnte 25
1.1.3 Ursachen für Schlafprobleme 30
1.1.4 Maßnahmenkatalog für die Hotellerie: Tue Gutes und sprich darüber! 43
1.1.5 Selbsttest zur Schlafstörung 46
1.2 Das Bett 49
1.2.1 Das Bett — Mehr als nur eine Horizontale 49
1.2.2 Qual der Wahl — Schaum- oder Federmatratze? 54
1.2.3 Kopf oder Zahl — Welches Kissen ist das Richtige? 61
1.2.4 Das „E" im Bett — Gesundheit auf Knopfdruck 65
1.2.5 Der Betten-TÜV oder Wie viel Gast ein Bett verträgt 70
1.3 Hygiene 75
1.3.1 Hygiene — Mehr als nur ein Wort 75
1.3.2 Hygiene im Hotelbett 79
1.3.3 Saubere Lösungen bringen mehr als reine Wäsche 82
1.3.4 Fluch oder Segen? — Was können Encasings? 90

2 Das Bett im Hotel — Artikel-Serie **101**
2.1 Mit mehr Bett zu mehr Gast 103
2.2 Jedem Gast seine Matratze? 109
2.3 Jedem Gast sein Bett? 115
2.4 Glückliche Gäste dank hochwertiger Bettwäsche 119
2.5 Wie sauber muss ein Hotelbett sein? 123
2.6 Wenn es juckt im Hotel-Bett 129
2.7 Das Geld im Schlaf verdienen? 133
2.8 Werben Sie für Ihre Betten! 137
2.9 Warum nicht Öko-Betten? 143

3	**Produktionsfaktor Bett**	**151**
3.1	Was Gäste wirklich wollen	151
3.2	Was ein gutes Bett leisten muss	161
3.3	Hotel-Bett-Empfehlung des IHA	165
3.3.1	Umsetzung der Hotel-Klassifizierungskriterien	167
3.3.2	Grundlagen einer Musterkalkulation	169
3.3.3	Musterkalkulation auf Basis 5 Jahre	172
3.3.4	Kalkulation auf Basis Wertschöpfungszeitraum	175
3.3.5	Wirtschaftlichkeitsbetrachtung	176
3.4	Umbauen für Hotel-Sterne?	179
4	**Schlusswort**	**183**
5	**HOTEL-BETTEN-CHECK**	**187**
5.1	Fragenkatalog	191
5.1.1	KISSEN-CHECK	191
5.1.2	MATRATZEN-CHECK	194
5.1.3	UNTERFEDERUNGS-CHECK	197
5.1.4	ZUDECKEN-CHECK	199
5.2	HOTEL-BETTEN-CHECK — Erläuterungen zum Fragenkatalog	200
5.3	Best practice: Grundanforderungen an ein Hotel-Bett	219
5.4	Wie misst man eigentlich …?	223
6	**Autorenverzeichnis**	**231**

Abbildungs- und Tabellenverzeichnis

Abbildung 1: Entwicklung Schlafdauer (schematische Darstellung) 36
Abbildung 2: Möglichkeiten und Nutzen motorisch verstellbarer Liegeflächen (schematische Darstellung) 69
Abbildung 3: Verschmutzung Encasing (schematische Darstellung) 97

Tabelle 1: Schlafprobleme 26
Tabelle 2: Schlafstörungen (Fragebogen) 47
Tabelle 3: Atmungsbedingte Schlafstörungen (Fragebogen) 48
Tabelle 4: Auszug Hotel-Kriterienkatalog 2015–2020, Kapitel III: Zimmer; Klassifizierungskriterien 65–91: Schlafkomfort 168
Tabelle 5: Beispiele Hotel-Bett-Empfehlung 169
Tabelle 6: Übersicht Mietpreise Bettausstattung 170
Tabelle 7: Musterkalkulation Beispiel 1 auf Basis 5 Jahre 174
Tabelle 8: Musterkalkulation Beispiel 2 auf Basis 5 Jahre 174
Tabelle 9: Musterkalkulation Beispiel 3 auf Basis 5 Jahre 174
Tabelle 10: Musterkalkulation Beispiel 1 auf Wertschöpfungszeitraum 175
Tabelle 11: Musterkalkulation Bsp. 1 auf Wertschöpfungszeitraum (nur Bettsystem) 175
Tabelle 12: Vergleichsbetrachtung auf Basis 15 Jahre 178
Tabelle 13: Kissen-Check 191
Tabelle 14: Matratzen-Check 194
Tabelle 15: Unterfederungs-Check 197
Tabelle 16: Zudecken-Check 199
Tabelle 17: Grundanforderungen an ein Hotel-Bett 220
Tabelle 18: Statistik Körpergrößen und Körpergewicht 225

# Kapitel 1
Grundlagen

1 Grundlagen

Autor Jens Rosenbaum

Um sich dem Thema Hotel-Bett zu nähern, braucht es zunächst eine Einführung in die Grundlagen. Erst das bessere Verständnis der Zusammenhänge ermöglicht es, relevante Faktoren zu erkennen. Ohne dieses Wissen ist ein zielgerichtetes Arbeiten mit dem Erfolgsfaktor Bett kaum möglich. Einzelne Beiträge enden daher diesbezüglich mit einem Hotel-spezifischen Fazit.

1.1 Der Schlaf

Bett und Schlafen gehören im Bewusstsein der Menschen zwar intuitiv zusammen, warum das aber so ist, wird kaum hinterfragt. In einer Einführung wird auf die wesentlichen Aspekte eingegangen und, wo nötig, werden diese auch kurz vertieft.

1.1.1 Biologie der Nacht – Warum schlafen wichtig ist

Es gibt keine Ausnahme! Alle Wirbeltiere (aber auch Regenwurm & Co.) benötigen den Schlaf als Ruhephase. Er ist unverzichtbarer Bestandteil des Lebens und als existenzielles Grundbedürfnis genetisch verankert. Gekoppelt an den Lauf der Sonne liegt die natürliche Schlafphase für den Menschen in den dunklen Stunden des Tages – der Nacht. Der Schlaf ist beim Menschen ein regelmäßig wiederkehrender Zustand, bei dem sich Bewusstseinslage und Körperfunktionen danach ausrichten, was bei dem zur Verfügung stehenden Licht am besten getan werden kann – vereinfacht formuliert.

Am Tag ist der Mensch motorisch aktiv, nimmt Nahrung und Informationen auf, pflegt soziale Kontakte und agiert unter Einbezug seines Bewusstseins. In der Nacht beim Schlaf hingegen ist er im Vergleich äußerlich motorisch ruhig, ohne Bewusstsein (und daher wehrlos) und verarbeitet all das, was er am Tage aufgenommen hat. Während des Schlafes sind die Reaktionen auf äußere Reize reduziert, der Blutdruck fällt leicht, die Herzschlagfrequenz nimmt ab, und die Körpertemperatur wird herabgesetzt. Im Unterschied zum Koma oder zur Narkose ist Schlaf dadurch charakterisiert, dass ein Aufwachen jederzeit möglich ist.

Grundlagen

Der Mensch schläft, damit sich Körper und Geist entspannen und regenerieren können, Nahrung in Energie umgewandelt wird und Informationen verarbeitet werden. Das System Mensch schöpft im Schlaf Kraft für die nächste aktive Phase. Oder, anders ausgedrückt: Die Natur nutzt den Schlaf, um all die Prozesse im Körper durchzuführen, die in der aktiven Wachphase nicht ausgeführt werden können, zum Überleben aber unverzichtbar sind. Das System Mensch bedient sich somit einer Arbeitsteilung: Aufnahme am Tag, Verarbeitung in der Nacht. So wächst der Mensch zum Beispiel nur im Schlaf, da das Wachstumshormon *Somatropin*, wie viele andere Hormone auch, nur im Schlaf ausgeschüttet wird.[2] Die für das Wachsen benötigte Energie kann er durch seine Nahrung hingegen nur am Tag aufnehmen. Deshalb fallen in die Schlafphase, bedingt durch Zellwachstum und somit Zellerneuerung, auch alle Reparaturprozesse im Inneren des Körpers, was sich unmittelbar auf das Immunsystem auswirkt (daher rührt die Redewendung „sich gesund schlafen"). Ebenso verhält es sich mit den Informationen, die am Tag zwar aufgenommen, aber in einem Zwischenspeicher (dem Hippocampus) auf weitere Verarbeitung warten. Sie werden erst im Schlaf vom Gehirn hochgeladen, ausgewertet und interpretiert und stehen erst dann als verfügbares Langzeitwissen zur Verfügung.[3] Daher ist das Gehirn im Schlaf zum Teil aktiver als im Wachzustand.

Im Idealfall wechseln sich Aktivität am Tag und Ruhe in der Nacht rhythmisch ab, wobei jeder Mensch über ein individuell geprägtes, durchaus unterschiedliches Schlafbedürfnis verfügt, was sowohl Schlafdauer als auch Beginn der natürlichen Ruhephase anbelangt. Damit erklärt sich, warum das Schlafbedürfnis der Menschen nicht deckungsgleich ist. Ob jemand zum Beispiel zur Gruppe der Langschläfer (Eulen) gehört, also jener, die morgens nicht aus dem Bett kommen, oder etwa der Frühaufsteher (Lerchen), ist genetisch bedingt,

---

[2] Daher ist gesunder Schlaf vor allem für Kinder wichtig, weil in den ersten Lebensjahren die größten Wachstumsschübe erfolgen, weshalb das Schlafbedürfnis bei Kindern auch am größten ist. Mit zunehmendem Alter sinkt der Schlafbedarf, weil das Wachstum abgeschlossen ist und die Zellerneuerung immer weiter abnimmt. (Neugeborene schlafen bis zu 18 Stunden am Tag, Jugendliche zwischen 9 und 10 und Erwachsene nur noch 6 bis 9 Stunden, in Einzelfällen auch weniger.)

[3] Daher stammen auch die Redewendungen wie „eine Nacht darüber schlafen" oder „das Vokabelheft unter das Kopfkissen legen", da erst über den Verarbeitungsprozess in der Nacht das Gehirn die aufgenommenen Informationen optimal verwerten kann.

individuell höchst unterschiedlich, aber vor allem unabänderlich.[4] Von Natur aus ist jedoch nicht allein die Länge des Schlafes von Bedeutung, sondern auch die Qualität, die sich aus einer optimalen Nachtruhe ergeben sollte. Ein regelmäßig (individuell) ausreichend langer wie intensiver Schlaf beeinflusst letztlich sowohl die individuelle Lebensqualität als auch die Dauer der Lebenserwartung.

Nicht verwechselt werden darf der erholsame und regenerative Schlaf nach „biologischem Schlafplan" mit dem Erschöpfungsschlaf. Dieser stellt sich auch bei den widrigsten Umständen ein und bedeutet nichts anderes als eine „Notabschaltung des Systems", um ein Kollabieren zu verhindern. Eine solche Notabschaltung hilft zwar, einen Erschöpfungszustand zumindest kurzfristig zu überwinden, um wieder halbwegs funktionsfähig zu werden. Doch reduziert sich mit der Dauer eines Notstandes, keinen erholsamen Schlaf mehr zu haben, die Leistungsfähigkeit aller Körperfunktionen, inkl. der Gehirnleistung.

Der Schlaf selbst verläuft bei allen Menschen wellenförmig in Phasen bzw. Zyklen von jeweils etwa 90 Minuten, wobei auf eine Tiefschlafphase jeweils eine REM- oder auch Traum-Phase folgt (REM: *Rapid-Eye-Movement*). Je nach Typ benötigt der Mensch durchschnittlich 4 bis 6 solcher Phasen oder Schlafzyklen und kommt so auf eine Schlafdauer von etwa 6 bis 9 Stunden, die seinem natürlichen Schlafbedürfnis entsprechen. Die Tiefschlafphasen schwächen sich in ihrer Intensität (es gibt 4 Intensitätsstufen) im Laufe der Nacht und von Phase zu Phase ab, wobei die tiefste Schlafphase kurz nach dem Einschlafen erreicht wird.[5] Das Erreichen dieser tiefsten Schlafphase ist Voraussetzung

---

[4] Daraus folgt das nächste hausgemachte Schlafproblem der Menschheit: das Leben und Arbeiten gegen die innere Uhr. Jetlag und das Leben zwischen zwei Zeitzonen, Schichtarbeit oder auch nur ein Arbeitsrhythmus, der zeitlich auf fatale Weise keine Rücksicht auf das genetisch bedingte Schlafbedürfnis nimmt, führen zwangläufig zu Störungen im Schlafprozess und damit zu negativen Auswirkungen auf Gesundheit, Leistungsfähigkeit und Lebenserwartung.

[5] Biologisch liegt für die allermeisten Menschen, sofern keine Ablenkung vorhanden ist, die ideale Einschlafphase zwischen 21 und 23 Uhr. Verantwortlich dafür ist der Melatonin-Spiegel (Melatonin ist das Schlafhormon), der ansteigt, wenn das (Tages-)Licht abnimmt. Aber auch ohne Tageslicht folgt der Körper einem Wach-/Schlaf-Rhythmus, der sich der „zirkadiane Rhythmus" nennt. Dieser richtet sich ebenfalls nach dem Lauf der Sonne und greift spürbar dann ein, wenn man a) seine Zeitzone verlassen hat (Jetlag) und Zeit braucht, sich auf die Verschiebung von Sonnenauf- und Sonnenuntergang einzustellen, oder b) für mehrere Tage ohne (Tages-)Licht ist. Dann hält er konstant einen Rhythmus, selbst wenn nie mehr die Sonne scheinen würde.

dafür, dass Körper und Geist mit der Regeneration und Erholung beginnen können, entsprechend dem Drücken des Reset-Knopfes, damit das System Mensch neu kalibriert werden kann.[6] Störungen beim Einschlafen und/oder während der Nacht verhindern einen Schlaf nach „biologischem Plan" und führen zu Schlafdefiziten, die sich unmittelbar auf Leistungsfähigkeit und Gesundheit auswirken.

Listet man die Auswirkungen von Schlafmangel auf, klingt es durchaus nach Nebenwirkungen starker Medikamente und verdeutlicht, welchen Einfluss der Schlaf auf die Gesundheit hat: Leistungsverminderung, Tagesschläfrigkeit, Konzentrations- und Gedächtnisprobleme, Depressionen und Angstsymptome, Gereiztheit, Sinken der Reaktionsgeschwindigkeit, Abnahme der Entscheidungsstärke, Erhöhung der Fehleranfälligkeit, Schwinden des räumlichen Verständnisses. Und das ist noch nicht alles; denn chronischer Schlafmangel führt zu Herzerkrankungen, verwüstet den Hormonhaushalt und schwächt das Immunsystem. Es lässt den Menschen schneller altern und dicker werden, da Stoffwechsel und Verdauung nur Notprogramme fahren. Zudem verhalten sich müde Menschen im Straßenverkehr wie Betrunkene und sind laut einer Studie des ADAC für jeden vierten Verkehrsunfall verantwortlich. Zum Beispiel werden bei nur vier Stunden Schlaf die Wahrnehmungs- und Reaktionsfähigkeit im gleichen Masse beeinträchtigt wie mit 0,5 Promille Alkohol im Blut, und 24 Stunden ohne Schlaf entsprechen gar 0,8 Promille Alkohol im Blut!

Chronischer Schlafmangel bedroht auch zwischenmenschliche Beziehungen und wirkt sich negativ auf Arbeit und Karriere aus, denn wer dauernd müde ist, reduziert seine Kommunikationsfähigkeit, wird häufiger krank und ist schneller überfordert. Völliger Schlafentzug wird nach 4 bis 5 Tagen lebensbedrohlich.

In Abhängigkeit von seinem individuellen Schlafbedürfnis wendet der Mensch täglich etwa einen Drittel seiner Zeit für Schlafen auf. Instinktiv weiß der Mensch, wann sein Körper Schlaf braucht, und er spürt sofort, wenn dieser nicht erholsam war. Er tritt daher in der Regel keine

---

[6] Die Bedeutung des Erreichens dieser tiefsten Schlafphase direkt nach dem Einschlafen wird von der Weisheit, dass der „gesündeste Schlaf der vor Mitternacht" sei, aufgenommen.

mehrtägige Reise an, ohne die Möglichkeit für Übernachtungen geplant zu haben.

Hotel-Fazit: Die Existenz von Hotels bzw. Beherbergungsstätten beruht auf dem biologischen Sachverhalt, dass der Mensch den täglichen Schlaf zum Leben braucht, sich dafür hinlegen muss und dies vorzugsweise nachts tut. Das Basisangebot hierfür ist demnach eine horizontale Liegefläche, auf welcher der Gast sicher bis zum nächsten Morgen schlafen kann.

1.1.2 Schlafprobleme – Was Gästen helfen könnte

Wäre Schlaf nicht eine tägliche, lebenswichtige Notwendigkeit, würde der Gast wohl kaum jemals Kunde eines Hotels werden. Aber da es nun mal so ist, fußt das Geschäftskonzept aller Hotels dieser Welt auf der Tatsache, dass der Reisende für die Nacht zwingend ein Bett braucht, um darin seinen Schlaf zu finden. Doch einen Gast mit einem Bett für die Nacht versorgt zu haben, bedeutet in der Praxis nicht, dass dieser darin seinen Schlaf auch findet. Besonders jener Schlaf, der für Körper und Geist die gewünschte Erholung bringt, stellt sich nicht automatisch ein.

Was hier dem angestrebten Ziel einer erholsamen Nacht entgegenwirkt, sind Schlafprobleme. Deren Ursachen liegen meist beim Gast selbst, nicht selten aber auch beim Gastgeber. In beiden Fällen ist der Hotelier jedoch gut beraten, auf Abhilfe zu sinnen bzw. seinem Gast zumindest anzubieten, bei der Lösung von Schlafproblemen zu helfen. Alleine das Signal an den Gast, ihn mit seinen Problemen nicht alleine zu lassen, kann schon zu einem zusätzlichen positiven Image für das Hotel führen. Nun darf, kann und soll vom Hotelier natürlich nicht erwartet werden, in die Rolle eines Arztes oder Therapeuten zu schlüpfen. Aber bereits einige solide Grundkenntnisse zur Thematik Schlafprobleme können eine immense Hilfe sein.

Mit dem Schlaf ist es wie mit der Gesundheit: Solange sie da ist, beachtet sie niemand – ist sie aber weg, wird sie zum beherrschenden Thema. Und wer sich schon von Berufs wegen für den Schlaf seiner Gäste verantwortlich macht, indem er ein Bett für die Nacht zur Verfügung stellt, sollte sich in dieser Thematik auch etwas auskennen. Und sei es nur aus Eigeninteresse, denn etwa 50 Prozent der Leser dieser Zeilen werden das Problem aus eigener Erfahrung kennen. Die Auswirkungen von Schlafmangel sind bereits in Kapitel 1.1 beschrieben worden, weshalb an dieser Stelle auf eine erneute Aufzählung verzichtet werden kann.

Die sehr komplexe Thematik der Schlafprobleme kann hier nur in Ansätzen dargestellt werden, doch ein Blick auf den Umfang und die Auswirkung von Schlafproblemen zeigt schnell die Dimension dieser Thematik – und damit die Bedeutung für die Hotellerie. Dem soll im Rahmen dieses Kapitels ausführlich Rechnung getragen werden, an einigen Stellen auch in vertiefter Form.

Wie kostbar der Schlaf ist, merkt man, wenn man zu wenig davon hat. Und das betrifft leider immer mehr Menschen, nicht nur in Deutschland. Nur wenigen ist jedoch bewusst, wie viele Betroffene es davon wirklich gibt. Gemäß einer Hochrechnung, die u.a. von der *Techniker Krankenkasse* (TK) angestellt wurde, nehmen 1,4 Millionen Menschen dauerhaft Schlafmittel, über 12 Millionen leiden an einer behandlungsbedürftigen Schlaferkrankung. Jeder zweite Bundesbürger sehnt sich nach mehr Schlaf, und 60 Prozent – das sind fast 50 Millionen – leiden unter der Woche an Schlafmangel. Zum gleichen Ergebnis kommt eine *GFK-Studie* im Auftrag der „Apotheken-Umschau", für die kürzlich 2000 Menschen zum Thema Schlaf befragt wurden. 1063 gaben an, ab und zu unter Schlafstörungen zu leiden, das heißt, auch gefühlt zu wenig Schlaf zu haben. Relativ aktuelle Zahlen aus einer Studie zur „Gesundheit Erwachsener in Deutschland 2013" *(Jawbone; GDI; Rand)* schärfen dieses Bild noch zusätzlich:

Tabelle 1: Schlafprobleme

	Haben Sie Probleme mit dem ...	
... Einschlafen?		... Durchschlafen?
57%	Ja	67%
25%	weniger als 1-mal die Woche	22%
19%	1- bis 2-mal pro Woche	20%
14%	häufiger als 3-mal pro Woche	26%

Vor diesem Hintergrund darf man davon ausgehen, dass mindestens jeder zweite Gast, der ein Hotel betritt, aktuell ein Schlafproblem hat, und gut 30 Prozent der Betroffenen sogar ein akutes. Wichtig zu unterscheiden ist dabei, ob es sich um ein temporäres oder ein chronisches Problem handelt und ob man überhaupt von einem echten Schlafproblem sprechen kann.

So gilt die Regel, dass dann ein behandlungsbedürftiges Schlafproblem vorliegt, wenn der oder die Betroffene pro Woche drei oder mehr Nächte nicht richtig schlafen kann und dieser Zustand länger als einen Monat anhält. Gelingt es nicht, der Ursache auf den Grund zu gehen und das Problem zu beheben, kann sich daraus eine chronische Schlafstörung entwickeln. Ein Selbsttest zum Thema Schlafstörung findet sich auf Seite 46.

Wie sehr die Betroffenen – und damit kommen wir direkt zum Gast – mit dem Problem zu kämpfen haben, zeigen ihre Bemühungen, Schlaf zu finden. Unter 1000 Führungskräften in Unternehmen aller Größenordnungen, Branchen und Regionen wurde durch die *R&K-Marktforschung* im Auftrag der *Max-Grundig-Klinik* in Bühl bei Baden-Baden eine repräsentative Umfrage durchgeführt. Demnach nimmt jeder dritte Manager (33%) Schlafmittel, um überhaupt schlafen zu können. Noch mehr Führungskräfte (37%) verwenden in erheblichem Umfang pflanzliche Beruhigungsmittel. Weitere 28 Prozent der Führungskräfte setzen als Einschlafmittel auf Entspannungshilfen wie Meditation, Selbsthypnose oder autogenes Training. „Gerade meditative Methoden sind derzeit in Mode", sagt hierzu *Henning Hager,* Leitender Arzt Psychosomatische Medizin an der Max-Grundig-Klinik.

Zwar will niemand gerne zugeben, was er einnimmt, aber 87 Prozent der Manager kennen sich aus mit Baldrian und Hopfen, 51 Prozent mit Lavendel, 47 Prozent wissen um die Wirkung von Johanniskraut, bei der Passionsblume sind es 31 Prozent, bei Cannabis 28 Prozent und bei Saathafer 11 Prozent. Diese Umfrage zeigt: Not macht erfinderisch, und schnell werden Betroffene zu Experten – denn sie suchen händeringend nach Lösungen für ihr Problem. Eine Minderheit (4%) greift zur harten chemischen Keule wie Noctamid, Ximovan oder Zolpidem, sedierenden Antidepressiva wie Mirtazapin, Doxepin oder Amitryptilin. 1 Prozent der Manager nimmt solche Mittel immer, 2 Prozent nehmen sie gelegentlich. Auch *Melatonin*, das sonst schon mal Langstreckenfliegern gegen den Jetlag verordnet wird, nehmen 2 Prozent der Manager.

Ob nun Führungskräfte besonders anfällig für Schlafprobleme sind, wurde nicht untersucht. Es darf angenommen werden, wie noch aufgezeigt wird, dass die Ursachen relativ gleichmäßig in der Bevölkerung verteilt sind, sofern wir von westlichen Industriegesellschaften sprechen. Denn für andere Gesellschaften, wie zum Beispiel in sogenannten Entwicklungsländern, gibt es kaum aussagefähige Statistik. Sicherlich verschärfen Leistungsdruck und Geltungsstreben, besonders unter Führungskräften, allfällige Schlafstörungen. Ganz offensichtlich gibt es einen Wettbewerb unter Führungskräften, wer den wenigsten Schlaf benötigt – weshalb auch immer. Wer mit 4 Stunden oder weniger auskommt, ist der Held – weil er angeblich mehr schafft. Alle, die 6 Stunden und länger brauchen, sind angeblich die Looser. Sicherlich gibt es Ausnahmen, die mit wenigen Stunden Schlaf auskommen. Aber gut 95 Prozent der Menschen wären gut beraten, sie hätten täglich ihre 8 Stunden Schlaf an einem Stück. Dann müssten sie weniger schlaffördernde Mittel schlucken und wären deutlich leistungsfähiger.

Nun sind diese Erkenntnisse für den Hotelier kein Grund, seine Hausapotheke aufzustocken, einen Baldrian-Automaten aufzustellen oder einen Hausapotheker einzustellen – aber sicherlich Grund genug, seine Gäste mit diesem Problem nicht alleine zu lassen. Denn diese Zahlen belegen sehr deutlich, was Gäste umtreibt, wenn sie ins Hotel kommen.

Bevor auf die Schlafstörungen und -probleme selbst eingegangen wird, um dann zu Maßnahmen und Empfehlungen zu kommen, soll noch ein Blick auf die volkswirtschaftliche Dimension erfolgen, denn die hat es ebenso in sich: Die jährlichen Ausgaben weltweit für Schlaftabletten liegen nach Angaben von *BCC Research* bei etwa 80 Milliarden US-Dollar (was natürlich die Pharma-Industrie freut). Alleine in Deutschland gibt es mittlerweile über 300 Schlaflabore, vor 1965 gab es kein einziges – weltweit! Das erste klinische Schlaflabor der Welt wurde in Kalifornien Ende der 1960er-Jahre an der *Stanford University* in Palo Alto eröffnet.

Aber auch ein Blick auf weitere Kosten darf nicht fehlen, um sich der Bedeutung diese Problems bewusst zu werden. So hat der Think Tank *Rand Europe* ausgerechnet, dass der Wirtschaft in Deutschland bis zu 1,6 Prozent des BIP, umgerechnet knapp 56 Milliarden Euro, durch die „Volkskrankheit Schlafmangel" verloren gehen, weil die Belegschaft chronisch unausgeschlafen ist. Da diese Zahl eine wirtschaftlich höhere Produktivität bei ausgeschlafenen Mitarbeitern unterstellt, ist diese schwer zu verifizieren, doch allemal plausibel; denn der Schlafmediziner *Hans-Günter Weeß*, Leiter der Schlafmedizinischen Abteilung des Pfalzklinikums Klingenmünster und Mitglied des Vorstands der *Deutschen Gesellschaft für Schlafforschung und Schlafmedizin*, beziffert die rein finanziellen Folgen, die durch Schlafmangel und Übermüdung in Deutschland verursacht werden, auf jährlich mindestens 26 Milliarden Euro. Durch müdigkeitsbedingte Arbeitsunfälle und Produktionsfehler entstünde, so seine Berechnungen, ein messbarer volkswirtschaftlicher Schaden von mehr als 18 Milliarden Euro. Hinzukommen zum Beispiel müdigkeitsbedingte Verkehrsunfälle mit einem Schaden von mehr als 4 Milliarden Euro und, nicht zu vergessen, die Kosten für die Behandlung von Schlafstörungen in Höhe von nochmals etwa 4 Milliarden Euro, basierend auf Zahlen der Krankenversicherungen.

Was auf volkswirtschaftlicher Ebene eine so immense Bedeutung hat, hat eine nicht minder große für einzelne Unternehmen, aber vor allem für die individuell Betroffenen selbst. Es sei nochmals daran erinnert, das mangelnder Schlaf zu Konzentrationsproblemen führt, damit die Leistungsfähigkeit reduziert und, speziell bei anhaltender Problematik, weitere gesundheitliche Folgeprobleme nach sich zieht sowie auch im sozialen Bereich negativen Niederschlag findet. Menschen mit Schlafproblemen sind entsprechend sensibilisiert und daher sehr empfänglich für Hilfestellungen jeder Art. Aber was ist überhaupt ein Schlafproblem, und wie erkennt man es?

1.1.3 Ursachen für Schlafprobleme

Schlafstörungen sind allgemein Abweichungen vom individuellen, gesunden Schlafverhalten und können organische, aber auch nicht organische Ursachen haben.

Ein gesundes Schlafverhalten liegt dann vor, wenn Dauer und Qualität des Schlafs ausreichend waren, um danach erholt und hellwach den Tag ohne Müdigkeit und Erschöpfung zu bestreiten, bis gegen Abend die natürliche Müdigkeit wieder einsetzt. Aber diesen Zustand kennen viele Menschen schon nicht mehr! Nur der Vollständigkeit halber soll anhand der *International Classification of Sleep Disorders*, kurz ICSD-2 genannt (2, da 2. Auflage von 2005, herausgegeben von der *American Academy of Sleep Medicine*, AASM), eine Übersicht der Schlafstörungen erfolgen:

- **Insomnie**
  - Einschlafstörungen
  - Durchschlafstörungen
  - Vorzeitiges Erwachen
  - Zirkadiane Rhythmusstörungen
    (Störungen im zeitlichen Ablauf
    des Schlaf-Wach-Rhythmus)
- **Hypersomnie**
  - Übermäßiges Schlafen
  - Dauerhafte Müdigkeit, ohne durch Schlaf den Schlafdruck zu mindern (erhöhte Tagesschläfrigkeit)
- **Schlafbezogene Atmungsstörungen** (z.B. Schlaf-Apnoe)
- **Schlafbezogene Bewegungsstörungen**
  (z.B. Restless Legs Syndrom)
- **Parasomnie** (Verhaltensauffälligkeiten im Schlaf)

Alle diese Kategorien können weiter unterteilt werden in leichte, mittlere und schwere Schlafstörungen. Von einer echten, behandlungsbedürftigen Insomnie spricht man dann, wenn eine Schlafstörung mit einer ungenügenden Dauer oder Qualität des Schlafes über einen längeren Zeitraum bestehen bleibt. Wie bereits dargelegt, können Schlafstörungen verschiedenste Ursachen haben, denen jedoch auf den Grund gegangen werden sollte, will man für Abhilfe sorgen. Dabei wird sich zeigen, dass in vielen Fällen keine schweren oder seelischen Grunderkrankungen zugrunde liegen, sondern die Probleme – meist unbewusst – hausgemacht sind. Und hier liegt ein Ansatz für alle Dienstleister rund um das Thema Bett und Schlafen, ihrem Kunden – dem Gast – zu ermöglichen, zumindest temporär seinen Schlaf zu verbessern.

Für einen schnellen Überblick über die möglichen Ursachen soll die nachfolgende Strukturierung dienen, die jedoch nicht den Anspruch auf Vollständigkeit erhebt und sich lediglich grob an der ICDS-2 orientiert:

- **Altersbedingte Schlafstörungen**
- **Zeitbezogene Schlafstörungen**
- **Schlafstörungen aufgrund äußerer Faktoren**
- **Schlafstörungen aufgrund organischer/seelischer Probleme**
- **Self-fulfilling Prophecy**

Dabei wird auf weitere Ausführungen zu Parasomnie und schlafbezogene Bewegungsstörungen verzichtet, da es hierbei für die Hotellerie keine bzw. kaum Ansatzpunkte gibt. Dafür wird das Phänomen der Self-fulfilling Prophecy kurz erläutert. Bei mehr als 100 verschiedenen Ursachen von Schlafstörungen kann in diesem Beitrag ohnehin nur an der Oberfläche gekratzt werden, doch soll eine Sensibilisierung für die Thematik erfolgen. Und eine ganze Reihe von Problemen kann man selbst in den Griff bekommen, so man denn will. Im Nachgang zu dieser groben Strukturierung wird separat ein Maßnahmenkatalog vorgestellt, wie in der Hotellerie im Rahmen der jeweiligen Möglichkeiten ein Angebot für den Gast formuliert werden kann – und wo dies einen Sinn hat.

Altersbedingte Schlafstörungen

Hierbei handelt es sich um kein echtes Problem, wird aber von vielen als solches wahrgenommen. Die Nacht ist noch lange nicht vorüber, doch man liegt wach im Bett und kann nicht mehr schlafen. Tatsache ist: Mit zunehmenden Alter verkürzen sich die besonders erholsamen Tiefschlafphasen drastisch. Das liegt unter anderem auch daran, dass das Wachstumshormon *Somatropin* im Alter von etwa 20 Jahren seinen Höchststand bezüglich Ausschüttung erreicht und sich danach das

Zellwachstum beziehungsweise die Zellerneuerung zunehmend verlangsamt. Die regenerativen Prozesse im Körper werden kürzer, weil der Körper – biologisch gesehen – seine Aufbauarbeit erfüllt hat. Und für weniger Zellwachstum braucht es auch weniger Schlaf. Somit reduziert sich die benötigte Schlafdauer, die Nacht fällt kürzer aus.

Konnte man in jungen Jahren 10 und mehr Stunden schlafen (Babys schlafen um die 18 Stunden am Tag), ist der Körper jetzt vielleicht schon nach 5 Stunden ausgeschlafen. Wenn das so ist, dann sollte man sich im Bett nicht unnötig quälen. Dieser Prozess der abnehmenden Schlafdauer ist schleichend und vollzieht sich fast unbemerkt, bis die Betroffenen eine deutliche Änderung in ihrem individuellen Schlafverhalten wahrnehmen. Der Umstand, mit weniger Schlaf auszukommen, wird oft nicht als natürlicher Prozess verstanden, sondern als Problem gesehen. Daher lohnt es sich, im fortgeschrittenen Alter einen Blick auf den eigenen Lebensabschnitt zu werfen, um ein subjektiv wahrgenommenes Schlafproblem gegebenenfalls relativieren zu können.

Tipps
- Zu Bett gehen, wenn man müde ist.
- Aufstehen, wenn man nicht mehr schlafen kann.
- Abgesehen vom Mittagsschlaf, maximal 15–20 Minuten, kein weiteres Nickerchen am Tag, weil sonst der Schlafdruck sinkt.
- Wer konsequent seine Nacht zum Schlafen nutzt, wird kein Problem haben, wenn diese altersbedingt früher vorbei ist. Wer sich darauf einstellt und dies akzeptiert, kann dabei sogar gewinnen, weil er mehr vom Tag hat.

Zeitbezogen Schlafstörungen bzw. zirkadiane Rhythmusstörungen
Jeder von uns hat einen genetisch fest programmierten Schlaftypus, der sich nicht verändern lässt. Der eine geht von Natur aus gerne früh, der andere gerne spät zu Bett, der eine schläft viel, der andere braucht nur wenige Stunden. In dem Moment, wo wir gegen die innere (Schlaf-)Uhr gewaltsam angehen, produzieren wir zeitversetzt auch automatisch Schlafstörungen. Dies macht sich vor allem bei Schicht- und Nachtarbeit bemerkbar, aber auch bei Fernreisen in andere Zeitzonen, bekannt als Jetlag. Dabei wird der zirkadiane Rhythmus gestört, der als innerer Taktgeber bezeichnet werden kann. Der zirkadiane Rhythmus (die Bezeichnung ist eine Kombination aus lat. circa: um ... herum; dies: der

Tag und griech. rhythmos: das Zeitmaß) regelt die zeitliche Einordnung der Lebensvorgänge in den Tagesablauf und gehört zum Grundbauplan der Lebewesen. Dieser Rhythmus regelt die Abfolge biologischer Funktionen, wie zum Beispiel Nierentätigkeit, hormonelle Regelkreise, Blutdruck und Pulsfrequenz sowie Körpertemperatur usw. und organisiert den Tag-Nacht- oder genauer Wach-Schlaf-Wechsel. Normalerweise orientiert sich der zirkadiane Rhythmus am Sonnenlicht und wird auf 24 Stunden synchronisiert. Da das System Mensch als Lebewesen auf einen organisierten Rhythmus angewiesen ist, stellt sich dieser auch ein, wenn eine Isolierung von der Außenwelt und somit vom Tageslicht erfolgt.

In der Schlafforschung wurde nachgewiesen, dass sich ein solcher Rhythmus auch dann automatisch einstellt, wenn die Versuchspersonen (zum Beispiel bei einem Experiment über Wochen in einem Bunker unter der Erde) gar nicht wissen, ob Tag oder Nacht ist. Dann bestimmt der Körper selbst seinen Nullpunkt und schwenkt darauf aufbauend in einen Rhythmus von etwa 24 Stunden ein – mit einer aktiven Zeit und einer sich automatisch einstellenden Müdigkeit vor der Nachtruhe. Der Körper sucht und findet (normalerweise) also immer seinen eigenen Wach- und Schlafrhythmus, bestimmt durch seine innere Uhr.

Sobald die Versuchspersonen aber wieder mit dem Tageslicht und somit der natürlichen Tageszeit zusammenkommen, wird das System neu kalibriert und pendelt sich, der Natur folgend, auf das weitgehend durch das Licht und durch das soziale Umfeld definierte Tag- und Nachtgeschehen neu ein. Diese Umstellung ist für den Körper aber eine Herausforderung, da sie, je nach Größe der Zeitverschiebung, Chaos auslöst, weil die innere Uhr auf den Kopf gestellt wird. Und je häufiger eine Neujustierung erfolgen muss, desto größer ist das innere Chaos.

Das sind dann die möglichen Folgen eines Jetlag, wenn man von einer Zeitzone in eine komplett andere fliegt – und einige Zeit später wieder zurück. Darauf ist das System Mensch nicht vorbereitet, weil es eigentlich nicht seiner Natur entspricht.

Und mit dem zirkadianen Rhythmus kommt auch das Licht ins Spiel, zugleich Segen und Fluch unserer modernen Zeit. Diesem Aspekt „Licht" sei aufgrund seiner extrem großen Bedeutung besondere

Aufmerksamkeit gezollt, weshalb an dieser Stelle eine entsprechende Vertiefung erfolgt. Im „Bauplan" Mensch wurde nämlich die Schaffung von künstlichem Licht genauso wenig berücksichtigt wie die von Interkontinentalflügen. Nicht jeder jettet ständig um die Welt, aber der überwiegende Teil der Menschheit hat die Nacht zum Tag gemacht – und damit unwissentlich ein großes Problem geschaffen.

Die Synchronisation des zirkadianen Rhythmus mit seiner Umwelt erfolgt mithilfe äußerer Reize, die als Zeitgeber fungieren. Von diesen externen bzw. äußeren Reizen gibt es verschiedene, auch in Abhängigkeit von der Art des Lebewesens. Bei Kaltblütern ist dies zum Beispiel auch die Umgebungstemperatur. Beim Menschen ist der wichtigste Reiz jedoch – neben sozialen Reizen, wie zum Beispiel dem Wecker – das Licht. Ohne an dieser Stelle zu tief in den Hormonhaushalt und dessen Auswirkung vordringen zu wollen, sei jedoch erklärt, dass ein lichtempfindliches Organ dem Schlaf den Rhythmus gibt. Dieses winzige Organ ist die Zirbeldrüse, Gewicht gerade mal um die 0,1 Gramm und angesiedelt in der Mitte des Schädels, aber mit direkter Verbindung zu den Augen. Und jetzt kommt das Licht ins Spiel.

Über das Auge wird der Zirbeldrüse der (vermeintliche) Stand der Sonne vermittelt. Und diese reagiert entsprechend mit dem Ausschütten eines Hormons, dem *Melatonin*, das auch als Schlafhormon bezeichnet wird. Je weniger Licht die Augen erreicht, desto mehr schüttet die Zirbeldrüse dieses Schlafhormon *Melatonin* aus. Mit Beginn der Dämmerung und in der ersten Nachthälfte wird der Körper förmlich mit *Melatonin* geflutet, und damit wird eine Reihe von anderen Prozessen angestoßen: Die Temperatur des Körpers wird gesenkt, der Blutdruck gedrosselt und der Stoffwechsel zunächst heruntergefahren. Das ist der Moment, da der Mensch müde wird und nach einer Decke fragt, weil ihm kalt wird. Die Schwelle von Wachheit zum Schlaf wird überschritten und Körper und Geist beginnen das "Programm" Schlafen zu fahren – normalerweise.

Ohne die ausreichende Menge an *Melatonin* zur richtigen Zeit ist an Schlaf jedoch nicht zu denken, allenfalls an ein Notprogramm (Erschöpfungsschlaf), um den kompletten Zusammenbruch zu verhindern. Der Umkehrschluss offenbart bereits einen wesentlichen Teil der Schlafstörungen. Denn bei zu viel Licht wird die Produktion von Melatonin gehemmt bzw. komplett unterbunden. Und viel künstliches

Licht verlängert den Tag und verkürzt die Nacht – der Körper findet immer weniger die Möglichkeit, seinen Rhythmus von 24 Stunden zu finden!

In Kurzform: Unser künstliches Licht hat die natürliche Nacht zugunsten eines fast ewigen Tages verdrängt – der Körper weiß nicht mehr, was er machen soll und findet in vielen Fällen keinen gesunden Rhythmus.

Und so darf es nicht verwundern, dass sich die Menschheit im Zeitablauf selbst ihres Schlafes beraubt. In den letzten etwa 100 Jahren hat sich die durchschnittliche Schlafdauer der Menschen stufenweise um etwa 20 Prozent und mehr reduziert. Und diese Stufen lassen sich sehr einfach mit technologischen Erfindungen der Menschen bzw. ihrer massenhaften Verbreitung zumindest in eine logische Verbindung bringen.

So betrug die durchschnittliche Schlafdauer bis zur Mitte des 19. Jahrhunderts um die 9 Stunden und ist bis heute (in Deutschland) auf aktuell 6 Stunden und 49 Minuten gesunken, in Japan sogar auf nur 5 Stunden und 44 Minuten, wie in der „Studie zur Gesundheit Erwachsener in Deutschland 2013" *(Jawbone; GDI; Rand)* nachzulesen ist.

Da Schlafprobleme erst gegen Ende des 19. Jahrhunderts wissenschaftlich dokumentiert und erforscht wurden, darf angenommen werden, dass dieses Phänomen vorher nicht in dem Maße bestand. Abgesehen von den wenigen Öllampen und Kerzen wurde der Tagesablauf in der weitgehend landwirtschaftlich geprägten Welt der Menschen bis dahin vom Stand der Sonne definiert. Das änderte sich schlagartig mit der Erfindung der Glühbirne sowie der Elektrifizierung und Industrialisierung in den Industrieländern, was sich anhand nachfolgender Grafik aufzeigen lässt:

Grundlagen

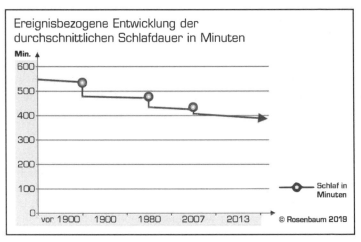

Abb. 1: Entwicklung Schlafdauer (schematische Darstellung)

Die schrittweise Absenkung der durchschnittlichen Schlafdauer folgt entsprechenden technischen Neuerungen, wie zum Beispiel:

- 1883 Elektrische Glühbirne (AEG)
- 1980 Einführung der Sommerzeit
  (Verkürzung der Nacht gegen die innere Uhr)
- 2007 Smartphone

Nun gibt es die Möglichkeit, über Medikamente oder bestimmte Nahrungsmittel den Melatonin-Spiegel im Blut künstlich anzuheben. So stellt die *Montmorency*-Sauerkirsche eine der wenigen bekannten natürlichen Quellen für Melatonin dar, doch ist es gefährlich, ohne Not in Bauplan und Funktionsweise des menschlichen Körpers einzugreifen.

Viel einfacher ist es, mal das Licht auszumachen – und vorher noch zu dimmen. Wie will denn der Körper den richtigen Zeitpunkt für seinen Schlaf finden, wenn der Mensch bis spät am Abend noch vor dem Bildschirm sitzt, auf sein Handy starrt (mit einem möglicherweise blauen und damit langwelligen, für das Auge besonders lichtstarken Hintergrundlicht) und in einer völlig illuminierten Welt unterwegs ist. Eben noch 1000 Lumen im Flur und an der Nachttischlampe – für die Zirbeldrüse also helllichter Tag und kein Grund, auch nur an

Melatonin zu denken –, und dann soll sich der Schlaf auf Knopfdruck einstellen? So funktioniert Natur aber nicht.

In unserer extrem durchorganisierten Welt, wo es an 7 Tagen rund um die Uhr nicht an Lichtquellen mangelt, finden viele, oft schon aus beruflichen Gründen, nicht mehr ihren natürlichen Schlaf-Wach-Rhythmus und müssen daher täglich gegen die innere Uhr ankämpfen. Und genau das bleibt nicht ohne Störung, das bleibt nicht ohne Folgen. Nacht- und Schichtarbeit (ohne künstliches Licht unmöglich) sind berufsbedingt sicherlich unvermeidbar. Aber privat und in der Freizeit setzt die lichthungrige Menschheit ihr Debakel freiwillig fort. Im Bett noch einen späten Film sehen, soziale Kontakte über Tablet und Smartphone pflegen bedeutet, immer eine Sonne dabeizuhaben, in die das Auge intensiv hineinsieht. So machen wir die Nacht zum Tag und verhindern dauerhaft eine natürliche und rechtzeitige Melatonin-Ausschüttung. Der Körper hat gar keine Chance mehr, in den Schlafmodus zu schalten.

Tipps

Was hier hilft, ist die Einhaltung einiger weniger Regeln und ein bewusster Umgang mit der eigenen Schlafhygiene:

- Wer gut schlafen will, sollte seinen Schlaf ernst nehmen.
- Das Ende des Tages bewusst erleben und eine Grenze zwischen Tag und Nacht ziehen. Den Alltag hinter sich lassen.
- Wenn man Zeit hat, früher zu Bett gehen und ausschlafen.
- Unnötige Lichtquellen aus Bett und Schlafzimmer verbannen.
- Sofern möglich, dem Körper durch zu pflegende Rituale zeigen, dass bald Schlafenszeit ist. Dazu gehören gleichmäßige, sich wiederholende Abläufe vor dem Schlafen: Bett machen, Schlafanzug anziehen, Zähne putzen usw. Der Körper lernt schnell und kann sich dann besser darauf einstellen, dass bald die Nachtruhe folgt.
- Am Abend die Lichtquellen bereits reduzieren oder dimmen.
- Auf die innere Uhr achten und ins Bett gehen, wenn man Müdigkeit verspürt. Sitzt man zum Beispiel vor dem Fernsehgerät, vertreibt man die Müdigkeit und verpasst den nötigen Schlafdruck.

Schlafstörungen aufgrund äußerer Faktoren

Neben dem Faktor der inneren Uhr, die uns mahnt, zur richtigen Zeit ins Bett zu gehen, um zeitbezogene Schlafstörungen zu vermeiden, braucht es auch äußere Voraussetzungen. Ein gutes Bett, einen dunklen sowie ruhigen Raum und gute Luft. Stimmt eine dieser äußeren oder externen Voraussetzungen nicht, wird dies vom Körper als Stress oder Gefahr interpretiert, und er wartet mit dem echten Tiefschlaf so lange, bis die Voraussetzungen stimmen. Manchmal eben ewig.

Wir selber bekommen zunächst gar nicht mit, wie tief wir schlafen. Das merken wir erst am nächsten Tag, wenn wir unausgeschlafen und gereizt sind, uns nicht konzentrieren können, Kopfschmerzen haben. Je nach Stärke der Störung variieren auch die Symptome entsprechend. So können uns kleine Störungen lange Zeit fast unbemerkt den Schlaf rauben, und erst mit der Zeit baut sich ein Schlafdefizit auf, was zu spürbaren Problemen führt. Die Reihe von externen Faktoren, die negativen Einfluss auf unsere Schlafvoraussetzungen nehmen können, ist sehr lang, weshalb hier nur Beispiele angeführt werden können:

- **Bett:** Um richtig in einen erholsamen Tiefschlaf zu finden, benötigt der Körper die richtige Schlafunterlage. Sie darf weder zu fest noch zu weich sein, sondern muss der individuellen Anatomie des Körpers folgen, um eine ergonomisch gesunde Lagerung, vor allem der Wirbelsäule, zu ermöglichen. Dazu gehört für viele auch ein richtiges, Kopf und Nacken stützendes Kissen, um Verspannungen zu vermeiden. Ein falsches oder durchgelegenes Bett hat eine gestörte, unruhige Nacht zur Folge. Ebenso ein zu kurzes Bett. So gilt die Regel, wer länger als 185 bis 190 cm ist, sollte prüfen, ob er in einem Bett mit 210 oder 220 cm Länge nicht besser, weil entspannter schläft. Und ebenso gilt es, die Zudecke entsprechend der Körperlänge auszusuchen. Kalte Füße sind ein Schlafstörer.
- **Licht:** Ist der Raum zu hell, oder gibt es externe Lichtquellen, die stören, dann hemmt dies die Bildung des wichtigen Schlafhormons Melatonin. Daher gerade in der hellen Jahreszeit mit entsprechenden Vorhängen dafür sorgen, nicht zu früh geweckt zu werden.
- **Ohren:** Obwohl wir schlafen, ist der Körper immer auf den Notfall/die Gefahr vorbereitet und sensibel gegenüber Geräuschen. Ein zu lauter Wecker, Straßenlärm, aber auch das Schnarchen des

Partners kann unseren Schlaf empfindlich stören. Daher gilt es Geräuschquellen abzustellen.
- **Luft:** Bei einem zu warmen oder zu kalten Zimmer findet der Mensch ebenso wenig in den richtigen Schlaf wie bei störenden Gerüchen und einem zu geringen Sauerstoffgehalt, was im Unterbewusstsein als potenzielle Gefahr eingeordnet wird. Ist es zu warm, muss der Körper durch Schwitzen aktiv kühlen, und der Stoffwechselprozess während der Nacht kann nicht so ablaufen, wie er sollte. Ist es zu kalt, schmeißt der Körper die Heizung an, statt in den Ruhemodus zu wechseln. Temperatur und Luftqualität sollten daher geprüft werden, weshalb vor dem Schlafen durchgelüftet werden sollte. Die optimale Temperatur unter der Bettdecke liegt idealerweise bei 28 bis 32 Grad. Der Raum sollte rund 17 bis 18 Grad haben, die optimale Luftfeuchtigkeit 55 Prozent betragen.

Tipps
- Die Matratze samt Unterfederung wie auch Kissen und Zudecke sollten unbedingt auf die individuellen Bedürfnisse abgestimmt sein – was im Privaten natürlich einfacher ist als im Hotel.
- Auf nicht atmungsaktive Materialien verzichten, um dem Schwitzen vorzubeugen (oft ein Problem bei Encasings).
- Das Schlafzimmer beziehungsweise der Raum, wo das Bett steht, sollte entsprechend dafür geeignet sein, eine ungestörte Nachtruhe zu finden – fern von Licht und Lärm.

Schlafstörungen aufgrund organischer/seelischer Probleme

Den größten Einfluss auf den Schlaf hat der Körper selbst, denn je gesünder er ist, desto gesünder ist auch sein Schlaf – sofern man ihn lässt. Es sollte daher stets sorgsam auf Körper und Geist geachtet werden, um mögliche Ursachen für Schlafstörungen frühzeitig zu erkennen und gegebenenfalls mit in die Behandlung von Erkrankungen einzubeziehen. Auf den Schlaf wirkt sich natürlich alles aus, was auch sonst den Körper beeinträchtig, dazu gehören unter anderem:

- Chronische Erkrankungen (Asthma, Krebs u.a.), aber auch Erkältungen oder fiebrige Entzündungen
- Atemstörungen **(Apnoe)***
- **Reflux** (unkontrollierter Rückfluss von Magensäure in die Speiseröhre, Sodbrennen)

- Nebenwirkungen von Medikamenten
- Konsum von Kaffee, Alkohol und Nikotin (zumindest in zeitlicher Relevanz vor dem Schlafen)
- Psychische Belastungen (z.b. berufliche Konflikte, Probleme in der Familie, aber auch Einsamkeit usw.)
- Überreizung (durch Arbeitszeiten oder Medien-Konsum)
- Wechseljahre (Hitzewellen in der Nacht)

Tipps
Sind hier nur sehr begrenzt möglich bzw. den Ärzten und Schlaftherapeuten vorbehalten:
- Zu Nikotin und Alkohol: siehe oben
- Auswahl einer leichteren Zudecke
- **Speziell bei Reflux**
  - ☞ Oberkörper-Hochlagerung durch verstellbare Betten
  - ☞ Spezielles Wasser für eine Säure-Basen-Balance, z.b. das Heil- und Mineralwasser „Staatl. Fachingen"
- **Speziell bei Apnoe***
  - ☞ Oberkörper-Hochlagerung durch verstellbare Betten
  - ☞ Nackenstützkissen

* Exkurs **(Apnoe)**

Atmungsbezogene Schlafprobleme und Hypersomnie
Laute Atemgeräusche im Schlaf sind nicht nur extrem störend für den Bettnachbarn, sondern auch für die Zimmernachbarn, da Geräuschpegel bis zu 90 Dezibel erreicht werden können. Das ist – zum Vergleich – die Lautstärke von einem schweren Kfz, einem Presslufthammer oder einem Handschleifgerät. Lautes Schnarchen kann anderen Gästen auf der Etage buchstäblich die Nachtruhe zunichte machen. Aber auch für die Betroffenen selbst gibt es unter Umständen ein ernsthaftes Problem.

Schnarchen selbst ist eher ungefährlich und altersbedingt auch nicht unüblich. Im Alter von unter 20 Jahren liegt der Anteil der Schnarcher unter 10 Prozent, steigt dann aber rapide an. Ab dem 65. Lebensjahr sind etwa 40 bis 50 Prozent der Menschen davon betroffen. Dieses primäre oder einfache Schnarchen ist durch laute Atemgeräusche gekennzeichnet, die in den oberen Atemwegen entstehen und in der Regel nicht behandelt werden müssen. Oft reicht die Seitenlage oder ein

Nackenstützkissen aus, um das Schnarchen zu lindern oder ganz zu unterbinden.

Anders sieht es bei der Schlaf-Apnoe aus. Hiervon sind vornehmlich Männer höheren Alters betroffen. Etwa 20 Prozent der 40- bis 60-Jährigen und bis zu 60 Prozent der 65- bis 70-jährigen Männer leiden unter einer obstruktiven Schlaf-Apnoe. Frauen bleiben bis zur Menopause (aufgrund einer anderen Anatomie im Halsbereich) meist verschont, danach sinken die Unterschiede zwischen den Geschlechtern.

Mit Schlaf-Apnoe bezeichnet man das Aussetzen der Atmung während des Schlafs (von 10 Sekunden bis zu 2 Minuten), was seine Ursache in einem Verschluss der Atemwege durch die Weichteile des Rachens hat. Daher tritt die Apnoe vor allem in horizontaler Lage auf. Bei der obstruktiven Apnoe kommt es durch eine echte Verstopfung (lat. obstructio: Verstopfung) der Atemwege in der Folge zu einer deutlichen Herabsetzung des Sauerstoffgehalts im Körper, der Blutkreislauf wird nur mangelhaft mit Sauerstoff versorgt, wodurch es zu einer erhöhten Kohlensäureanreicherung kommt. Blutdruck, Herzfrequenz und Muskelanspannung werden so gefährlichen Schwankungen unterworfen, was zu einer Schädigung unter anderem der Blutgefäße und zu Herzrhythmusstörungen führen kann – langfristig mit der erhöhten Gefahr, einen Herzinfarkt oder Schlaganfall zu erleiden. Das sich stetig wiederholende, explosionsartige Luftholen bzw. Schnarchen nach einer Phase des Atemstillstands ist die Folge eines vollständigen Verschlusses der Atemwege und eines akuten Sauerstoffmangels. Will der Körper in dieser Situation dem Erstickungstod entgehen, muss er durch extreme Muskelkontraktion versuchen, förmlich nach Luft zu schnappen.

Eine auf diese Weise gestörte Nachtruhe bleibt nicht ohne Folgen, denn der verpasste Schlaf will nachgeholt werden. Bisweilen werden Betroffene auf ihre atmungsbezogene Schlafstörung (die sie im Schlaf nicht wahrnehmen) erst dadurch aufmerksam, dass sie unter extremer Tagesmüdigkeit leiden und ständig schlafen könnten – eine Ursache der Hypersomnie.

Krankheitsbild Schlaf-Apnoe

Während des Schlafes
- Sehr lautes, unregelmäßiges Schnarchen
- Wiederholte, länger anhaltende Atempausen
- Unruhiger Schlaf und häufiges Erwachen

Am Tage
- Morgendliche dumpfe Kopfschmerzen
- Übermäßige Tagesmüdigkeit und unwillkürliches Einschlafen **(Hypersomnie)**
- Konzentrations- und Gedächtnisstörungen
- Gesteigerte Reizbarkeit
- Abnahme sexueller Lust
- Rückzug aus sozialen Kontakten

Gegenmaßnahmen
- Reduzierung des Körpergewichts (bei Übergewicht)
- Hochlagerung des Oberkörpers
- Orthopädisches Nackenstützkissen zur Unterstützung der Atmung durch Streckung der Atemwege
- Kein Nikotin, kein Alkohol
- Gute Belüftung im Schlafzimmer
- Rückenlage meiden, wenn Hochlagerung nicht möglich
- Verzicht auf dämpfende, beruhigende und schlaffördernde Medikamente (diese verlängern die Atempausen)

Self-fulfilling Prophecy

Wie wichtig der erholsame Schlaf ist, fällt immer dann auf, wenn er mal für einige Tage nicht erholsam ist. Schlafprobleme und die damit verbundenen Beeinträchtigungen am Tag (Müdigkeit, Abgeschlagenheit, depressive Stimmung, Gereiztheit, Konzentrationsstörungen usw.) bereiten den Menschen Sorgen und können dazu führen, dass sie fürchten, die nächste Nacht wieder nicht schlafen zu können. Diese Furcht und das aktive Warten auf das Ein- und Durchschlafen können bewusst wie unbewusst dazu führen, dass aus der Sorge heraus die kommende Nacht tatsächlich wieder nicht erholsam wird, womit ein Teufelskreis beginnen kann. Nicht selten haben chronische Schlafstörungen ihre Ursache in einer längst überwundenen, anlassbezogenen

Phase, bleiben jedoch bestehen, da der oder die Betroffene bereits mit der Einstellung ins Bett geht, wieder nicht schlafen zu können. Dieses Phänomen der „sich selbst erfüllenden Prophezeiung" ist recht häufig und problematisch, da nur schwer zu durchbrechen.

Tipps
Auch hier ist ärztlicher Rat dringend empfohlen. Daneben gelten ein bewusster Umgang mit den eigenen Schlafritualen und Meditation als Empfehlung. Doch ein Gast, der schon beim Durchschreiten der Hotel-Türe die Angst hat, wieder nicht schlafen zu können, wird wieder schlecht schlafen. Vielleicht hilft da ausnahmsweise ein hochprozentiger Schlummertrunk aus der Bar zur kurzfristigen Entspannung.

1.1.4 Maßnahmenkatalog für die Hotellerie: Tue Gutes und sprich darüber!

Mit dem Wissen um das Ausmaß von Schlafstörungen, ihre möglichen Ursachen sowie die potenzielle Zahl an betroffenen Gästen sollte es sich für einen Hotelier lohnen, darüber nachzudenken, das eigene Angebot zum Thema Bett und Schlafen auszuweiten.

Warum die Gäste nicht wissen lassen, dass zusätzliche Angebote, ihnen beim Schlafen zu helfen, bereit stehen: Ob bereits integriert in der Zimmerrate oder als aufpreispflichtige Service-Leistung, muss jeder Hotelier für sich entscheiden. Vielleicht sind gar keine zusätzlichen Investitionen notwendig, um entsprechende Service-Angebote zu schaffen, sondern es reicht die Bündelung bereits vorhandener Möglichkeiten und ihre aktive Aufzählung in der Werbung oder in der direkten Kommunikation mit dem Gast.

Dazu gehört, sich vorab einen Überblick zu verschaffen, welche Möglichkeiten das Haus bereits bietet und welche zusätzlichen Maßnahmen ergriffen werden könnten, um es als besonders schlaffreundlich darzustellen. Nachfolgend einige Anregungen:

- **Information und Aufklärung**
  Es mag vermessen klingen. Aber da wir Menschen dazu neigen, eigenes Fehlverhalten zu ignorieren, dafür aber über die Folgen zu klagen, ist bisweilen ein „Weckruf" angebracht. Um den Gast daran

zu erinnern, wie das Schlafen funktioniert und ihn auf weitere Angebote aufmerksam zu machen, ließe sich mit dem eleganten Hinweis: „Sie wollen schlafen? Hier unsere Schlaf-Tipps für Sie", zudem der besondere Service-Charakter des Hauses unterstreichen, sofern das Thema Schlafen bewusst aufgegriffen werden soll. Zu den allgemeinen Schlaf-Tipps gehört:

- Spätes und schweres Essen vermeiden, idealerweise die letzte Mahlzeit 3 bis 4 Stunden vor der Nachtruhe
- Alkohol und Nikotin beeinträchtigen extrem die Schlafqualität, also weglassen bzw. fünf Stunden vor dem Schlafen nichts Anregendes wie Nikotin oder Koffein mehr zu sich nehmen.
- Kleiner Abendspaziergang an der frischen Luft
- Wer müde ist, soll gleich ins Bett und nicht erst an die Bar
- Auf dem Zimmer Licht dimmen und den Körper zur Ruhe kommen lassen
- Smartphone, Tablet und Fernsehen meiden
- Keine stressigen Gespräche oder Unterhaltungen mehr
- Arbeit einstellen – wenn möglich auch im Kopf abschalten
- Heiß duschen oder ein Beruhigungsbad nehmen
- Kleine Nachtlektüre
- Licht aus

Angebote im oder für das Zimmer hinsichtlich Ausstattung
- Zusätzliche Kissenauswahl (inkl. orthopädischem Nackenstützkissen)
- Zusätzliche Topper (um bei Bedarf die Matratze weicher zu machen)
- Angebot an Betten in Überlänge von 210 oder 220 cm
- XXL-Betten für besonders große und schwere Gäste
- Zusätzliche Zudecken-Auswahl (um weniger zu schwitzen oder zu frieren), aber auch für Überlängen
- Verstellbare Betten (zur individuellen Einstellung der Festigkeit, aber auch für Oberkörper- und Beinhochlagerung)
- Schlafmaske
- Ohrstöpsel
- Yoga-Matte
- Lavendel-Badezusatz (als Beispiel)
- Kräuterkompresse

- Ätherische Öle
- Entspannungsmusik
- Für die „Grübler" Stift und Zettel auf dem Nachttisch, um der Sorge entgegenzuwirken, sich an Ideen oder Gedanken am nächsten Morgen nicht mehr erinnern zu können
- Schlaftipps oder Gute-Nacht-Lektüre (in vielen Nachttischen ist nach wie vor die Bibel zu finden, da wäre auch noch Platz für eine Schlaf-Fibel mit kleinen Tipps – und alles ganz altmodisch, ohne blaues Hintergrundleuchten vom Display)

Angebote von Küche und Bar
- Ein Glas warme Milch mit Honig
- Ein Glas alkoholfreies Bier, Hopfen wirkt beruhigend
- Schlaf-Tee
- Leichtes Abendmenü (Grundsätzlich gilt: Je später der Abend, desto leichter die Mahlzeit. Schlecht für den Schlaf sind fettreiche, blähende oder stopfende Nahrungsmittel, gut hingegen zum Beispiel Zucchini und Fisch. Reis und Nudeln kurbeln die Insulin-Ausschüttung an, was wiederum nachteilig ist. Die Gäste wissen dies meist nicht. Aufklärung kann nicht schaden.)
- Die Möglichkeit eines späten Frühstücks für echte Langschläfer

Spezielle Eigenschaften des Zimmers bzw. der Etage
- Ruhige Zimmer (kein angrenzender Aufzug, abgewandt vom Straßenlärm oder anderen Lärmquellen)
- Geräuschlose Klimaanlage bzw. Zulüftung
- Eine verständliche Bedienungsanleitung für die Klimaanlage!
- Zimmer am Ende des Flures (weniger Bewegung vor der Zimmertüre)
- Lärmpegel kann man messen und besonders ruhige Bereiche oder Etagen gesondert ausweisen
- Teppiche in den Fluren
- Speziell ruhige Etagen (keine Hunde)
- Zimmer können besonders abgedunkelt werden
- Dimmbare Lichter im Zimmer

Angebot einer flexiblen Hotel-Routine und spezieller Service
- Für alle, die länger schlafen wollen oder müssen: Zimmer auf der ruhigen Etage werden grundsätzlich erst später gereinigt, um unnötige Lärmquellen zu vermeiden, auch die Nebenzimmer.
- Kooperation mit einer (Nacht-)Apotheke

Vereinzelt sind Hotels bzw. Hotel-Ketten, wie zum Beispiel *Crown Plaza Hotels & Resorts* (zumindest im englischsprachigen Ausland) bereits dazu übergegangen, dem Gast kleine „Helfer" anzubieten. Dort werden dem Gast in einer kleinen handlichen Schachtel 2 Substanzen für eine Aroma-Therapie angeboten (*„this works: sleep; 2 mini solutions for a better night's sleep"*). Ob es wirklich hilft, hängt sicherlich vom Einzelfall ab, aber den Gast wird es freuen zu sehen, dass man seinen Schlaf ernst nimmt – mit diesem oder auch anderen Angeboten, von denen es reichlich gibt. Bei allem gilt, dass der Gast entscheidet. Aber dass er entscheiden kann, zeugt vom Problembewusstsein des Hoteliers und dessen wahrgenommener Verantwortung, alles zu tun, um seinen Gästen die bestmögliche Übernachtung zu bieten.

Aber: Es reicht nicht, selbst um die Möglichkeiten des eigenen Hotels zu wissen. Der Gast muss es wissen und wird sich bei Bedarf freuen zu erfahren, welches spezielle Angebot zum Thema Bett und Schlafen das Hotel seiner Wahl ihm bietet.

1.1.5 Selbsttest zur Schlafstörung

Insomnie – Schlafstörung (ja oder nein?)
Vorab: Ein solcher Fragebogen ersetzt nicht die Diagnose eines Arztes oder eines anderen Spezialisten. Aber er liefert einen ersten Anhaltspunkt, ob es ein wirkliches Problem geben könnte. Denn es gilt zu unterscheiden, ob es sich nur um sporadische, anlassbezogene und somit vorübergehende Schlafprobleme handelt, die meist nur von kurzer Dauer und daher in der Regel nicht behandlungsbedürftig sind, oder ob eine echte Schlafstörung vorliegt. Wenn jedoch entsprechende Probleme mindestens 3-mal oder häufiger pro Woche auftreten, länger als vier Wochen andauern und zu einer deutlichen Beeinträchtigung von Stimmung und Leistungsfähigkeit am Tage führen, sollte ein Besuch beim Arzt nicht zu lange aufgeschoben werden.

Tabelle 2: Schlafstörungen (Fragebogen)

	Frage	Ja	Nein
1	Fühlt sich Ihr Schlaf leicht und oberflächlich an?		
2	Brauchen Sie länger als 30 Minuten zum Einschlafen?		
3	Liegen Sie nachts längere Zeit wach?		
4	Wachen Sie nachts öfter auf?		
5	Ist Ihr Schlaf pro Nacht kürzer als 6 Stunden?		
6	Haben Sie das Gefühl, dass am Tag Ihre Leistungs- und Konzentrationsfähigkeit beeinträchtigt ist?		
7	Fühlen Sie sich häufig niedergeschlagen, antriebslos, unausgeglichen und nervös?		
8	Fühlen Sie sich tagsüber schläfrig und müde?		
9	Treten diese Probleme 3-mal pro Woche oder häufiger auf?		
10	Haben Sie diese Probleme anhaltend länger als 4 Wochen?		

Sollten Sie bei diesen 10 Fragen 4-mal oder häufiger mit Ja geantwortet haben, besteht die hohe Wahrscheinlichkeit, dass Sie an einer echten Schlafstörung leiden.

Hypersomnie – übermäßige Schläfrigkeit

Wie bereits beschrieben, kann es trotz eines subjektiv vollständigen und ausreichenden Schlafs – ohne jegliche wahrgenommenen Störungen – zu einem Mangel an Schlaf hinsichtlich dessen Intensität kommen. Bei dieser nicht nur gefühlten, sondern tatsächlich übermäßigen Schläfrigkeit am Tag droht die Gefahr des Sekundenschlafs.

Tabelle 3: Atmungsbedingte Schlafstörungen (Fragebogen)

	Frage	Ja	Nein
1	Haben Sie das Problem, sich tagsüber wach zu halten, obwohl Sie ausreichend lange schlafen?		
2	Kommt es vor, dass Sie tagsüber ungewollt einschlafen (z.B. beim Lesen, Fernsehen, im Kino)?		
3	Schnarchen Sie?		
4	Wurden bei Ihnen während des Schlafens Atempausen beobachtet?		
5	Erwachen Sie häufig mit Kopfschmerzen?		

Sollten Sie 2 dieser 5 Fragen oder mehr mit Ja beantwortet haben, könnte eine atmungsbedingte Schlafstörung (Apnoe) vorliegen. Ein Schlaflabor kann hier eine gezielte Diagnose erstellen. Die Fragebögen sind u. a. angelehnt an die Quelle *www. schlafgestoert.de.*

1.2 Das Bett

1.2.1 Das Bett – Mehr als nur eine Horizontale

Autor Jens Rosenbaum

Eine der wesentlichen Voraussetzungen für einen gesunden und erholsamen Schlaf ist die Schlafunterlage, also das Bett, das möglichst den individuellen Bedürfnissen des Menschen angepasst sein sollte.[7] Denn nur wenn der Körper – und speziell die Wirbelsäule – gemäß seiner natürlichen Form in der Nacht anatomisch korrekt gelagert ist, kann der Mensch in den „gesunden" Schlaf finden. Von gleich großer Bedeutung ist das Schlafklima, denn neben der anatomischen Lagerung haben Atmungsaktivität und Temperatureigenschaften der umgebenden Materialien ebenso maßgeblichen Einfluss auf die Schlafqualität. Daher ist das Bett aus zwei Perspektiven zu betrachten.

Anatomische Lagerung
Da der Mensch genetisch darauf programmiert ist, seinen Schlaf nachts an einem Stück, ohne Unterbrechung, ruhend und im Liegen zu absolvieren, müssen bestimmte Voraussetzungen erfüllt sein. Um über die vielen Stunden einer Nacht im Tiefschlaf immer wieder weitgehend bewegungslos liegen zu können, braucht es eine möglichst druckfreie Lagerung des Körpers. Wenn sich z.B. aufgrund einer zu harten Unterlage Druckstellen bilden sollten, würde dies automatisch zu einer Störung im Schlafablauf und somit zu einer Beeinträchtigung der Schlafqualität führen.

Eine Forderung an die Matratze und an das Bett ist daher, den Menschen möglichst druckfrei aufzunehmen. Eine zweite, den Körper an bestimmten Körperstellen zu stützen, um eine korrekte Lagerung der Wirbelsäule während der Nacht zu ermöglichen. Diese unterschiedlichen Körperstellen benötigen daher Zonen auf der Liegefläche, die den unterschiedlichen Bedürfnissen gerecht werden.

---

[7] In dem Masse, wie die Menschheit ihre geistigen und motorischen Fähigkeiten im Laufe der Evolution weiterentwickelt, hat sie stets auch ihre Schlafunterlage weiter optimiert. Immer bessere und individuell angepasste Schlafsysteme bilden jedoch nur die funktionale Basis — wird diese nicht zur richtigen Zeit genutzt, bleibt der Nutzenvorteil aus.

Kopf

Dieses sehr druckempfindliche Körperteil – speziell an den Ohren und in Seitenlage – braucht bei der Matratze eine weiche Oberfläche. In Kombination mit dem Nacken wird aber auch eine Ergänzung durch ein Kopf- oder Nackenkissen mit hinreichender Stützkraft benötigt, um die Distanz zwischen Kopf und Schulter (Seitenlage) bzw. Rücken (Rückenlage) auszugleichen. Denn die Lordose im Bereich der Halswirbelsäule erfordert anatomisch eine punktgenaue Unterstützung/Anhebung, um die natürliche Form der Wirbelsäule zu stabilisieren und ein Abknicken zu verhindern, was in der Regel nur über ein orthopädisch geformtes Nackenstützkissen möglich ist. Weich muss die Matratze in dieser Zone aber auch bei Nutzung eines Kissens sein, da der Kopf, bedingt durch Positionsänderungen in der Nacht, nicht nur auf dem Kissen liegt! Als Prinzip gilt: Der Kopf will immer weich, aber auch erhöht liegen.

Schulter

Für das Liegen in Seitenlage muss die Liegefläche an dieser Stelle ein besonders tiefes Einsinken ermöglichen, um sowohl druckentlastend wirken zu können als auch ein Abknicken der Wirbelsäule zu verhindern. Die Exponiertheit der Schulter unterbricht in Seitenlage die geforderte gerade Ausrichtung der kompletten Wirbelsäule und benötigt daher eine Korrektur in der Liegefläche. Erst das Zusammenspiel von Kissen, Matratze und Unterfederung schafft in der Regel an dieser Stelle die physikalisch notwenige Einsinktiefe.[8] Beim Liegen in Rückenlage hingegen benötigt die Schulterzone im mittleren Bereich der

---

[8] Matratze und Unterfederung können sich hier nur gemeinsam der Aufgabe stellen, eine partielle Schulterzonenanpassung zu ermöglichen, um das Liegen in Seiten- wie in Rückenlage gleichermaßen anatomisch richtig zu gestalten: Speziell in Seitenlage sollte das Einsinken der Schulter zwischen Kopf und Wirbelsäule eine horizontale und gerade Linie bilden. Denn bedingt durch die eigene Stauchhärte einer jeden Matratze fehlt es den Matratzen in der Regel an ausreichender Einsinktiefe, um Schulterbreiten von bis zu 25 cm (Distanz zwischen Kopf und dem am stärksten hervorragenden Weichteil des rechten und linken Oberarmmuskels) hinreichend Raum zu geben. Selbst wenn eine Matratze 20 cm dick ist, lässt sich diese meist nur um ein Drittel stauchen. Und auch mittels Kopfkissen, das selten eine gestauchte Höhe von mehr als 5 cm aufbietet, lässt sich die Distanz in Seitenlage so insgesamt nur um etwa 11 cm verringern, fehlen mithin immer noch etwa 6 cm, um auch den Rest einer Schulter richtig aufnehmen zu können. Daher sollte die Matratze auf keiner starren Unterlage wie einem Brett liegen, sondern auf einer elastischen Unterfederung, welche die noch fehlenden Zentimeter zum Einsinken der Schulter zur Verfügung stellen kann, indem diese nach unten federt und Platz für die Matratze schafft, nach unten auszuweichen. Eine Kombination von Matratze und (elastischer) Unterfederung kann daher auch bei schmalen Matratzen von 14 bis 15 cm Dicke ausreichend Reserve bieten, selbst breite Schultern anatomisch korrekt aufzunehmen.

Matratze eine feste Struktur, damit Schulter und Rücken formgerecht gelagert werden und ein zu tiefes Einsinken verhindert wird.

Lendenwirbel

Dieser Teil der Wirbelsäule benötigt, im Gegensatz zur Schulter, eine intensive Unterstützung und fordert, speziell im Bereich der Lordose, im Vergleich zu den anderen Körperzonen die größte Stützkraft. Diese Unterstützung wird technisch oft über die Unterfederung generiert, die an dieser Stelle mit einer verstärkten Vorspannung dem Einsinken der Matratze entgegenwirkt und ihr zusätzlich Stützkraft verleiht.

Beckenbereich

Ähnlich wie bei der Schulter handelt es sich auch beim Becken um ein exponiertes Körperteil, das tiefer einsinken können muss. Zum einen, um einen geraden Übergang zur Lendenwirbelsäule zu erreichen und ein Abknicken zu vermeiden, und zum anderen, um keine Druckstelle an den äußeren Beckenrändern in Seitenlage entstehen zu lassen.

Beinbereich

Da die Beine im Verhältnis relativ leichte Körperteile sind und in ihrer Lage keine Fixierung benötigen, ist lediglich eine gewisse Grundfestigkeit erforderlich. Diese unterstützt zudem das Einsinken des Beckens zwischen der Bein- und der Lendenwirbelzone.

Fersenbereich

Meist nicht bekannt ist die Tatsache, dass an den Fersen der höchste Flächendruck des gesamten Körpers entsteht. Um Druckstellen zu vermeiden, braucht die Matratze in dieser Zone eine hohe Punktelastizität und eine weiche Oberflächenstruktur. Jede Form von Liegefläche/Matratze sollte diesen unterschiedlichen Zonen[9] Rechnung tragen können, um als wertiges, den Schlaf förderndes Bett anerkannt zu werden, denn das Schlafen erfolgt nicht ohne Grund im Liegen!

---

[9] Da sich Kopf- und Fersenbereich in ihrer Anforderung ähneln und bei einer klugen Lösung die Festigkeit der Schulterzone in Rückenlage auch den Beinen gerecht werden kann, reduzieren viele Hersteller (speziell bei Schaumstoffmatratzen) die hier vorgestellten 6 Zonen auf 4 (Kopf/Ferse, Schulter/Beine, Lende, Becken). Da die Beckenzone mittig in der Matratze positioniert ist, kann durch Doppeln der anderen 3 Zonen die Matratze von beiden Richtungen (Kopfende gleich Fußende) beschlafen werden — damit kommt es zur oft beworbenen „7-Zonen-Matratze". Sind beide Seiten der Matratze (oben und unten) gleich aufgebaut, verfügt man über eine klassische 4-fache Wendematratze.

Da die Natur den Menschen primär zum Laufen und Stehen konstruiert hat, verfügt er über eine entsprechend geformte Wirbelsäule, die mit ihrer Doppel-S-Form wie eine Sprungfeder geformt ist und auch so funktioniert. Zwischen den knöchernen Wirbeln agieren die Bandscheiben als hydraulische Stoßdämpfer, welche die Wirbelsäule erst elastisch machen. Damit diese Scheiben ihre Arbeit sowohl täglich als auch langfristig möglichst verschleißfrei verrichten können, muss der Mensch sich nachts hinlegen. Nur wenn die Wirbelsäule ausreichend lange gemäß ihrer anatomischen Form horizontal gerade gelagert wird, können die dann druckfrei gelagerten Bandscheiben durch Diffusion aus dem umliegenden Körpergewebe wieder die Flüssigkeit aufnehmen, die sie während des Tages in Ausübung der Hydraulik verloren haben. (Das ist auch der Grund, warum der Mensch am Abend etwas kleiner ist als am Morgen: verlorene Hydraulik-Flüssigkeit lässt die Bandscheiben schrumpfen.) Das bedeutet, dass im Liegen eine Unterlage benötigt wird, welche die Wirbelsäule und somit die Bandscheibe in Rücken- wie in Seitenlage gerade hält und entlastet, unterstützt, ohne zu drücken.

Wird das Bett diesem Grundbedürfnis nicht gerecht, wird sich kein gesunder Schlaf einstellen können, da der Körper diesen Mangel erkennt. Instinktiv sucht der Mensch im Schlaf nach der für seine Wirbelsäule individuell richtigen Lagerung, notfalls die ganze Nacht, wenn die Schlafunterlage entsprechend ungeeignet ist.[10] Wenn der Körper auf der Suche nach einer gesunden Lagerung die ganze Nacht über aktiv ist, kann sich zwangsläufig auch die Ruhephase nicht richtig einstellen, und der gesunde Tiefschlaf bleibt aus. Wer sich am Morgen wie gerädert fühlt, sollte darüber nachdenken. Und ohne ein Auffüllen der „Hydraulik"-Flüssigkeit – was nur bei entlasteter Wirbelsäule und entsprechend druckfrei gelagerten Bandscheiben möglich ist – startet am nächsten Tag das System Bandscheibe trocken mit der unvermeidbaren Folge eines frühzeitigen Verschleißes.

---

[10] Zu berücksichtigen ist der Umstand, dass sich grundsätzlich jeder Mensch im Schlaf mehrfach dreht und seine Schlafposition wechselt. Dies hat seine Ursache u. a. darin, dass der Körper beweglich bleiben möchte, um im Notfall schneller flüchten zu können. Ein starres Liegen über Stunden würde zu einer unnötigen Steifheit führen. Auch profitieren Kreislauf und Blutgefäße von wechselnden Belastungen aufgrund von Positionswechseln. So sind 10 bis 30 Drehungen pro Nacht völlig normal, wobei eine optimale Lagerung weniger Drehungen erforderlich macht als eine zu feste, wo es bis zu 80 und mehr Wendungen kommen kann, die den gesamten Schlafprozess belasten.

Aber es gibt nicht *das eine Bett für alle*. Was für den einen zu fest, ist für den anderen zu weich. So mag eine bestimmte Matratze/Unterfederung für die eine Person die Ideallösung sein, für eine andere könnte es der Albtraum werden.

Für eine entsprechende optimale physische Lagerung braucht es grundsätzlich drei Komponenten, die im besten Fall auf die individuellen Bedürfnisse der betreffenden Person (Körpergröße, Körperabmessungen, Gewicht, individuelle Anatomie usw.) abgestimmt sind:
- das Kissen – zur Lagerung des Kopfes und des Nackens
- die Matratze – zur druckfreien Aufnahme des Körpers bei gleichzeitiger Stabilisierung der Wirbelsäule
- die Unterfederung – als unverzichtbare Ergänzung der Matratze zur Unterstützung der Lordose und Entlastung von Becken und Schulter in Seitenlage.

Klimatische Lagerung
Stoffwechselbedingt und aufgrund fehlender motorischer Aktivitäten[11] senkt der Körper während der Nachtruhe seine Temperatur ab, braucht aber eine direkte, körpernahe Umgebungstemperatur, die seiner üblichen Temperatur entspricht und diese somit konstant hält. Hierzu bedient sich der Mensch, je nach Klimazone, einer mehr oder weniger wärmenden Zudecke, die wie die Matratze atmungsaktiv sein muss(!), um die Ausscheidungen über die Haut (Feuchtigkeit) vom Körper wegzuleiten. Daher seien auch die Bettwäsche, als Ummantelung von Kissen und Zudecke, wie auch das Bettlaken auf der Matratze in dieser Betrachtung impliziert.

Ziel ist es, dass der Körper weder zu warm noch zu kühl gelagert wird. Bei einem Hitzestau setzt der Körper aktiv das Schwitzen ein, um abzukühlen, im Falle einer zu kühlen Lagerung wiederum springt das körpereigne Heizsystem an, um auf Betriebstemperatur zu kommen. In beiden Fällen jedoch wird der Körper von einer „normalen" Nachtruhe mit ihrem erholsamen Tiefschlaf abgehalten, da statt der für den Schlaf

---

[11] Da Muskelbewegungen Wärme produzieren, führt eine Ruhephase automatisch zu einem Abkühlen des Organismus. Andererseits haben Muskeln auch eine isolierende Wirkung, und da Männer, genetisch bedingt, im Regelfall über einen höheren Muskelanteil verfügen, kühlen sie nicht so weit ab wie Frauen. Frauen haben daher normalerweise auch einen höheres Wärmebedürfnis in der Nacht und tendieren deshalb zu einer Zudecke mit höheren Wärmegrad.

vorgesehenen Prozesse „Notprogramme" (Heizen oder Kühlen) eingesetzt werden müssen. Gleiches gilt für das Schwitzen aufgrund fehlender Atmungsaktivität der umgebenden Materialien, womit die Stoffwechselprozesse während des Schlafs gebremst werden. Das Atmen der Körpers durch bzw. über die Haut ist verbunden mit Flüssigkeitsabgabe in Form von Dampf. Wenn dieser Dampf mangels atmungsaktiver Materialien bei Bettwäsche, Zudecke, Matratzenschutzbezug oder Matratze nicht entweichen kann, bildet sich durch den Kondensationsprozess Feuchtigkeit auf der Haut, was die weitere Atmung über die Haut behindert, wodurch das größte Organ des Menschen, die Haut, bei der Ausführung wichtigster Arbeiten ausgebremst wird.

Gleichzeitig wird dieser Vorgang vom Körper im Unterbewusstsein als Notstand interpretiert, denn mangelnder Luftaustausch aufgrund unzureichender Atmungsaktivität wird als lebensbedrohliche Situation eingestuft und kann den Schlafenden noterwachen lassen.

Jahreszeit und Raumklima, individuelles Wärmebedürfnis wie auch Schwitzneigung, aber auch Allergien bilden die Faktoren, nach denen eine Zu- oder auch Bettdecke wie auch die Bettwäsche auszuwählen sind. Es liegt auf der Hand, dass es auch hier, speziell bei der Zudecke, nicht *die eine für alle* geben kann.

Hotel-Fazit: Ausgehend vom Basisangebot einer horizontalen Liegefläche für die Nacht hat das Hotel die Möglichkeit, über die Bettausstattung den Schlafkomfort zu steigern, indem anatomische sowie klimatische Grundbedürfnisse der Gäste berücksichtigt werden. Mit dem Standard-Angebot einer Sorte Bett und Zudecke für alle Gäste lässt sich nur ein Mindeststandard erfüllen.

1.2.2 Qual der Wahl – Schaum- oder Federmatratze?

Autor Jens Rosenbaum

Investitionen wollen gut überlegt sein, doch um Entscheidungen treffen zu können, braucht es eine gesunde Informationsbasis. Gerade im Bereich Matratzen hat es durch einen seit Jahren wachsenden Verbrauchermarkt mit einem klaren Trend zu hochwertigen Produkten viele neue Entwicklungen gegeben, die man kennen sollte.

Nachdem über Jahrzehnte die klassisch-federbasierte Matratze den Endverbrauchermarkt beherrschte, führen seit Jahren schaumbasierte Matratzen mit etwa 70 bis 80 Prozent in der Umsatzstatistik der Hersteller. Matratzen mit Taschenfederkern (TFK) weisen hingegen nur noch etwa 10 bis 20 Prozent auf. Die Frage, ob eine Federsystembasierte Matratze (zum Beispiel Boxspring, Taschenfederkern, Bonellfederkern usw.) oder eine Schaummatratze die Bessere ist, lässt sich nur mit Blick auf die jeweilige Zielsetzung beantworten.

Um unwissentlich nicht Äpfel mit Birnen zu vergleichen, sei eine knappe Einführung in die Welt der Matratzen vorangestellt:

Schaummatratzen
Zur Herstellung von Schaumstoffmatratzen werden im Allgemeinen Polyether-Verbindungen eingesetzt und solche Weichschaumstoffe genutzt, die reversibel – also umkehrbar – verformbar sind: Nach der Verformung kehren sie in ihre Ausgangslage zurück. Raumgewicht (Kilogramm Rohstoff in einem Kubikmeter Schaumstoff), Punktelastizität, Stauchhärte (Maß für die Festigkeit) und die technische Verarbeitung (eingearbeitete Profile oder zielgerichtete Kombination verschiedener Schäume) sind für die Qualität einer Matratze verantwortlich, wobei auch der Matratzenbezug eine wichtige Rolle spielt. Der Begriff Kaltschaum stammt ursprünglich aus der Produktion, womit eine neue Generation von Schäumen bezeichnet wurde, die mit weniger Energie bei notwendigen Erhitzungsprozessen auskommen konnte (im Gegensatz zu Latex zum Beispiel). Da es jedoch keine technisch klar definierte Abgrenzung gibt, lassen Bezeichnungen innerhalb der Schaumgruppen wie Kaltschaum-, Standardschaum-, HR-Schaummatratze usw. keine zwingenden Rückschlüsse auf Qualität oder Eigenschaften zu. Eine Ausnahme bilden die viskoelastischen Schäume (engl. Memory Foam), die auf die Kombination von Druck und Wärme durch punktgenau höhere Elastizität bei verzögerter Verformung reagieren und klar unterschieden werden können.

Latexmatratzen
Für einen Prozess der Vulkanisation wird eine Mischung aus Naturkautschuk und erdölbasiertem Latex in eine Form gefüllt und mittels Heizstäben erhitzt. Daher auch die charakteristischen Löcher in den Latexschichten, die nach Entfernen der Heizstäbe deutlich sichtbar sind.

Latexmatratzen sind sehr schwer, nicht atmungsaktiv und spielen, mit Ausnahme in Form von Matratzen-Auflagen oder als dünne, verarbeitete Auflage innerhalb einer Matratze anderen Bautyps mit weniger als 2 bis 3 Prozent keine Rolle mehr im Matratzenmarkt, obwohl Latexmatratzen berühmt sind für ihre große Anpassungsfähigkeit bei gleichzeitig guter Stützkraft. Dieser seit Jahren anhaltende signifikante Marktrückgang liegt sowohl in der Entwicklung neuer Schaumgenerationen, die zusätzliche Vorteile bieten, als auch in der Verwendung von Latexkomponenten in Schaum- wie auch in Federkernmatratzen. Daher werden wir diesen Matratzentyp in der weiteren Betrachtung nicht berücksichtigen.

Federkernmatratzen
Bei dieser Matratzenart handelt es sich um Polster, da sie in ihrem Inneren aus einem geordneten System von Federn (Metall oder Kunststoff) bestehen, die sich je nach Bauart einzeln und unabhängig voneinander bewegen können. Dieser Federkern wird außen von einem Grobpolster (zumeist aus Schaum oder Naturhaar) umgeben, der dafür sorgt, dass der Kern der Matratze nicht zu spüren ist. Anzahl und Größe der eingesetzten Federn, ihre materialbedingte Elastizität und Einarbeitung in die Matratze definieren letztlich die Qualität einer Matratze. Da diese Art von Matratzen in sehr unterschiedlichen Varianten hergestellt wird, ist eine klare Abgrenzung möglich.

Bonellfederkern
Er ist das Basismodell der Federkernmatratzen mit dem Merkmal relativ weniger, taillierter Spiralfedern, die in der Regel gleichmäßig angeordnet sind. Den Halt erfahren die einzelnen Federn durch eine Verdrahtung mit den jeweils umgebenden Federn, oft an den äußeren Enden. Dadurch ergibt sich eine eher flächige Elastizität, da die Belastung einer Feder auch zum Einsinken der umgebenden Federn führt.

Taschenfederkern
Hierbei handelt es sich um Federn (zylindrisch oder auch tonnenförmig), die jeweils einzeln von einer Tasche aus Stoff oder ähnlichem umgeben sind. Diese Stofftaschen können an ihren Berührungspunkten mit den umgebenden Stofftaschen verklammert, vernäht oder verklebt sein, um die Anordnung zueinander zu wahren. Doch das besondere Merkmal dieses Matratzentyps ist das isolierte Wirken der einzelnen

Federn, die eine hohe Punktelastizität ermöglichen (abhängig von der Zahl der Federn und ihrer Größe). Die Anzahl Federn in solch einer Matratze von 100 x 200 cm kann 1000 und mehr betragen, wobei die reine Anzahl nicht zwingend ein Merkmal für Qualität sein muss.

Diesen beiden Grundtypen von Federkernmatratzen ist gemein, dass sie wie die Schaummatratzen eine zusätzliche Unterfederung benötigen, um ihre volle Wirkung entfalten zu können.

Boxspring
Aus dem Englischen übersetzt handelt es sich um „Federn in einer Kiste", womit im Prinzip ein ganzes Bettsystem beschrieben wird. Dieses besteht klassischerweise aus 3 Komponenten. In einer Box als Unterkonstruktion, die das sonst notwendige Bettgestell und einen Lattenrost zum Beispiel ersetzt, ist ein matratzenähnlicher Federkern fest verbaut. Darauf kommt eine Federkernmatratze zu liegen mit einer dünnen Matratzenauflage aus Schaum (Topper genannt). Da der Begriff „Boxspring" nicht geschützt ist, können die Art der darin eingesetzten Federn, die Zahl und Bauart der Federn sowie die Zahl der Komponenten extrem stark variieren. Der Begriff „Boxspring" ist daher nur eine grobe Beschreibung einer Bettenbauart.

Diese verschiedenen Matratzentypen haben alle zum Ziel, den Körper möglichst punktelastisch aufzunehmen. Wenn der Körper sich auf der Matratze ausstreckt, möchte er sanft einsinken, dann aber kräftig getragen werden. Nirgendwo will er einen Härtepunkt spüren, auch dann nicht, wenn er sich stark bewegt. Daher sind alle heutigen Matratzen das Ergebnis einer langen Entwicklung; denn das Streben der Menschen in Sachen Schlafkomfort galt schon immer dem Ziel, eine anatomisch gesunde Lagerung der Wirbelsäule für die Nacht zu erreichen. Nur wenn diese gemäß ihrer natürlichen Form im Liegen entspannen kann, können auch die Bandscheiben regenerieren – Voraussetzung dafür, möglichst lange beschwerdefrei stehen, gehen und sitzen zu können.

Um dieses anatomisch gesunde Liegen weiter zu optimieren, wird von jeher, stets im Kontext zu den technischen Möglichkeiten, an Verbesserungen gearbeitet. Und so landete das Thema Matratze, historisch gesehen, Mitte des 19. Jahrhunderts bei den Sattlern, die sich darauf verstanden, Sprungfedern zu polstern. Damals noch dreiteilig, hat dieses Grundprinzip bis heute Gültigkeit, gleich ob es Federkern, Bonellfeder-, Taschenfederkern oder Boxspring heißt. Und dieses System ist nach wie vor gut, vorausgesetzt, die Anordnung der Federn, ihre jeweilige Spannkraft, die mögliche Einsinktiefe und ihre Punktelastizität (also dort nachzugeben bzw. zu unterstützen, wo es anatomisch notwendig ist) passen zu dem Menschen, der darauf schlafen soll. Denn individuell einstellen kann man solch starre Systeme nicht oder nur bedingt, und die *eine* Matratze für alle Menschen gibt es nicht, dafür sind wir Menschen zu unterschiedlich in Größe, Gewicht und Form.

Deshalb bietet der Markt eine fast unendliche Vielzahl an Federkernmatratzen an, um durch die Kombination von Anzahl, Art, Größe und Verarbeitung der Federn sowie verwendeter Polstermaterialien für jeden erdenkbaren Bedarf ein Modell zur Verfügung zu haben. So weit die Theorie. In der Praxis wird die Auswahl der Matratzen durch die Hersteller auf eine überschaubare Anzahl an Modellen reduziert, die sie meist als „weich", „mittel", „fest" und in jüngster Zeit auch als „extrafest" anbieten, da das Durchschnittsgewicht der Bevölkerung weiter ansteigt. Doch diese Einteilung hilft nicht beim Vergleich von Modellen unterschiedlicher Hersteller, da Festigkeiten nicht genormt sind. Durch die dem System der Feder innewohnende Vorspannung ist eine weitergehende Anpassung an anatomisch individuelle Bedürfnisse nur begrenzt möglich. Deshalb hilft nur intensives Ausprobieren, bis man die richtige Matratze gefunden hat.

Seit Jahren sind daher die Schaummatratzen auf dem Vormarsch, die im direkten Vergleich zu federbasierten Systemen viel sensibler auf eine Unterfederung reagieren können, da sie über eine geringere Eigenspannung verfügen. Erst in den 1970er- und 1980er-Jahren gelang der Durchbruch bei der Herstellung matratzentauglicher Schäume, die seitdem rasant aufholen. Durch die Möglichkeit der Zusammensetzung unterschiedlichster Schäume, das gezielte Einsetzen von Körperzonen oder auch das Einbetten von zusätzlichen Federelementen sind völlig neue, schaumbasierte Matratzen entstanden, die in der Regel den besonderen Vorteil haben, direkter auf eine Unterfederung reagieren zu können.

Galt früher bei einer Federkernmatratze ein Sprungrahmen als ausreichend (wie er bei der Boxspring klassisch ist), ist heute eine partiell verstellbare Unterfederung das Maß der Dinge. Hier können je nach Bauart Latten, Leisten, Teller, Gewirke, 3D-Gewebe oder sonstige federnde Trageelemente in den relevanten Zonen wie Schulter, Lordose oder Becken weicher oder fester eingestellt werden, womit sich die Topografie des jeweiligen Menschen besser aufnehmen lässt – bis zu maßgeschneiderten Lösungen. So kann sowohl eine höhere Punktelastizität als auch eine stärkere Unterstützung erreicht werden, da die Vorspannung nachträglich erhöht werden kann. Je nach technischer Ausführung werden dazu die Latten einzeln manuell versteift (und damit deren Federnweg vergrößert) oder wird wie bei einem Gewirke zum Beispiel durch eine mechanische Hubeinheit per Fernsteuerung ein Lordosen-Polster angehoben oder gesenkt. Die technischen Ausführungen mögen unterschiedlich sein, aber das Wirkprinzip ist gleich: Durch eine gezielte Manipulation der Unterfederung werden die Einsinktiefe für Schulter und Becken sowie die Unterstützung für die Lordose angepasst.

Ein weiterer Vorteil von Unterfederungen aus Leisten zum Beispiel ist ihre bessere Reparaturfähigkeit als die eines Sprungrahmens. Sollte eine Leiste defekt sein oder ihre Grundspannung verloren haben, lässt sie sich in der Regel ohne großen Aufwand austauschen, was bei einem Sprungrahmen nicht möglich ist.

Mit nur einem oder wenigen Handgriffen (oft sogar schon per Knopfdruck) lässt sich daher solch ein schaumbasiertes System mit ergonomisch verstellbarer Unterfederung viel genauer an einen Menschen und seine konkreten Bedürfnisse im Schulter- und Beckenbereich anpassen, als es bei federbasierten Systemen möglich ist. Dies macht Schäume somit nicht nur im privaten Markt attraktiv, sondern sollte für all jene besonders interessant sein, die mit einem Bett vielen Gästen gerecht werden müssen: die Hoteliers.

Ein weiterer Vorteil der Matratzenschäume liegt darin, dass neueste Generationen leichter zu reinigen sind, denn einige sind mittlerweile sogar voll waschbar. Zudem sind Schaummatratzen, abgesehen von möglichen Schnittprofilen im Kern, dicht und bieten keine bzw. deutlich weniger Hohlräume als dies bei allen federbasierten Systemen der

Fall ist. Milben & Co. haben hier deutlich weniger bis gar keinen Platz, sich auszubreiten. Ein großer Pluspunkt, da auch die Hygiene im Bett immer wichtiger wird. Diesbezüglich bietet die Kombination aus Schaum und offener Unterfederung via Leisten Vorteile in der Hygiene, zum Beispiel gegenüber Federkernmatratze und Sprungrahmen wie bei Boxspring. Denn diese geschlossenen Kästen lassen eine hygienische Aufarbeitung nicht zu. So wie es zunehmend zum Standard geworden ist, speziell Schaummatratzen mit abnehmbaren Bezügen auszustatten, die gewaschen oder gereinigt werden können, wird sich auch ein Standard hinsichtlich voll waschbarer Bettsysteme, inkl. Matratze, entwickeln. Daher punkten schaum-basierte Bettsysteme nicht nur im Bereich der flexiblen Anpassung, sondern auch im Bereich der Hygiene.

Einen Gleichstand von Schaum und Feder gibt es bezüglich der Atmungsaktivität, sofern entsprechende Schäume verarbeitet worden sind. Für starke Schwitzer hingegen bleibt das Federsystem Favorit, da von diesem große Mengen an Feuchtigkeit noch etwas schneller aufgenommen und abgeleitet werden können. Daher sind bei der Wahl des Bettsystems – Feder oder Schaum – zwei Fragen individuell zu beantworten: Tendiert man eher dazu, mit einem einfachen, aber durchaus soliden Boxspringbett oder einer Federkernmatratze den Gast zu bitten, sich dem Bett anzupassen, oder leistet man sich den Aufwand, dass sich das Bett dem Gast anpassen kann?

Die zweite Frage zielt darauf ab, ob man Matratze und Bettgestell nach einer bestimmten Zeit aus hygienischen Gründen entsorgen und ersetzen muss oder ob man sein Investitionsgut durch regelmäßiges Waschen längerfristig nutzen möchte, was auch ein Beitrag zu mehr Nachhaltigkeit wäre.

Hotel-Fazit: Über die individuelle Anpassungsfähigkeit des eingesetzten Bettsystems hat das Hotel direkten Einfluss auf die gebotene Schlafqualität und somit die Möglichkeit zur qualitativen Abgrenzung. Zudem lässt sich über den Einsatz waschbarer Materialien auch der Stand der angewendeten Hygiene definieren.

1.2.3 Kopf oder Zahl – Welches Kissen ist das Richtige?

Autor Jens Rosenbaum

Bei der Frage hinsichtlich des richtigen Kopfkissens könnte man würfeln, bevor der Gast das Haus betritt, denn jeder Gast hat seine eigenen Vorstellungen und Wünsche.

Zum Thema Kopfkissen gibt es viele sachliche wie nützliche Tipps, doch kein anderes Thema ist derart „kopflastig" und entzieht sich somit fast jeder sachlichen Diskussion. Eine dogmatische Betrachtung verbietet sich ohnehin. Denn welches Kissen das Richtige ist, wird in einem hohen Maße emotional entschieden, und da spielen höchst unterschiedliche wie individuelle Faktoren eine Rolle.

Zum Beispiel, auf welcher Art Kissen man als Kind geschlafen hat, aber auch, wie die bevorzugte Position beim Einschlafen ist: Embryonal-Haltung mit Körper in Seitenlage und angewinkelten Armen und Beinen oder zum Beispiel Rückenlage mit allen vieren von sich gestreckt? Diese individuellen Vorlieben sind noch kombiniert mit der unterschiedlichen Ausprägung beim Schwitzen, aber auch mit Allergie-Empfindlichkeiten, ebenso mit der Druck-Empfindlichkeit, speziell an den Ohren, und nicht zuletzt mit der Größe des Kopfes und seiner Relation zu Schultern und Brustumfang. Aber auch Ideologien zu Umwelt und Gesundheit haben ihren Anteil an der Kopfkissenfrage.

Um sich dem Thema dennoch lösungsorientiert zu nähern, braucht es eine kurze Erläuterung, wozu es überhaupt eines Kopfkissens bedarf, und welche Funktion ein solches ausübt.

Der Kopf, über Hals und Nacken mit dem Oberkörper verbunden, wird nur durch die aktive und gespannte Nackenmuskulatur in einer aufrechten Position gehalten. Bedingt sowohl durch die Größenunterschiede zwischen Kopf und Oberkörper, dessen längliche und leicht nach vorn springende Form, aber auch wegen seiner mittigen Positionierung schließt der Kopf an keiner Seite bündig mit dem Oberkörper ab. An drei Seiten (linke sowie rechte Schulter sowie Rücken bzw. Schulterblatt) liegt der Kopf zum Teil deutlich nach innen versetzt, nach vorne zur Brust hin jedoch mit deutlichem Überstand zum

Brustbein. Schläft der Mensch, braucht der Kopf eine externe Stütze, da aufgrund der dann schlaffen Nackenmuskulatur der Kopf nicht mehr gerade gehalten werden kann, andernfalls neigt sich der Kopf aufgrund der Schwerkraft so weit herab, wie es die Dehnung von Gewebe und Muskelfasern zulassen. Dabei zwingt der Kopf die Hals- und Nackenwirbel, die gerade Linie mit der Wirbelsäule zu verlassen, was über längere Zeit als unangenehm empfunden wird. Auch kann dies zu Verspannungen im Nacken und im Schulterbereich führen sowie zu Einschränkungen in der Atmung und Druckgefühlen im Kopf bis zu Schwindelgefühlen und Kopfschmerzen.

Daher sucht der Mensch nach einer Position, die seinen Kopf weitgehend in gerader Linie zu seiner Wirbelsäule hält. Um dies zu ermöglichen, verwenden annähernd 100 Prozent aller Menschen ein Kissen für die Nacht.

Dieses wird benötigt, um die Distanz zwischen dem Kopf und der Liegefläche zu überbrücken. Der Mensch erwartet somit von einem Kissen, dass es seinen Kopf abstützt, um ein Abknicken der Wirbelsäule zu verhindern, wobei gleichzeitig Druckstellen vermieden werden müssen. Zudem muss es atmungsaktiv sein, da speziell über den Kopf während der Nacht Ausdünstungen erfolgen, die es von der Haut wegzuleiten gilt.

Form folgt Funktion
In der westlichen Welt und in ihrer Schlafkultur lassen sich Unterscheidungen beim Kissen hinsichtlich Form und Inhalt feststellen, wobei sich über die Form in vielen Fällen auch weitere Funktionen ergeben. Grob können dabei geformte und ungeformte Kissen unterschieden werden.

Ungeformte Kissen sind solche, bei denen der Inhalt lose ist und durch den Anwender individuell in Form gebracht werden kann. Klassisch sind hierfür Federkissen zu nennen, aber auch solche mit Mikrofaserfüllungen, Flocken- bzw. Kugelfüllungen oder ähnlichem. Wie stark eine individuelle Verformung möglich ist, hängt zumeist vom Verhältnis zwischen Hülle (Bezug) und Füllgut ab. Je straffer der Bezug sitzt bzw. das Füllgut verdichtet ist, desto geringer ist die mögliche Verformung – und umgekehrt. Daher können auch Dinkel- und

Kirschkernkissen, u.a. je nach Form des Bezuges und dessen Füllung, dieser Kategorie zugerechnet werden. Die Verformung all dieser Kissen ist stets nur kurzfristig und kann sowohl bewusst als auch unbewusst vorgenommen werden. Diesen Kissen gemein ist in der Regel eine große Weichheit bei gleichzeitig fehlender Stützkraft. Sie passen sich jedoch aufgrund des Verdrängungsprinzips zumindest sehr weit und individuell dem Kopf an.

Geformte Kissen hingegen haben eine klar definierte Form, die sich nicht verändert und lediglich durch die Elastizität des Materials bzw. durch Füllgut und Bezug eine Anpassung ermöglicht, die aber in der Regel ausreichend ist, um nicht als hart empfunden zu werden. Dafür weisen diese Kissen eine hohe Stützkraft auf und ermöglichen, bei der richtigen Wahl des Kissens, den Kopf während der Nacht weitgehend im richtigen Abstand zur Matratze zu lagern. Zu diesen Kissen zählen klassische Nackenstützkissen, aber auch Nackenrollen (meist aus Schaum) und andere Kissen mit einer definierten Form. Speziell die Nackenstützkissen haben den ergonomischen Vorteil, den Cervicalbereich so zu unterstützen, dass der Kopf in Rücken-, aber auch in Seitenlage optimal zur Wirbelsäule ausgerichtet ist. Dies entspannt die Nackenmuskulatur und unterstützt auch die Atmung, da die Atemwege nicht abgeknickt werden. Für diese Kissen hat sich die Verwendung viskoelastischer bzw. thermoelastischer Schäume etabliert. Das sind Schäume, die auf Druck und Wärme besonders reagieren und sich dort an den Berührungspunkten Kopf/Schaum am stärksten verformen, wo der Druck am höchsten ist. Somit werden bei gleichzeitiger Stützkraft Druckstellen vermieden, was besonders am empfindlichen Kopf von Vorteil ist.

Wie nicht anders zu erwarten, gibt es auch beim Kissen Mischformen, bei denen durch die Kombination von Materialien Kissen mit unterschiedlicher Festigkeit und Verformbarkeit zur Verfügung stehen, quasi zwei Kissen in einem. Auch lassen sich zum Beispiel durch individuell aufblasbare Luftpolster Festigkeiten variieren. Allerdings erfordert dies den Einbau einer Mechanik mit einer entsprechenden Anfälligkeit für Fehlbedienung und Verschleiß. Bei einem Kopfkissen und seiner relativ kleinen Größe ist dieser Aspekt kritisch zu sehen.

Welche Kissenform jedoch des Schläfers Liebling ist, bleibt seinen individuellen Gefühlen und Neigungen vorbehalten, weshalb die Industrie auch mit entsprechend unzählig geformten Kissen jeden Kundentyp zielgerichtet anzusprechen weiß. Allerdings weist das *orthopädische Nackenstützkissen*, in unterschiedlichsten Ausführungen und Schaumvarianten, eine wachsende Beliebtheit beim Verbraucher auf, wie die immensen Stückzahlen des Einzelhandels belegen.

Waschbarkeit
Neben der Form der Kissen und des sich daraus ableitenden Nutzens zur Stützung des Kopfes gibt es den zwingend notwendigen hygienischen Aspekt.

So kann zwischen waschbar und nicht waschbar unterschieden werden. Obwohl bestimmte Schäume große Vorteile in der Ergonomie und Anpassungsfähigkeit haben, ist nicht jeder Schaum waschbar, worauf speziell für den Betrieb in einem Hotel geachtet werden sollte. Ebenso sind aus Gründen der fehlenden Waschbarkeit Kissen vom Typ Dinkel- oder Strohkissen u.ä. als besonders kritisch anzusehen. Aber auch Federkissen sind, obwohl waschbar, nur bedingt geeignet, da Federn nicht beliebig oft gewaschen werden können, wenn die ursprüngliche Stützkraft erhalten bleiben soll. Auch nutzen sich natürliche Materialien wie Federn deutlich schneller ab, da es durch den Gebrauch zwangsläufig zu Verschleiß und Bruch kommt. Daher müssten diese in regelmäßigen Abständen gegen neue Federn ausgetauscht werden, wenn das ursprüngliche Volumen und die Stützkraft erhalten bleiben sollen. Grundsätzlich sollten in einem Hotel nur dauerhaft voll waschbare Materialien eingesetzt werden, denn gerade im Kopf- und Nackenbereich neigt der Mensch stark zum Schwitzen. Diese und andere Rückstände des Menschen, wie zum Beispiel Hautschuppen, reichern sich mit der Zeit in jedem Kissen an und müssen zwangsläufig wieder entfernt werden, sofern man es mit der Hygiene ernst nimmt.

Allergiker-freundlich vs. biologisch/ökologisch
Durch die steigende Zahl von Allergikern wird auch ihre Berücksichtigung immer zwingender, was einen weiteren Aspekt in den Fokus rückt: die Allergie-Freundlichkeit. Neben der Notwendigkeit, waschbar zu sein (u. a. zur Entfernung von Milben und Milbenkot), sollten die verwendeten Materialien Allergiker-geeignet sein. Damit sind

Füllungen wie Federn, Naturhaar, Stroh, Dinkel und andere Naturmaterialien als problematisch zu betrachten. Nicht nur, weil Gäste allergisch auf Haare und Federn reagieren können, sondern weil diese Kissen biologisch auch eine ideale Ernährungsbasis u. a. für Milben darstellen.

Freunde von möglichst naturbelassenen, biologisch korrekten Produkten, ob im Bett oder in der Küche, nehmen auch zunehmend die Herkunft der Materialien ins Visier. Doch Feder- und Daunenfüllungen aus biologischer sowie artgerechter Gänse- oder Entenhaltung sind nicht nur selten, sondern auch sehr teuer. Dies ruft durchaus Kritiker auf den Plan, da in vielen Köpfen der Lebend-Rupf (eigentlich nur bei der Daune, und diese wird bei Kissen nur in geringem Umfang eingesetzt) als höchst problematisch angesehen wird.

Zusammenfassend ist festzuhalten, dass dem Gast eine Auswahl an Kissen zur Verfügung gestellt werden sollte, um seinen unterschiedlichen Wünschen und Bedürfnissen (in Grenzen) gerecht zu werden. Waschbarkeit und Allergikerfreundlichkeit sollten grundsätzlich gegeben sein und zunehmende Reizthemen vermieden werden, um einen störungsfreien Betrieb zu gewährleisten, wirtschaftlich wie atmosphärisch.

Hotel-Fazit: Nicht die Zahl der Kissen ist entscheidend, sondern die Mischung. Wer beim Thema Kissen auf der sicheren Seite sein möchte, sollte auf eine Auswahl setzen.

1.2.4 Das „E" im Bett – Gesundheit auf Knopfdruck

Autor Jens Rosenbaum

E-Bike, E-Book, E-Learning – das „E" scheint unaufhaltsam zu sein. Langsam, aber sicher erobert es alle Bereiche des Lebens und vermag auch scheinbar „müden" Themen neues Leben einzuhauchen. Wer hätte zum Beispiel vor wenigen Jahren gedacht, dass der Markt für Fahrräder durch den Einsatz von Elektromotoren einen solchen Auftrieb erleben würde? Ein Markt, der seit der Einführung des Mountainbikes Anfang der 1980er-Jahre keine Innovation mehr gesehen hatte und seit Jahren nur sinkende Umsätze vorweisen konnte. Mit der

Grundlagen

Einführung des E-Bikes erfuhr dieser Markt eine Wiederbelebung. 40 Prozent(!) Umsatzsteigerung innerhalb der letzten 10 Jahre, und aktuell etwa 500 000 verkaufte E-Bikes pro Jahr sprechen für sich (Quelle: *Statista 2015*, Markt in Deutschland). Wer genau hinsieht, wird sich also fragen, warum dieser Markt erst so spät auf das „E" gekommen ist.

Von der Waschmaschine bis zum Wäschetrockner, vom Elektromixer bis zum Auto mit Elektroantrieb (gibt es übrigens schon seit 1881), ob Herzschrittmacher oder Kühlschrank, elektrisches Licht oder elektrische Zahnbürste, ob genial oder banal – wo immer sich das „E" verbauen lässt, kommt es zum Einsatz. Es vermag nicht nur, wie beim Herzschrittmacher, das Leben zu verlängern, sondern macht es auch, siehe Waschmaschine, komfortabler und ermöglicht uns Dinge zu tun, die ohne „E" nicht möglich wären, wie zum Beispiel Lebensmittel im Sommer kühl zu lagern. Daher ist es nur folgerichtig, das „E" auch im Bett zu suchen – und zu erwarten. Und tatsächlich ist es dort schon lange zu finden. Betten mit verstellbaren Liegeflächen wurden bereits um 1908 für den Einsatz im Krankenhaus entwickelt (Quelle: Who Invented the Hospital Bed? *Askdeb.com*). Und seit 1945 können Elektromotoren dieses Verstellen übernehmen (Quelle: Push Button Hospital Bed, *Life Magazin*, 12. November 1945, S. 92 ff.). Dabei wird der Rahmen bzw. Rost, auf dem die Matratze gelagert wird, in mehrere Flächen unterteilt, wobei jede bewegliche Fläche in der Regel an jeweils einem Ende über ein Gelenk mit dem Rahmen oder einer anderen Fläche verbunden ist.

Diese Flächen können per Motor via Hubeinheit einzeln angehoben bzw. aufgerichtet und wieder gesenkt werden, das Gleiche gilt aber auch für die gesamte Liegefläche. Je nach Modell und Ausführung sind bis zu 5 Motoren für die Liegefläche im Einsatz. Soll zusätzlich noch das Niveau der Betthöhe reguliert werden können (wie bei klassischen Pflegebetten), kommen weitere Motoren und Hubeinheiten dazu. Das alles ist grundsätzlich auch ohne Motoren, das heißt manuell möglich. Doch das Praktische am Motor ist, dass die betreffende Person selbst, ohne das Bett verlassen zu müssen(!), im Liegen ihre Liegeposition ohne Kraftanstrengung verändern kann. Dies dient nicht nur der Pflege und der Genesung! Es ist so komfortabel, dass es nicht lange gedauert hat, bis elektrisch verstellbare Motorrahmen ihren Weg auch in private Schlafzimmer gefunden haben.

Der Motorrahmen als Synonym für gehobenen Schlafkomfort
Dort hat er seit Jahrzehnten seinen festen Platz und bietet der wachsenden Zahl stolzer Besitzer eine Menge Annehmlichkeiten. Je nach Anzahl der Motoren lassen sich entsprechend mehrere Liegeflächen gezielt einzeln anheben und wieder absenken. Vom Kopf über Rücken und Beine bis zu den Unterschenkeln/Füßen können alle Flächen einzeln bedient werden. Je nach Stellung der Flächen ergibt sich daraus zum Beispiel eine aufrechte Sitzposition, um im Bett lesen, essen oder fernsehen zu können. Richtig komfortabel und entspannt im Bett zu sitzen, ist aber nur mit einem Sitzrahmen möglich.

Daher ist es nicht verwunderlich, dass alle führenden Anbieter von Bettwaren/Unterfederungen im Segment der Endverbraucher entsprechende Produkte im Sortiment haben – selbst die Discounter. Und wer will, kann bestimmte Motorrahmen bereits mit einer App über sein Handy steuern – inkl. Gesundheitstipps bei verspanntem Rücken. Die Motoren werden mittlerweile – analog zum Autositz – zusätzlich auch im Bereich der Lordosen-Anpassung eingesetzt. Erstaunlicherweise sind elektrisch verstellbare Unterfederungen im Hotel aber eher selten zu finden. Das darf durchaus als fahrlässig bezeichnet werden, denn der Hotelier verpasst durch fehlende Angebote auf diesem Gebiet die große Chance, seinen Zimmern mit wenig Aufwand einen spürbaren Mehrwert zu geben. Um zu erkennen, welchen Mehrwert die Branche sich hierbei entgehen lässt, sollte nicht nur der Komfort betrachtet werden – wobei dieser erheblich ist. Es lohnt sich ein vertiefter Blick in die vorhandenen Möglichkeiten. Denn neben dem sofort spürbaren Komfort gibt es eine Reihe von gesundheitsorientierten Nutzen, die sich nicht nur leicht vermitteln lassen, sondern die auch auf eine breite Nachfrage stoßen, was den Bedarf angeht.

Der Motorrahmen als innovatives Gesundheits-Upgrade
Mit der Stellung der einzelnen Flächen lässt sich direkt Einfluss nehmen auf Gelenke, Wirbel und den Organismus als Solchen. Ein Beispiel: Eine für den Rücken absolut entspannende Stufenlagerung der Beine, indem über Becken und Kniegelenk die Liegeflächen für Ober- und Unterschenkel einen Winkel bilden, lässt sich binnen Sekunden per Knopfdruck individuell einstellen – und wird jedem rückengeplagten Gast ein entspanntes Lächeln ins Gesicht zaubern.

Mit dem Wissen um die große Zahl an Betroffenen mit Rückenschmerzen, Venenleiden, Knieproblemen, Reflux und Apnoe, Herz- und Kreislaufproblemen u.v.m. bietet sich ein weites Betätigungsfeld; denn über diese Themen erreicht man fast jeden Gast. Zudem braucht es nur wenig Erklärung, um dem Gast die Möglichkeiten aufzuzeigen, den Rest findet er „spielend" selbst heraus. Ein weiterer Vorteil besteht darin, dass der Gast selbst spürt, was ihm gut tut und nach individuellem Bedarf die Möglichkeiten nutzt, ähnlich wie unter der Dusche, wo er seine individuelle Wohlfühltemperatur beim Duschen auch selbst einstellt.

Nachfolgende Übersicht zeigt einige Nutzenorientierte Möglichkeiten auf, wo und wie ein Motorrahmen eingesetzt werden kann, wenn einzelne Liegeflächen motorisch verstellt werden sollen. Zahlreiche weitere Themen sind möglich. Ob der Nutzer dabei eher den Komfort als den Nutzen für die Gesundheit im Vordergrund sehen soll, ist unerheblich. Doch die Verfügbarkeit dieser grundsätzlichen Option schafft ein völlig neues Angebot, und dies im Rahmen der ureigensten Hotel-Leistung – dem Bett für die Nacht. Dabei ist der Aufwand überschaubar, da auch in bereits vorhandene Bettgestelle entsprechend motorisierte Rahmen eingesetzt werden können.

Das Bett

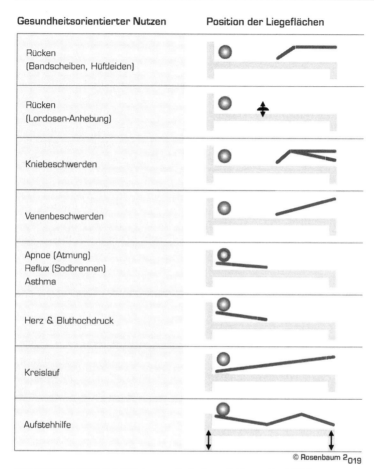

Abb. 2: Möglichkeiten und Nutzen motorisch verstellbarer Liegeflächen (schematische Darstellung)

Hotel-Fazit: Eine entsprechende Ausstattung des Bettes mit einem Motorrahmen eröffnet völlig neue Perspektiven sowohl in der Kundenansprache als auch in der Zimmerbewertung und verdient es daher, im Rahmen der Investitionsbetrachtung berücksichtigt zu werden. Mit dem „E" im Bett wird dieses buchstäblich beweglicher im Sinne einer größeren Kundennähe dank größerer Individualität.

1.2.5 Der Betten-TÜV oder Wie viel Gast ein Bett verträgt

Autor Jens Rosenbaum

Nicht wenige Hersteller gewähren bei Matratzen eine Garantie von 15 Jahren gegen Durchliegen. Meist ist diese Garantie an bestimmte Bedingungen geknüpft (zum Beispiel an eine dazu erworbene, passenden Unterfederung), doch deckt sich dieser Haltbarkeitszeitraum in etwa mit den Wiederbeschaffungszeiträumen im privaten Verbrauchermarkt, der vom *Verband der Deutschen Möbelindustrie* (VDM) mit 14 Jahren angegeben wird.

In den *Afa-Tabellen* hingegen finden sich Nutzungszeiträume für Bettgestelle mit Matratze von 10 Jahren, was den Angaben des *Fachverbandes der Matratzenindustrie e.V. (matratzenverband.de)* entspricht, der die maximale Matratzennutzungsdauer bei 7 bis 10 Jahren sieht und dies u.a. damit begründet, dass nach dieser Zeitspanne eine Matratze aus hygienischen Gründen ausgedient hat. Ähnlich wird dies von der Zeitschrift *Öko-Test* gesehen, da jede Nacht bis zu einem halben Liter Schweiß in die Matratzen gelangt (Schaumstoffmatratzen – Na, dann gute Nacht, Heft 1/2010, S. 126). Ebenso geht die *Stiftung Warentest* von einer Lebensdauer von 8 bis 10 Jahren aus (Kontaktflächen, Heft 3/2009, S. 55), und der *Deutsche Textilreinigungsverband* DTV gibt die durchschnittliche Lebenserwartung von Matratzenbezügen mit 7 Jahren und die von Kissen mit 4 Jahren an.

Dabei ist die dort genannte Lebenserwartung (zumeist für private Endverbraucher) nur zu erreichen, wenn die Pflegeanleitungen berücksichtigt und die Matratzen entsprechend häufig gewendet und gelüftet sowie die Matratzenbezüge auch gewaschen werden.

Doch bei der Hygiene darf nicht pauschalisiert werden, denn der Grad der Kontamination (mit gesundheitsgefährdenden Substanzen) hat weniger mit dem Zeitablauf als mit dem individuellen Schmutzeintrag pro Nacht zu tun. Und der kann in einem Hotel nicht nur erheblich größer sein als im privaten Umfeld, sondern er stammt auch von den unterschiedlichsten Personen. Um das Hotel-Bett daher nicht als Sammel- und Verteilstelle für Schmutz und Krankheitserreger verkommen zu lassen, braucht es verbindliche Standards, die den notwendigen

Grad der Hygiene definieren, wie sie zum Beispiel in Gesundheitseinrichtungen längst ihre Regelung gefunden haben.[12] Dies wäre auch im Dienstleistungsbereich der Hotellerie möglich, und entsprechende Tests zur Überprüfung ließen sich auf einfachen Wegen durchführen. Doch fehlt es noch an verbindlichen Standards wie auch an Vorgaben, was zum Beispiel eine Tiefenreinigung ist, wie sie in der neuen, seit 2015 gültigen Klassifizierung gefordert wird. Daher befinden sich das Thema Hygiene sowie die Frage, wie lange eine Matratze im Einsatz sein darf, buchstäblich in einer Grauzone.

Nun lässt sich aber die Lebensdauer von Kissen und Matratzen nicht allein über die Hygiene definieren, es muss auch die physikalische Abnutzung berücksichtigt werden. Und diese hängt entscheidend davon ab, wie die Stauchhärte der Matratze bzw. des Bettsystems und das Körpergewicht der Gäste zusammenpassen, aber auch, wie die Matratze selbst gelagert ist.

Je höher die Stauchhärte einer Matratze bzw. eines Bettsystems und je leichter die Gäste, desto länger dauert es, bis diese durchgelegen ist. Folgt man diesem Prinzip, könnte man auf die Matratze verzichten und statt dessen ein Brett verwenden. Dann hält eine solch bretthart Liegefläche beinahe ewig, jedoch zu dem Preis, sicherlich seine Gäste zu verlieren. Da dies niemand will, wird in der Regel eine mittlere Stauchhärte gewählt, um möglichst vielen Gästen gerecht zu werden. Da jedoch die Stauchhärten bei den verschiedenen Herstellern unterschiedlich definiert werden, gibt es keine klare Definition. Die Härteangaben der Matratzen sind leider noch nicht herstellerübergreifend in einer Norm festgelegt.

Neben der gewählten Stauchhärte kommt der Unterfederung unter der Matratze eine wichtige Rolle zu. Denn die Matratze, gleich ob Schaum- oder Federkern, kann immer nur einen Teil der physikalischen Belastung durch den Gast kompensieren. Die restliche kinetische Energie wird abgegeben an und aufgenommen von der Unterfederung,

---

[12] Robert-Koch-Institut, Richtlinie für Krankenhaushygiene und Infektionsprävention; Anforderung der Hygiene an die funktionelle und bauliche Gestaltung von Einrichtungen zur Bettenaufbereitung (Desinfektion und Reinigung).

der – je nach Bettsystem – auch eine wichtige Unterstützungsfunktion der Wirbelsäule zukommt.

Wird der Matratze diese Möglichkeit genommen, liegt sie sich relativ schnell mürbe. Daher sind Bettlösungen, bei denen Matratzen auf Brettern ruhen, nicht nur aus schlafergonomischer, sondern auch aus wirtschaftlicher Sicht kritisch zu sehen. Ebenso nutzt sich eine Matratze schneller ab, wenn die Unterfederung selbst zu weich oder bereits durchgelegen ist und ihre Vorspannung verloren hat. Dann sucht die kinetische Energie den Weg des geringsten Widerstandes und lässt die Matratze, weit vor Ablauf der eigentlichen Nutzung, schneller und irreparabel durchhängen.

Daher gelten zwei Grundsätze bei der Bettenausrüstung:
- Matratze und Unterfederung müssen aufeinander abgestimmt sein.
- Eine neue Matratze lohnt nicht auf einer alten Unterfederung.

Sofern eine sowohl stimmige als auch qualitativ hinreichende Bettausstattung gewählt wurde, lässt sich der Zeitraum der maximalen Nutzung über die Belegungszahlen ermitteln, sofern keine hygienischen Gründe eine vorzeitige Entsorgung veranlassen.

Legt man die allgemeinen Angaben der Matratzenindustrie und der gängigen Literatur zugrunde, wonach eine Qualitätsmatratze zwischen 10 und 14 Jahren hält, basiert dieser Wert auf der Annahme einer privaten Nutzung. Dies bedeutet eine tägliche Nutzung durch dieselbe Person, also eine intensive Beanspruchung der Matratze an den stets gleichen Stellen von zum Beispiel Schulter und Becken, und dies grob gerechnet während etwa 5000 Nächten. In der Praxis des Hotel-Betriebs wird jedoch von einer durchschnittlichen Auslastung von 65 Prozent ausgegangen – mit stetig wechselnden Personen und somit einer gleichmäßigeren Flächenverteilung in der Beanspruchung. Rechnet man lediglich die geringere Auslastung um, ergibt sich bereits ein erweiterter Nutzungszeitraum von theoretisch 6,5 Jahren auf 21,56 Jahre – abgesehen von einer gleichmäßigeren Abnutzung.

Es ließe sich also, bei entsprechender Qualität und Hygiene, eine theoretische Nutzung von 20 Jahren erreichen, was rechnerisch etwa 1800 Gästen oder jenen 5000 Nächten entspricht. (Durchschnittsbelegung 65 Prozent bei durchschnittlichem Aufenthalt von 2,7 Tagen pro Gast).[13] Werden diese Werte dem jeweils individuellen Betrieb angepasst, lassen sich für jedes Haus die Nutzungsgrenzen seiner Betten ermitteln.

Grundsätzlich gilt jedoch, dass bei Eintreten einer Kuhlenbildung in Matratze und/oder Unterfederung diese zwingend auszutauschen ist/sind, will man gesundheitlichen Schäden beim Gast vorbeugen.

Somit ist es primär eine Frage der Hygiene, ob der mögliche Nutzungszeitraum einer Matratze bzw. eines Bettsystems ausgeschöpft wird oder nicht. Und mit Blick auf Umwelt und Ressourcen bedeutet eine eventuell sogar doppelt lange Nutzung auch Ressourcenschonung und Müllvermeidung.

Hotel-Fazit: Die Hygiene definiert in viel stärkerem Maße den Nutzungszeitraum und damit die Wirtschaftlichkeit einer Anschaffung, als es die reine Abnutzung tut. So hat das Hotel, neben den Belegungszahlen und ausgehend von einer entsprechenden Bettenqualität, einen weiteren Faktor, der aktiv genutzt werden sollte, um zielgerichtet die Wirtschaftlichkeit zu erhöhen.

---

[13] Statistisches Bundesamt, Tourismus in Zahlen, 2011: Ankünfte, Übernachtungen und Aufenthaltsdauer der Gäste in Beherbergungsbetrieben 2011 nach Betriebsarten, Gemeindegruppen (Prädikate) und dem ständigen Wohnsitz der Gäste, Betriebsarten insgesamt.

1.3 Hygiene

1.3.1 Hygiene – Mehr als nur ein Wort

Autor Thomas Zydeck

Hygiene, ein Wort und eine Bezeichnung, die in vielen Bereichen, ob privat oder im Gewerbe, viele Bedeutungen und auch Interpretationen hat. Wenn wir in unseren Schulungen, die wir seit fast 20 Jahren durchführen, Personen fragen, ob sie Personalhygiene kennen und betreiben, antworten immer alle mit Ja. Auf die Frage „wie wichtig ist Ihnen Hygiene in Ihrem privaten Umfeld", also Haus oder Wohnung, bekommen wir auch immer die gleichen Antworten, natürlich Ja und sehr wichtig.

Gut, lassen Sie uns hierzu ein paar Fragen stellen, die jeder Leser für sich selbst beantworten kann. Um Hygiene anwenden zu können, muss man wissen, wo es wirklich gefährlich werden kann, in welchen Bereichen es in einem privaten Haushalt vielleicht zu der Vermehrung von Mikroorganismen kommen kann. Wichtig hierbei ist, dass wir uns über einen normalen Haushalt unterhalten und nicht über einen, in dem vielleicht ein Pflegefall oder eine kranke Person betreut wird. Auch wichtig ist die Tatsache, dass Mikroorganismen immer drei Faktoren benötigen, um sich schnell vermehren zu können: 1. Temperatur, 2. Feuchtigkeit und 3. Nahrungsgrundlagen.

Zurück zu unseren Antworten der Teilnehmer in Bezug auf die gefährlichen Stellen in einem Haushalt. Die Antworten von 98 % der Befragten sind Folgende: Sanitärbereich wie WC, Waschbecken, Armaturen und Lichtschalter.

Hätten Sie auch diese Antworten gegeben? Wenn ja, liegen auch Sie etwas daneben.: Die erste Gefahrenquelle ist in einem Privathaushalt der Kühlschrank. Und zwar nicht der Griff oder die Dichtung, das sind nur die erkennbaren Folgen, sondern das sogenannte Abtropfloch. Wenn man seinen Kühlschrank öffnet, erkennt man die hintere Rückwand, unter der immer zwei kleine Schienen sind, in deren Mitte sich ein kleines Abtropfloch befindet. Um zu testen, ob das Abtropfloch verkeimt ist, nehmen Sie ein sauberes Ohropax, stecken es in das

Abtropfloch, drehen es etwas und halten es dann unter die Nase, um einen tiefen Atemzug zu nehmen. Sie wissen nun, dass man dieses Abtropfloch in gewissen Abständen reinigen bzw. desinfizieren sollte.

Die zweite Stelle in einem Haushalt ist immer der Spüllappen, unabhängig ob er rot, grün, gelb oder blau ist. Bei Fragen an unsere Schulungsteilnehmer, wie damit gereinigt wird, erhalten wir auch immer die gleichen Antworten. Man nimmt diesen Lappen, hält ihn unter sauberes Wasser, gibt etwas Handspülmittel dazu, und schon geht die Reinigung los. Die Frage, die sich stellt, ist, kann Handspülmittel Bakterien, Viren oder Sporen abtöten? Ich denke, Sie kennen oder vermuten schon die richtige Antwort: natürlich nicht. Damit ist jedoch die Gefahrenquelle noch nicht ganz erzeugt. Wenn wir nun mit den Reinigungsarbeiten in der Küche fertig sind, wird der Spüllappen unter fließendem Wasser gereinigt und zum Trocken auf die Heizung oder das Fensterbrett gelegt.

Was benötigen Mikroorganismen, um sich schnell zu vermehren? Richtig: Feuchtigkeit, Temperatur und Nahrungsgrundlage. Genau diese Faktoren haben Sie nun in bzw. auf Ihrem Spüllappen erzeugt. Bei ATP-Messungen (Keimzahlmessungen) konnten wir den Teilnehmern jeweils sehr eindrucksvoll zeigen, dass in einem Spüllappen nach 24 bis 48 Stunden mehr Mikroorganismen enthalten sind, als sie auf einer öffentlichen Bahnhofstoilette jemals erreichen könnten. Mit anderen Worten, Sie haben einen Kleintierzuchtverein geschaffen, wahrscheinlich ohne es zu wissen.

Wechseln wir nun gedanklich vom Privathaushalt in den professionellen Housekeeping-Bereich eines Hotels. Auch hier würde die erste Frage wie folgt lauten: Haben Sie ein farbiges Lappensystem? Wenn nicht, brauchen wir uns zur Hygiene keine Gedanken machen. Wenn ja, wie die meisten, ist die nächste Frage: Wie viele Farben haben Sie in diesem Bereich? Die darauf erfolgenden Antworten sind so vielfältig und verschieden wie die jeweiligen Betriebe an sich.

In guten Hotels arbeitet man meistens mit einem Drei- oder Vierfarbsystem im Housekeeping-Bereich. Rot für das WC und Urinale, insofern diese vorhanden sind, Blau für Duschwannen, Duschabtrennungen, Waschbecken und Armaturen, Gelb zur Desinfektion und Grün für das Zimmer (Schreibtisch, Abstaubarbeiten usw.). Der separate Lappen für Glasflächen ist Standard und kann ignoriert werden.

Wir reden also über ein 4-Farben-Lappensystem, das im Regelfall im Einsatz ist. Nach meiner Meinung reichen aber die 4 Farben nicht aus, um eine hygienische Reinigung zu gewährleisten, ganz im Gegenteil. Das 4-Farben-Lappensystem ist sogar sehr unhygienisch, und das möchte ich kurz erläutern: Gegen den roten Lappen für WC und Urinale habe ich nichts, auch nichts gegen den gelben Lappen zur Desinfektion und auch nichts gegen den grünen Lappen für den Rest des Zimmers. Mein Problem-Lappen ist der blaue Lappen, mit dem Duschwannen, Duschabtrennungen, Waschbecken und Armaturen gereinigt werden. Die Frage, die meist kommt, ist: Warum denn das?

Die Antwort ist einfach und auch menschlich, wenn man sich die Gegebenheiten in einem Bad mal genauer anschaut. Wenn Menschen in einem Hotelzimmer duschen, sind sie meistens nackt – macht auch Sinn. Das bedeutet, dass wir uns über die menschliche Körperbehaarung Gedanken machen müssen. Wir reden hier über alle möglichen Haare, was jeder wissen sollte, der schon mal einen Siphon gereinigt hat. Dazu kommen Auswertungen aus Statistiken, die von mir, wie ich betonen möchte, nicht in gut oder schlecht eingeteilt werden. Sie sind jedoch Fakten, die für eine hygienische Reinigung wichtig sind.

Was glauben Sie, wie viele von 10 Menschen in der Früh beim Duschen Urin lassen? Was glauben Sie, wie viele Menschen von 10 sich in der Früh beim Duschen die Nase putzen, denn durch Wärme und Feuchtigkeit löst sich Schleim in unseren Nebenhöhlen. Dazukommt, dass wir im Normalfall alle „Teile" an unserem Körper waschen. Weitere mögliche Aufzählungen werde ich mir an diese Stelle verkneifen. Bei dem wie oben beschrieben 4-Farben-Lappensystem bedeutet das, dass erst mit dem blauen Lappen genau diese Verunreinigungen in einer Duschwanne „gereinigt" werden, was zugegebenermaßen keine Berge sind, dennoch sind diese Verunreinigungen in nahezu jeder Duschwanne vorhanden.

Und nach dieser „Reinigung" wird der blaue Lappen benutzt, um das Handwaschbecken sowie die Armatur zu reinigen, an der sich dann die Gäste die Zähne putzen sollen.

Um noch einen oben drauf zu setzen, kann sich jeder Leser die Frage stellen, mit welchem Lappen nun die Zahnputzgläser gereinigt werden, sofern es keine Einmalgläser sind ...

Sie sehen, dass allein der Einsatz bestimmter Lappen für bestimmte Tätigkeiten eine Wissenschaft für sich ist. Unsere Empfehlung ist ein 5-Farben-Lappensystem, zuzüglich Lappen für Spiegel und Glasflächen, zuzüglich eigenem Handtuch für Zahnputzgläser. All diese Lappen gibt es antibakteriell und in den benötigten Farben. Die antibakteriellen Lappen sind nicht nur antibakteriell beim Kauf, sondern sind und bleiben dies auch nach dem Waschen.

Wenn nur schon die Lappen so eine große Herausforderung sind, kann man sich vorstellen, dass das Thema Bettwäsche, Kopfkissen und Matratze ein noch viel größeres ist. Leider steckt dieser Bereich noch in den Kinderschuhen. Meiner Meinung nach müssten auch hier klare Anforderungen an eine Hotelklassifizierung gestellt werden. Gerade in einem Bett liegen die verschiedensten Gäste eine nicht unerhebliche Zeit. Hier klare Anforderungen in Sachen Hygiene und auch Allergien zu stellen, ist für mich eine sehr wichtige Angelegenheit, die in diesem Buch ihre absolute Daseinsberechtigung hat.

Um zum guten Schluss ein paar Zahlen zu nennen, die wir bei Keimmessungen festgestellt haben: In einem Spüllappen, der nicht antibakteriell ist, befinden sich nach 24 Stunden um die 700 000 Keime. Man kann sich leicht ausrechnen, wie viele Keime auf der großen Fläche einer Matratze sein werden – warm, feucht, Nahrung. Für die vielen Geschäftsreisenden und Gäste in einem Hotel sei bemerkt, dass sie nie allein in einem Bett schlafen werden. Dass ich damit keine Personen meine, dürfte wohl inzwischen jedem Leser klar sein ...

1.3.2 Hygiene im Hotelbett

Autor Sven Klinker

Im Bett, zusammen mit Bakterien, Schimmelpilzen, Viren, Hausstaubmilben, Schadstoffen, Staub und Allergenen? – Keine angenehme Vorstellung! – Was ist vermeidbar, was nicht, und wo liegen die Grenzen unseres Hygienebewusstseins? Was kann ein Hotelier tun, um dem Gast eine angenehme Nacht zu ermöglichen?

Der Mensch hat sich während seiner Evolution an das Zusammenleben mit verschiedenen Mikroorganismen angepasst und benötigt diese zum Teil sogar. Auf der anderen Seite konnten in den letzten Jahrzehnten bedeutende Fortschritte gemacht werden, um Krankheitserreger einzudämmen. Das betraf nicht nur die Entwicklung geeigneter Impfungen und Medikamente, sondern auch wichtige Maßnahmen zur Hygiene und Vermeidung von Infektionskrankheiten.

Allergien haben dagegen in den letzten Jahrzehnten zugenommen. Die Ursachen sind noch nicht umfassend geklärt. Möglicherweise besteht ein Zusammenhang zwischen der Abnahme von Mikroorganismen in unserer unmittelbaren Umgebung und der Zunahme von Asthma und allergischen Erkrankungen.

Unsere Umwelt hat also einen bedeutenden Einfluss nicht nur auf unser Wohlbefinden, sondern kann direkt an der Entstehung oder am Verlauf von Krankheiten beteiligt sein. Umwelt kann dabei weiter gefasst sein oder nur unsere unmittelbare Umgebung betreffen, wie zum Beispiel ein Gebäude, ein Zimmer oder aber das Bett, in dem wir uns aufhalten.

Für den Hotelier kann es eine große Herausforderung bedeuten, eine Zimmereinrichtung, ein Bettsystem und eine Matratze auszuwählen und damit den Ansprüchen unterschiedlichster Gäste gerecht zu werden. Gleichzeitig sollten ja auch hygienische und wirtschaftliche Aspekte berücksichtigt werden.

Ein Hotel-Zimmer soll nicht nur ein angenehmes Ambiente bieten, sondern auch ein gutes Innenraumklima. Das kann man nicht sehen und wird daher vom Gast meist eher unbewusst wahrgenommen, ist aber dennoch wichtig für den Gesamteindruck. Umweltfaktoren wie Temperatur und relative Feuchte sind entscheidende Parameter, aber auch andere Faktoren, wie zum Beispiel der Gehalt an Kohlendioxid, flüchtigen organischen Substanzen und Feinstaub spielen eine Rolle. Verschiedene Faktoren können sich gegenseitig beeinflussen und wirken individuell unterschiedlich auf die Gesundheit oder das Wohlbefinden ein. Können einige Parameter vom Hotelier selbst wahrgenommen und beeinflusst werden, lassen sich andere nur durch professionelle Messungen aufdecken. Zertifizierungssysteme ermöglichen hierbei eine umfassende Bewertung.

Gerade Allergiker und Asthmatiker können davon profitieren. Dabei handelt es sich nicht um eine kleine Gruppe, sind doch allein in Europa 60 Millionen Menschen betroffen. In der westlichen Welt können sie immerhin bis zu einem Viertel der Bevölkerung ausmachen. Zunehmend werden die Bedürfnisse dieser Gruppe berücksichtigt. Auf Anfrage gibt es bereits in vielen Restaurants Gerichte, welche die individuellen Bedürfnisse von Allergikern berücksichtigen. Einige Hotels bieten speziell eingerichtete Zimmer an. Das Bett ist hierbei ein ganz wesentlicher Bestandteil, denn der Schutz vor Hausstaubmilben-Allergenen kann den Betroffenen Erleichterung und eine beschwerdefreie Nacht bieten. Hausstaubmilben finden in Betten und Matratzen optimale Lebensbedingungen, da Luftfeuchtigkeit und Temperatur ausreichend hoch sind.

Spezielle Encasings können vor dem Allergen schützen, das sich in Matratzen und Betten anreichern kann. Werden die Milben zudem in regelmäßigen Abständen effektiv aus der Matratze entfernt, können hohe Allergenkonzentrationen vermieden werden. Encasings können aber auch Nachteile haben. Möglicherweise schließen sie die Matratze nicht dicht ein, sind nicht atmungsaktiv und führen zum Schwitzen oder verursachen unangenehme Geräusche und stören beim Schlafen. Auch besteht die Gefahr, dass sich auf der Matratze Schimmel bildet. Neuartige Matratzen können vollständig gewaschen werden. Untersuchungen werden zeigen, wie damit nicht nur mögliche Verunreinigungen effektiv beseitigt, sondern auch Hausstaubmilben und deren

Allergene entfernt werden können. Ein enger Kontakt von Haut und Atmungsorganen zu Bettwäsche, Kissen und Matratze, verbunden mit einer langen Verweildauer machen das Bett zu einem wichtigen Teil der uns umgebenden Umwelt. Wie wichtig ein guter Schlaf ist, wissen wir spätestens dann, wenn wir ihn nicht haben.

Wir leben in einer globalisierten Welt. Ein dichtes Flugverkehrsnetz ermöglicht ein unkompliziertes und schnelles Reisen, nicht nur von Menschen, sondern auch von ungebetenen Mitreisenden wie Krankheitserregern, Bakterien, Viren oder zum Beispiel Bettwanzen, die sich so mit großer Geschwindigkeit über den Globus verteilen können. „Treffpunkte" können hierbei neben Flughäfen Hotels und letztlich auch Hotel-Betten sein. Nun sind längst nicht alle Mikroorganismen gefährlich, und übertriebene Hygiene kann zu anderen Problemen führen, wie zum Beispiel zu unerwünschten Reaktionen gegenüber Desinfektionsmittel oder zur Ausbildung von Resistenzen bei Krankheitserregern, die bei gefährlichen Keimen verheerend sein können.

Wichtig ist daher ein gutes Hygiene- und Wäschemanagement, denn selbst kleinste Fehler können in diesem Bereich die übrigen Anstrengungen eines Hoteliers schnell zunichte machen. Unabhängig von den unterschiedlichen Bedürfnissen gibt es Anforderungen, die wohl für jeden Gast zutreffen. Dazu gehört, ein sauberes Bett vorzufinden und keine Spuren von vorherigen Benutzern anzutreffen. Hierfür kann durch regelmäßiges Wechseln der Bettwäsche schon viel erreicht werden.

Können Verbraucher im Handel ihren Anforderungen entsprechend die Bettwäsche auswählen, geschieht das im Hotel durch den Hotelier. Werden schadstoffgeprüfte und zertifizierte Textilien eingesetzt oder sogar Textilien, die nachweislich unter Berücksichtigung von sozialen und Umweltaspekten produziert wurden? Für einige Hotel-Gäste ist das unwichtig, andere hingegen erwarten genau das und folgen dabei einem weltweiten Trend.

All diese Details können entscheidend zum Gesamteindruck eines Hotels beitragen, spiegeln sie doch die Verantwortung, die der Hotelier für die Gesundheit der Gäste und für die Umwelt übernimmt.

Grundlagen

1.3.3 Saubere Lösungen bringen mehr als reine Wäsche

Autor Karsten Jeß

Wenn von Hotel-Wäsche gesprochen wird, liegt der Schwerpunkt beim Thema Waschen und Hygiene. So simpel das Waschen auf den ersten Blick erscheint, so anspruchsvoll wird es, wenn man hinter die Kulissen schaut: 2014 wurden, über alle Beherbergungsstätten gerechnet, 424 Millionen Übernachtungen in Deutschland gezählt. Man mag erahnen, welches Wäschevolumen damit verbunden war. 80 Prozent dieser Beherbergungsstätten nutzen zum Waschen ihrer Wäsche – in den Konstellationen Eigenwäsche oder Mietwäsche – die Dienste von externen Wäschereien und chemischen Reinigungen (nach einer Studie der *rc research & consulting GmbH, Bielefeld*).

Erstaunlich dabei ist, dass ein wachsendes Volumen an Hotel-Wäsche von immer weniger Wäschereien bedient wird. Gab es im Jahr 2002 bei 338,7 Millionen Übernachtungen noch 7829 Betriebe im gesamten Segment Wäscherei und Reinigung (leider gibt es keine Statistik, die nur Hotel-Dienstleister erfasst), waren es 2014 nur noch 5310 Betriebe bei den erwähnten 424 Millionen Übernachtungen. Das heißt, ein um 25 Prozent gewachsenes Volumen wird von 30 Prozent weniger Betrieben erbracht. Grund dafür ist nicht nur die in allen Branchen voranschreitende Konsolidierung im Segment mittelständischer Betriebe. Grund ist vor allem die wachsende Komplexität des Themas Hotel-Wäsche.

Diese Komplexität wird längst nicht von allen verstanden, und die Zahl derer, die es beherrschen, wird immer kleiner, denn die Wäschereien arbeiten in diesem Segment als integrierte Zulieferer, die just-in-time die Prozesskette im Hotel beliefern müssen, um sowohl eine reibungslose wie auch effiziente Produktion an „vermietbaren Betten/Zimmern" zu gewährleisten. Um diesen Ansprüchen gerecht zu werden, müssen Wäschereien alle Komponenten der textilen Gesamtleistung perfekt beherrschen. Diese Anforderungen steigen ständig. Und dieser Herausforderung sind immer weniger Wäschereien, ob intern oder extern, gewachsen.

Das Pflegen der Hotel-Wäsche erfolgt heute in einem verschärften Spannungsfeld zwischen Wirtschaftlichkeit, Hygiene und Nachhaltigkeit (im Sinne eines verantwortungsvollen Umgangs mit Ressourcen wie Wasser, Energie und Rohstoffen, wie zum Beispiel Baumwolle). Längst geht es nicht mehr nur darum, saubere Wäsche zu haben, um das Zimmer neu vermieten zu können. Ziel ist es geworden, durch ein effizientes Wäschemanagement einen wesentlichen Ergebnisbeitrag im Hotel zu leisten. Denn mit der Wäsche und der damit verbundenen Bettausstattung sowie der Betthygiene nimmt der Hotel-Betreiber direkten Einfluss auf die Effizienz einer seiner wichtigsten betriebswirtschaftlichen Stellschrauben.

Schlechtes Wäschemanagement – und Wäschemanagement ist mehr als nur das Waschen der Wäsche – führt nicht nur zu höheren Kosten beim Waschen und bei der textilen Ausrüstung, es führt auch zu Lücken in der Versorgung und damit direkt zu einem Umsatzverlust, weil Zimmer nicht freigegeben werden können. Oder man kauft laufend teuer und wenig wirtschaftlich nach, was zudem noch personelle Ressourcen bindet. Indirekt wird es zu Umsatz- bzw. Buchungsrückgängen kommen, da Gäste sehr empfindlich reagieren, wenn die Wäschequalität nicht stimmt bzw. Verschleiß sichtbar wird. Auch werden sie immer sensibler bezüglich ökologischer Nachhaltigkeit. Und dort, wo mangels Wissen und Können sowie fehlender Investitionskraft die ökologische Karte nicht gespielt wird, gehen Marktanteile verloren oder – umgekehrt gesehen – man versäumt, zukunftsrelevante Zielgruppen zu gewinnen.

Die Aspekte Wirtschaftlichkeit, Hygiene, Nachhaltigkeit sowie der Aspekt Technik sollen nun einzeln beleuchtet werden, um die vorhandene Komplexität deutlich zu machen und aufzuzeigen, welche ungenutzten Spielräume der Hotelier hat.

Technik
Zunächst ein kurzer Blick auf die Technik, Grundbaustein jeder Wäscherei und ein Schlüssel für die Wirtschaftlichkeit; denn es macht einen Unterschied, mit welchen Anlagen welche Mengen an Wäsche verarbeitet werden. Größenordnungen von über 100 Tonnen pro Tag und mehr an einem Standort bieten eine ganz andere Stückkostendegression, weshalb das Waschen in zunehmend industriellen Maßstäben

verläuft. Kleinere Betriebe werden mit der Zeit zwangsläufig den Wettlauf um die besseren Stückkosten verlieren. Die Kombination von Chemie, Zeit, Temperatur und Mechanik muss heute in ganz anderen Dimensionen erfolgen, soll der Kunde von günstigen Preisen profitieren und der Betreiber der Wäscherei gleichzeitig weiter hohe Investitionen vornehmen können. Denn große Anlagen erfordern entsprechend große bauliche Infrastrukturen bis hin zur eigenen Kläranlage. Auch die Investition in neue Anlagen, zum Beispiel in moderne thermische 90-Grad-Waschverfahren, erfordert finanzielle Spielräume, die nicht durch Preisaufschläge gewonnen werden können, sondern nur durch die Reduzierung von Kosten. Bedingt durch den technischen Fortschritt, aber auch durch wachsende ökologische Anforderungen verkürzen sich zudem die Investitionszyklen, was bedeutet, dass Wäschereien laufend in ihre Technik neu investieren müssen. Um eben diese technische Entwicklung wirtschaftlich sicherzustellen, braucht es eine unternehmerische Mindestgröße.

Ohne im Detail auf weitere technische Einzelheiten einzugehen, sollte der Blick dafür geschärft werden, dass mittelfristig die Größe einer Anlage und ihr technischer Fortschritt maßgeblichen Einfluss auf Umwelt und Wirtschaftlichkeit haben – und somit auf den Preis.

Hygiene
Auch bei der Hygiene wachsen Anforderungen und Komplexität. Die Einhaltung stetig strenger werdender Vorgaben, sei es durch RAL-Gütezeichen, DIN- oder andere Zertifizierungen, müssen nicht nur von unabhängigen Textilforschungszentren und Zertifizierungsinstituten regelmäßig überwacht werden, es gilt diese auch weiterzuentwickeln! Dafür braucht es innerhalb der Wäschereibetriebe entsprechende personelle Ressourcen und Kompetenzen, um zum Beispiel mit dem *Hohenstein-Institut* an effizienten wie umweltschonenden Verfahren zu forschen. Wer auf dem Gebiet der Hygiene im Interesse seiner Kunden Schritt halten will, muss mehr tun als nur vorhandene Vorschriften umzusetzen. Innovation und Fortschritt werden aus der Industrie heraus geboren, denn nur dort lassen sich die Ziele von Nutzern und Anwendern in der Hotellerie verknüpfen.

Als Beispiel sei auch hier das thermische 90-Grad-Waschverfahren genannt. Damit wird die Wäsche, egal ob Bettwäsche, Handtücher oder

Tischwäsche, desinfiziert! Zwar erfordert das Aufheizen des Wassers Energie, aber es reduziert den Waschmittelverbrauch und macht die Wäsche trotzdem weißer. So reduziert sich die Belastung der Umwelt durch Chemie, der Wasserverbrauch wird gesenkt, und durch den Verzicht auf Chlor und Phosphate verlängert sich der Lebenszyklus von Handtüchern, Bett- und Tischwäsche; denn diese chemischen Substanzen lassen die Wäsche mit der Zeit grau werden und führen im Vergleich zu einem schnelleren Verschleiß. Mehr Hygiene also bei weniger Belastung von Umwelt und Ressourcen. Daran gilt es weiter zu forschen, innovative Verfahren zu testen und zur Serienreife zu bringen. Daran arbeiten nicht nur die Hersteller der Waschanlagen und der chemischen Industrie, sondern zunehmend auch jene Wäschereien, die aus Marktsicht die Verfahren optimieren müssen, um weiter wettbewerbsfähig zu bleiben.

Nachhaltigkeit
Der Umweltaspekt wird zunehmend zentraler, beeinflusst er doch mittlerweile alle anderen Bereiche – und dies zu Recht. Gerade hier gilt es mehrere Ebenen im Auge zu behalten. Denn neben der Technik und dem Hygieneverfahren sind es die Prozesse, die auf Nachhaltigkeit ausgelegt sein müssen. Dazu gehören auch – und das wird schnell vergessen – sowohl der Produktionsbetrieb in den Wäschereien als auch derjenige bei der Herstellung der zu waschenden Materialien! Denn im Einklang mit den geltenden Vorschriften sollten nicht nur die Arbeitsbedingungen in den Wäschereien sein, sondern auch die bei den Textilherstellern und ihren Zulieferern. Umweltbewusstes Handeln hört nicht an der eigenen Türschwelle auf, es gibt eine Kette, die es zu verfolgen gilt.

Die Wäscherei bzw. der Textil-Dienstleister sollte darauf achten, dass seine Textil-Lieferanten zum Beispiel nach *ISO 9001*, *ISO 14001*, *OHSAS 18001* und *DS 49001* zertifiziert sind und *UN Global Compact* sowie *Carbon Disclosure Project* (CDP) unterschrieben haben. Auch im Umgang mit den Ressourcen bei der Herstellung von Wäsche und Frottee ist umweltbewusstes Handeln gefragt.

Dazu eine tiefer gehende Betrachtung bezüglich Baumwolle: Was vielen nicht bewusst ist, ist die Tatsache, dass Baumwolle das Agrarprodukt ist, für dessen Anbau am meisten Wasser benötigt wird! Es wird geschätzt, dass der Baumwollanbau weltweit etwa 3 Prozent des Wasserverbrauchs beansprucht. Die Folgen dieses immensen Wasserverbrauchs sind aber nicht in den Ländern zu spüren, in denen die Baumwolle verbraucht, sondern in denen, wo sie produziert wird. Mit dem Einkauf dort entscheiden wir also, ob es in anderen Ländern an (Trink-)Wasser mangelt! Baumwolle ist auch ein Umwelt belastendes Erzeugnis. Die Baumwollproduktion weltweit steht für 16–25 Prozent des globalen Verbrauchs an Insektiziden. Dies ist weit mehr als für irgendeine andere Feldfrucht aufgewendet wird. Pestizide schaden der Natur, und fast die Hälfte der Pestizide, die bei der Baumwollproduktion eingesetzt werden, gelten als so giftig, dass die WHO sie als „gefährlich" klassifiziert hat.

Es ist also wichtig, beim Wareneinkauf auf ein nachhaltiges Produktsortiment zu achten und gezielt danach zu suchen! Gekennzeichnet zum Beispiel als *BCI-Baumwolle*, durch die *EU-Euroblume* oder durch *GOTS* und *Fairtrade-Siegel* (ein kleiner Exkurs hierzu am Ende des Textes) ist entsprechend nachhaltig bzw. umweltschonend produzierte Ware wie Bettwäsche, Handtücher und Tischwäsche erhältlich. An diesem Beispiel wird deutlich, dass sowohl Waschverfahren zur Schonung des Materials – und damit für längere Gebrauchszeiten – als auch die Wahl der Rohstoffquelle bzw. der Vorprodukte direkten Einfluss auf die Umwelt haben.

Nachhaltigkeit besteht also erst dann, wenn von der Anwendung im Hotel-Zimmer bis zurück zur „Ackerfurche" alle Stellschrauben genutzt wurden, um die Umwelt zu schonen und zu schützen. Dies setzt aber voraus, Kapazitäten zu haben, um sich permanent mit diesen einzelnen Stufen auseinanderzusetzen. Nachhaltigkeit erfordert heute ein umfangreiches Wissen und das Verständnis der Zusammenhänge. Der berühmte Aufkleber oder Aufsteller im Bad: „Handtuch auf dem Boden beutet ... Ihr Beitrag zur Schonung der Umwelt ...", hatte es einst dem Gast überlassen, Ressourcen zu schonen. Heute kann ungleich mehr an nachhaltigem Umweltschutz erfolgt sein, bevor noch der Gast das Zimmer betritt.

Wirtschaftlichkeit
Eine letzte Betrachtung gilt der Wirtschaftlichkeit, jener Ebene, auf der Technik, Hygiene und Nachhaltigkeit in eine auch finanziell saubere

Lösung überführt werden müssen. Denn die Kosten für die Ausstattung der Betten und Zimmer sowie des Gastro-Bereiches mit Textilien müssen letztlich in die Preiskalkulation für den Gast einfließen.

Und da standen und stehen dem Hotelier mehrere Varianten offen, die sich aber nicht mehr alle rechnen. Das Modell mit eigener Wäsche und eigener Wäscherei im Haus stirbt buchstäblich aus. Sobald die Technik nach neuen Investitionen verlangt, trennen sich in der Regel auch hartgesottene Verfechter von der „eigenen" Wäscherei. Zu komplex ist das Thema geworden, zu hoch sind die Auflagen, zu teuer die Technik und das ausgebildete Personal. Das Waschen haben, über alle Einrichtungen mit einem Bettenangebot hinweg, zu 80 Prozent externe Dienstleister übernommen. Immer noch weit verbreitet aber ist die Variante, eigene Wäsche extern waschen zu lassen. Somit liegt die Verantwortung für das Wäschemanagement weiterhin beim Hotelier.

Je nach Größe des Hauses sind zur Wahrung einer Mindesteffizienz (entsprechend ausgebildete) Personal-Ressourcen erforderlich und vorzuhalten. Viel kritischer aus wirtschaftlicher Sicht ist dabei die relative Unplanbarkeit von Wäscheverbrauch und Wäscheverschleiß. Hohe Lagerbestände auf Vorrat vs. laufende Nachbeschaffung binden Liquidität, ob beim Personal oder durch den benötigten Raum.

Auch der Wäsche-Einkauf erfordert aus den oben dargestellten Gründen eine laufende Beschäftigung mit der Thematik zwischen den periodischen Wiederbeschaffungen – geht es ja bisweilen um Grundsatzentscheidungen, wie sich ein Haus positionieren möchte. Sicherlich können Einkaufsorganisationen hierbei nützliche Dienste leisten, aber heruntergebrochen auf die individuellen Anforderungen jedes einzelnen Hauses verbleiben die Entscheidungen und Risiken – auch die finanziellen – beim Hotelier.

Gesamthaft gesehen führt diese Komplexität rund um das Thema Waschen dazu, dass immer mehr Hoteliers die Variante von Miet-Modellen für sich nutzen. Dadurch entfallen die Investitionskosten, denn das Investment in die textile Ausrüstung tätigt der Textil-Dienstleister. Je nach Vertrag fallen nur Kosten an, wenn ein „schmutziger" Artikel in die Wäscherei gegeben wird. Aber viel wichtiger sind stets ausreichende Ausstattungsmengen sowie Versorgungsgarantien für effektive Arbeitsabläufe im operativen Bereich. Ob es sich dabei um objektbezogene Wäsche handelt (individuell vom Hotelier ausgesucht) oder um Pool-Wäsche ist dabei fast schon Nebensache. Denn der Full-Service-Leasinggeber hat in allen Fällen für beste Materialbeschaffenheit und Langlebigkeit der eingesetzten Wäsche sowie ihre Verfügbarkeit zu garantieren. Das schließt seine Verantwortung für die Logistik, den immer teurer werdenden Maschinenpark und ökologisch nachhaltiges Wirtschaften mit ein.

Echte Wirtschaftlichkeit, nach *Erich Gutenberg* entweder das Maximum-Prinzip (das besagt, dass der Betrieb bei gegebenen Mitteln einen möglichst großen Erfolg erreichen muss) oder das Minimum-Prinzip (bei dem ein vorgegebener Erfolg mit möglichst geringen Mitteln zu erreichen ist), lässt sich im Segment Hotel-Wäsche nur dann sicherstellen, wenn hinreichendes Know-how und die erforderliche technische Infrastruktur zur Verfügung stehen.

Das war noch nie anders, aber durch wachsende Anforderungen sind die Voraussetzungen dafür nur noch durch Outsourcing gegeben; denn um in diesem komplexen Umfeld auch wirtschaftlich saubere Lösungen zu bieten, braucht es Spezialisten, deren Kernkompetenz und Kerngeschäft die Versorgung von Hotels mit Wäsche ist.

Exkurs **(Baumwolle)**

BCI-Baumwolle liegt auf derselben Preisebene wie herkömmliche Baumwolle und wird von Landwirten produziert, die:

- den Einsatz von Pestiziden und Insektiziden minimieren
- Wasser effizient einsetzen und Rücksicht auf die Verfügbarkeit von Wasser nehmen
- Rücksicht auf die Gesundheit des Bodens nehmen
- natürliche Habitate erhalten
- auf die Qualität der Faser Rücksicht nehmen und sie bewahren
- anständige Arbeitsbedingungen fördern.

Die EU-Euroblume

- Möglichst geringer Einsatz umweltschädlicher Stoffe
- Strenge Anforderungen, die den Einsatz Gesundheitsgefährdender Stoffe verhindern
- Strenge Anforderungen, die schädliche Emissionen und Abwassereinleitungen verhindern
- Strenge Anforderungen an die Arbeitsumwelt im Herstellungsprozess
- Hohe Anforderungen an die Textilfasern und die Eigenschaften des fertigen Produkts
- Überwachen der Einhaltung der Anforderungen durch unabhängige Fachleute

GOTS und **Fairtrade**

- Bettwäsche, Handtücher und Tischwäsche aus kontrolliert biologisch angebauter Baumwolle und nach dem anerkannten *Global Organic Textile Standard* (GOTS)
- Verzicht auf Insektenschutzmittel und genetische Veränderung beim Anbau der Baumwollpflanzen
- Höheres und korrektes Einkommen für die Kleinbauern sowie bessere Arbeitsbedingungen
- Dankbare Gäste dank luxuriöser Wäsche mit ökologischem und sozialem Ausdruck
- Die Möglichkeit, einen Umweltservice anzubieten, der über die „doppelte Handtuchnutzung" hinausgeht.

1.3.4 Fluch oder Segen? – Was können Encasings?

Autoren Rolf Slickers und Jens Rosenbaum

Die Kernleistung eines jeden Hotels, dem Gast ein Bett für die Nacht zu bieten, schafft zugleich ein großes Problem, denn jeder Gast lässt im Bett etwas zurück. Von Ausscheidungen bzw. Ausdünstungen des Körpers während der Nacht über Schuhcreme und Kosmetik, Rückstände von Arzneimitteln, Essens- und Getränkereste bis zu Insekten und Parasiten reicht die Palette.

Diese Flüssig- wie auch Feststoffe und Fremdkörper bilden ein ernstes Problem, was alleine schon am Volumen liegt; denn jeder Mensch verliert etwa ein halbes Kilo Hautschuppen pro Jahr im Bett. Und selbst in der kalten Jahreszeit schwitzt ein Mensch pro Nacht zwischen 0,2 und 2 Litern Flüssigkeit aus, um nur zwei Beispiele zu nennen. Bei einer Hotel-Belegung von durchschnittlich 65 Prozent pro Jahr und bezogen auf einen Zeitraum von zum Beispiel 5 Jahren errechnet sich allein aus diesen beiden Stoffen eine Belastung von mehreren Hundert Litern Schweiß sowie 1,5 Kilogramm Hautschuppen. Ein Großteil der Feuchtigkeit verdunstet und wird zudem über die Bettwäsche aufgenommen – und durch deren regelmäßiges Waschen auch wieder entsorgt. Doch es bleibt genügend keimfähige Substanz in der Matratze zurück.

Eine Untersuchung des Ahrensburger *Lefo-Instituts* aus dem Jahr 2000 von Hotel-Betten förderte Schweiß, Speichel, Schleim, Sperma, Blut, Schimmelpilze, Hausstaubmilben, Kolibakterien und andere Keime zu Tage, die sich im Bett verewigt hatten. So wurde in einem Laborverfahren 1 Kilogramm abgesaugter Matratzenstaub (aus 1 Matratze) untersucht. Darin wurden die eingetrockneten Reste von etwa 6,3 Litern Schweiß sowie 200 Milligramm Sperma gefunden. Grundsätzlich lässt sich bei einem solch kontaminierten Hotel-Bett eine Gesundheitsgefahr nicht ausschließen. Wobei nur der abgesaugte Staub untersucht wurde, die vormals flüssig- oder dampfförmigen Verschmutzungseinträge, die mit den Fasern der Matratze fest verklebt waren, wurden dabei nicht berücksichtigt.

Um diesem ernsten Problem Herr zu werden, wurde vor wenigen Jahren die Verwendung von Encasings als einer ersten Maßnahme zur Sicherung einer Grundhygiene eingeführt.

Nicht verwechselt werden dürfen Schutzauflagen, wie zum Beispiel *Molton*, mit „Matratzenschutzbezügen". Diese *Molton*-Auflagen sollen durch ihre Saugkraft und ihr Speichervermögen eine erste Schutzbarriere bilden, sind aber weder wasser- noch luftdicht. Seit Jahrzehnten sind sie im gewerblichen wie privaten Bereich im Einsatz – pflegeleicht, günstig und in der Regel ohne große Beeinflussung des Liegekomforts. Matratzenschutzbezüge hingegen, auch *Encasings* genannt, haben ihren Ursprung in der medizinischen Versorgung. Dabei ist es das Ziel, der Matratze einen Vollschutz gegen jene Verschmutzung zu bieten, die im Rahmen einer Pflege im Bett unvermeidbar ist. So soll ein 100-prozentiger Schutz gegen eine Kontamination mit Körperflüssigkeiten zur Reduzierung von Infektionsrisiken und Ansteckungsgefahren erreicht werden. Dafür sind diese Schutzbezüge wasser- und zumeist auch luftdicht.

Schutzbezüge und Matratzen unterliegen in medizinischen oder pflegerischen Einrichtungen strengen Hygienerichtlinien und werden nach definierten Standards, die regelmäßig überwacht werden, entsprechend keimfrei aufbereitet, wozu auch eine Hygiene-Dokumentation gehört.

Dieses Prinzip einer hermetischen Trennung zwischen Mensch und Matratze ist auch die Basis für Allergiker-Schutzbezüge. Damit soll erreicht werden, dass zum Beispiel Milben-Allergene (Kot von Milben) nicht aus der Matratze dringen können. Aber Achtung: Auch bei vorschriftsmäßiger Anwendung von Encasings lässt sich das Eindringen von Schmutz und Milben in die Matratze nicht verhindern, es sei denn, die Matratze bleibt in Plastik eingeschweißt.

Encasings bestehen meist aus Baumwolle oder einer Polyester-Mischung mit einer Polyurethan-Beschichtung. Die Art des Gewebes und der verwendeten Materialien sowie deren Qualität bestimmen Dichtheit und Elastizität, was auch unmittelbaren Einfluss auf den Schlafkomfort hat. Zudem gilt es zu unterscheiden zwischen offenen Schutzbezügen, die lediglich die Seiten und die Liegeoberfläche umschließen, und Vollschutzbezügen, welche die gesamte Matratze einschließen. Dazu gehört der notwendige Reißverschluss oder eine sonstige Technik zum Verschließen, die den gleichen Dichtheitskriterien genügen muss, um diesen Vollschutz auch sicherstellen zu können.

Je nach Zweckbestimmung sind solche *Encasings* heute in einer großen Bandbreite erhältlich, von vollkommen luft- und wasserdicht bis zur atmungsaktiven Membran. Allerdings darf nicht unbeachtet bleiben, dass die Atmungsaktivität dieser *Encasings*, ähnlich wie bei Outdoor-Kleidung u. a., durch den Einsatz chemischer Mittel wie perfluorierte und polyfluorierte Kohlenwasserstoffe (PFC), Perfluor-Oktansäure (PFOA) oder auch Fluortelomer-Alkohol, die alle umwelt- bzw. gesundheitsschädlich sind.

Grundsätzlich sind *Encasings* ein wirksames Mittel, um eine Anreicherung der Matratze mit Schmutzpartikeln zu verhindern. Allerdings ist dieses Mittel auch kritisch zu hinterfragen – denn die gewünschte Wirkung lässt sich nur erzielen, wenn *Encasings* fach- und sachgerecht zum Einsatz kommen –, und es ist auch mit Nebenwirkungen verbunden, die einer Bewertung vor dem Hintergrund der Zielsetzung bedürfen. Zudem braucht es einen Vergleich mit alternativen Mitteln, da auch deren Entwicklung vorangeschritten ist.

Kostenbetrachtung
Die Anschaffung von *Encasings* kostet zusätzliches Geld, wobei gute Encasings so viel kosten wie eine einfache Hotel-Matratze und sich u.a. über die Atmungsaktivität definieren, was den Schwitzeffekt deutlich reduzieren kann. Doch auch das *Encasing* muss regelmäßig gewaschen werden, weshalb es in einem Hotel mehr Encasings als Matratzen braucht, um während des Waschens die betroffene Matratze nicht ohne Schutz zu lassen. So fallen in entsprechender Menge Anschaffungs- und Reinigungskosten für die *Encasings* als zusätzliche Kosten an, wobei auch der Verschleiß zu berücksichtigen ist.

Komfortbetrachtung
Unabhängig von der Qualität bildet jede Form von *Encasing* eine zusätzliche Schicht zwischen Mensch und Matratze. Diese zusätzliche Schicht erhöht grundsätzlich die Spannkraft der Liegefläche und reduziert die Punktelastizität, womit der ursprüngliche Liegekomfort der

Matratze negativ beeinflusst wird. Zudem können *Encasings*, je nach verwendetem Material, zu Geräuschentwicklungen führen und die Atmungsaktivität negativ beeinflussen.

Managementbetrachtung
Der fachgerechte Einsatz von *Encasings* erfordert einen erhöhten Aufwand im Bettenmanagement. Je nach Hygieneanspruch gilt es zu überprüfen (sofern möglich) und zu dokumentieren, ob der gewünschte Matratzenschutz auch lückenlos funktioniert. Denn defekte Bezüge bzw. Reißverschlüsse, das Fehlen eines Ersatz-*Encasings* während der Reinigung oder auch der Gast, der kein Encasing mag und dieses eigenmächtig von der Matratze entfernt, verhindern einen hundertprozentigen Schutz, da es keine Garantie für die Einhaltung der Hygienekette gibt. Zudem müssen Matratzen mit Encasings häufiger und intensiver gelüftet werden, denn sowohl Temperatur- als auch Feuchtigkeitsunterschiede zwischen Matratze und Umfeld führen zur verstärkter Schimmelneigung. So gilt es, außer der Matratze auch die *Encasings* zu überwachen und regelmäßig zu kontrollieren.

Encasings sind in der Gesamtbetrachtung ein erster großer Schritt in die richtige Richtung, aber weder ein Allheilmittel noch ein Selbstläufer und längst nicht mehr ohne Alternativen. Denn das Hygienerisiko bleibt – bei zusätzlichen Kosten und erhöhtem Aufwand.

Hygienebetrachtung
Grundsätzlich ist bei der Matratzenhygiene die Frage nach dem primären Ziel zu stellen. Soll der Gast maximalen Schlafkomfort genießen, oder soll das Investitionsgut Matratze vor dem Gast maximal geschützt werden? Da die Bettwäsche auch nicht in Plastik verpackt wird, um eine Verschmutzung durch den Gast zu vermeiden, sondern gewaschen wird, sollen hier Alternativen betrachtet werden.

Bedampfen
Beim Bedampfen werden Chemikalien zum Teil unter Druck und allenfalls mittels bestimmter Temperaturen in die Matratze eingebracht, um dort Keime bzw. keimfähige Stoffe sowie zum Beispiel Milben zu töten. Nachteil: Die Verunreinigungen verbleiben in der Matratze, die nun zusätzlich mit giftigen Chemikalien angereichert ist.

UV-Licht

UV-Licht hat sich als rückstandsfreie und materialschonende Methode bewährt (zum Beispiel als zusätzliche Reinigungsstufe bei Daunen und Federn), um Keime innerhalb gewisser Grenzen absterben zu lassen, doch ist es unmöglich, eine Matratze auch innen komplett mit UV-Licht zu behandeln.

Absaugen

In Abhängigkeit des Materials (Schaum oder Feder) und dessen Verarbeitung vermag ein entsprechend starker Sauger lose Fremdstoffe aus dem Inneren der Matratze nach außen zu befördern. Der Nachteil: Sofern der Matratzenbezug nicht zuvor entfernt werden kann, wird nicht nur das Innenleben, sondern auch dieser Bezug von der starken Saugkraft deformiert, was zu Verschiebungen im Gewebe und in der Konstruktion führen kann. Das Saugen hebt die textilen Fasern an und öffnet Räume, die sich danach nicht wieder schließen, weshalb Fremdstoffe in der Folge schneller eindringen können. Ein weiterer Nachteil besteht darin, dass nur lose Stoffe und Fremdkörper abgesaugt werden können. Ehemals flüssige oder dampfförmige Partikel, die mit den Fasern und der Materie der Matratze verklebt sind, bzw. feuchte Rückstände lassen sich auf diese Weise nicht entfernen. Auch das Kombinieren von Bedampfen mit Chemikalien und darauffolgendem Absaugen ändert nichts an der Problematik, da für eingetrocknete Rückstände ein Bedampfen nicht ausreichend ist.

Waschen

Beim klassischen Waschen werden die Matratzen, wie in der textilen Aufbereitung üblich, mit einem Reinigungsmittel und Wasser bei entsprechender Temperatur gewaschen. Fremdstoffe werden dadurch vollständig gelöst und durch Spülvorgänge aus der Matratze entfernt wie auch die Reinigungsmittel selbst. Mit dem Einsatz moderner Wärmerückgewinnungs- und Wasseraufbereitungsanlagen lässt sich das Waschen von Matratzen auch umwelt- und energieschonend durchführen. Der Nachteil: Das Angebot auf dem Markt mit Herstellergarantie für voll waschbare Matratzen ist noch sehr klein.

Praxisbetrachtung

In der praktischen Anwendung zeigen sich immer schnell die Grenzen der Theorie. In diesem Fall speziell die Grenzen der Wirksamkeit von

Encasings. Tatsache ist, dass *Encasings* ein Verschmutzen von Matratzen im Hotel verhindern können. Damit wird aber das Bett nicht sauberer. Denn um mehr Hygiene zu erreichen, müsste auch das *Encasing* gewaschen werden, und dies sogar viel regelmäßiger. Aber genau das ist meist nicht der Fall. So erhalten die mittlerweile meist auf Mietwäschebasis tätigen Wäschereien regelmäßig die Bettwäsche, aber selten bis nie ein *Encasing* zum Waschen. Auf Nachfrage bei den Hotels, wie es um die Sauberkeit von *Encasings* (und anderen Hygieneschutzbezügen) bestellt ist, wird nicht selten die Antwort gegeben, man würde diese selber waschen.

Man kann eine solche Antwort einfach hinnehmen. Man darf sie aber auch hinterfragen. Neben einer entsprechenden maschinellen Kapazität als zwingender Voraussetzung für das Waschen und Trocknen im eigenen Haus braucht es auch personellen Aufwand. Zum Vergleich: Bei einem Haus mit 100 Doppelzimmern und 200 Encasings und nur monatlicher Wäsche von diesen (empfohlen wäre wöchentlich) ergeben sich p.a. 2400 zu waschende *Encasings*. Je nach Trommelkapazität sowie Gewicht des Encasings ergeben sich daraus möglicherweise mehrere Hundert Ladungen zu waschender und zu trocknender Wäsche, jeweils zu multiplizieren mit dem personellen Zeitbedarf. Wo schon mit einer Mietwäscherei gearbeitet wird, um Kosten zu sparen, darf an dieser Stelle hinterfragt werden, ob dieser Aufwand tatsächlich inhouse betrieben wird. Oder ob sich das eigene Waschen doch nur auf solche Fälle beschränkt, wo der Schmutzeintrag aufgrund eines Malheurs eklatant ist und kurzfristig behoben werden muss? Und über „Einweg"-*Encasings* als letzte Möglichkeit, die von den Hotels für eine aus hygienischer Sicht angemessene Zeit genutzt und dann weggeworfen werden, um sie durch neue zu ersetzen, würden sich die Hersteller von *Encasings* zwar freuen, haben davon aber weder je gehört, noch können sie dies an ihren Verkaufszahlen ablesen.

Im Umkehrschluss bedeutet dies leider Folgendes: In der Hotellerie wird eine Matratze nicht selten einmal mit einem *Encasing* bezogen – und das war es dann. Vielleicht mal abwaschen oder die Oberfläche desinfizieren, was aber auch entsprechendes Fachwissen erfordert, insbesondere über den richtigen Umgang mit Desinfektionsmitteln. Aber zu glauben, die eigene Bettenhygiene optimal gelöst zu haben, wenn man die Matratze gleich nach der Anschaffung in ein *Encasing* einpackt, blendet den wichtigeren Teil der Anwendung aus: den der regelmäßigen und penibel hygienischen Pflege des *Encasings*! Denn dieses verdreckt noch schneller als eine Matratze. Während eine Matratze hinreichend Masse hat, um Schmutz aufzunehmen und im Inneren zu verteilen, Flüssigkeiten förmlich aufgesogen und so von der Oberfläche weggeführt werden können, verhält es sich beim *Encasing* logischerweise genau andersherum. Hier handelt es sich schließlich um Gewebe, im optimalen Fall membranähnlich, bisweilen aber nur um eine Folie, die alles aufhält und sammelt und eben nichts durchlässt und noch weniger verteilt.

Somit steigt die Schmutzkonzentration pro Quadratzentimeter Oberfläche viel schneller an als bei einer Matratze ohne Schutz. Und da speziell Flüssigkeiten aufgehalten werden, führt dies viel schneller zu einer extremen Bakteriendichte, die als bedenklich angesehen werden muss, wenn keine regelmäßige Reinigung erfolgt. Und da Bakterien gerade dann besonders gut gedeihen, wenn es warm und feucht ist sowie ausreichend „Nahrungsmittel" zur Verfügung stehen, finden diese gerade im Hotel-Bett und auf dem *Encasing* einen idealen Nährboden.

In der medizinischen Versorgung, sei es ein Krankenhaus oder eine Pflegeeinrichtung, werden bei jeder Betten-Neubelegung die Encasings ausgetauscht oder nach entsprechenden Richtlinien desinfiziert. Zusätzlich werden auch die Matratzen gereinigt. Somit bedeutet der (hier sogar vorgeschriebene) Einsatz von *Encasings* einen zusätzlichen Aufwand an Hygiene und Dokumentation. Richtig angewendet, bieten Encasings einen höheren Hygieneschutz (bei gleichzeitiger Reduzierung von Schlafkomfort), aber eben auch bei deutlich höherem Aufwand. Viele Hoteliers haben diesen Sachverhalt und somit den Sinn von *Encasings* noch nicht richtig erfasst.

Wenn also *Encasings* eingesetzt werden sollen, hat dies aus hygienischer Sicht nur einen Sinn, wenn diese regelmäßig und in kurzen Zeitabständen richtig gewaschen bzw. chemisch gereinigt werden, jeweils in Abhängigkeit des Materials und der damit verbundenen Möglichkeiten. Zudem braucht es für jedes Bett mehr als ein *Encasing*, denn während der Reinigung darf es keine Hygienelücke geben, sofern man nicht das Zimmer stilllegen will. Und es braucht noch eine Reserve, da auch *Encasings* verschleißen. Wie bei der Bettwäsche braucht es also, je nach Zahl der Betten und deren Auslastung, einen Schlüssel für die Zahl der zu beschaffenden und vorzuhaltenden *Encasings*, inklusive eines Reinigungsvertrages und einer Hygiene-Dokumentation. Und mit einer tatsächlich durchgeführten regelmäßigen Wäsche von *Encasings* steigt letztlich auch die Anforderung an deren Qualität, um im geplanten Nutzungszeitraum entsprechend viele Waschzyklen zu überstehen. Mithin ein Kostentreiber mehr.

Aber der Glaube, „*Encasing* = sauberes Bett", ist aus Sicht des Gastes – und nur seine sollte zählen – einfach falsch und gefährlich. Pro Matratze reicht 1 *Encasing*, richtig angewendet, eben nicht aus. Das *Encasing* ist nicht primär dazu da, die Matratze zu schonen und für das Hotel Geld zu sparen. Diese Problematik soll mit folgender Grafik verdeutlich werden:

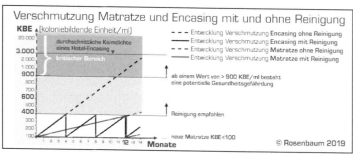

Abb. 3: Verschmutzung Encasing (schematische Darstellung)

Hotel-Fazit: Betthygiene ist nicht nur ein Kosten- und Risikofaktor, sondern die angewendeten bzw. unterlassenen Hygienemaßnahmen haben auch einen Einfluss auf die Qualität des Schlafkomforts und die Hygiene. Eine klare Positionierung des Hauses hilft, sich für eine Hygienemethode zu entscheiden, wobei Encasings, selbst bei richtiger Anwendung, zwar eine solide Basissauberkeit sicherstellen, aber mangels Prozesssicherheit durch den Faktor Gast eine gelegentliche Tiefenreinigung nicht ersetzen können. Viel wichtiger ist jedoch zu verstehen, dass es darum geht, den Gast zu schützen, und nicht darum, die Matratze zu schonen.

Kapitel 2
Das Bett im Hotel

2   Das Bett im Hotel

Autor Hans Amrein, Leitender Redakteur der Fachzeitschrift Hotelier

Das Bett im Hotel. Eine Selbstverständlichkeit. Keine Frage, das Thema Schlafkomfort gehört zu den Kernkompetenzen der Hotel-Branche. Mit dem „Verkauf" von Betten erzielen fast alle Hoteliers die besten Renditen. Und trotzdem – dies belegen aktuelle Studien, Umfragen und Hotel-Tests – kümmern sich (zu) wenige Hoteliers um ihre Betten. Grund genug, dem Thema eine Artikel-Serie in der Fachzeitschrift *Hotelier* zu widmen.

Zu Beginn stellt der renommierte Schlaf- und Bettenforscher *Jens Rosenbaum* zehn Thesen rund ums Hotel-Bett auf. Rosenbaum kommt unter anderem zum Schluss: „Vielen Hoteliers fehlt eine Strategie bei ihrer Kernkompetenz, weil die Hotel-Branche das Bett aus den Augen verloren hat." Zitat *Rosenbaum:* „Wirft man einen Blick auf die Werbe-Aussagen der Hotellerie, stellt man fest: Beworben werden im Hotel Dinge wie das kostenlose Internet und die hauseigenen Parkplätze, das Fenster zum See und der großzügige Spa, die Klima-Anlage und die Auswahl zwischen drei Restaurants. Man erfährt, dass es einen elektrischen Haartrockner gibt und der Schminkspiegel beleuchtet werden kann, das Personal mehrsprachig ist und das Haus einen Design-Preis gewonnen hat – aber nicht, welche Bett-Ausstattung auf den Gast wartet."

„Sollte man nicht genau hier, beim Bett, die Kernkompetenz der Hotels vermuten? Es scheint sehr oft das Gegenteil der Fall zu sein, denn Betten sind in fast allen Hotels der wunde Punkt. Wenn nicht das Alter – und damit der Grad der Abnutzung –, ist es die Hygiene, der Komfort, die Ausstattung und das Bett-System als Ganzes, was oft berechtigten Anlass zur Kritik gibt", schreibt *Jens Rosenbaum* in seiner Hotel-Bett-Analyse, die er exklusiv für unser Fachmagazin *Hotelier* verfasst hat. „Tatsache ist", so *Rosenbaum* etwas provokativ, „dass viele Hotels das Thema Bett und Schlafkomfort als erledigt betrachten, solange dem Gast eine horizontale Liegefläche geboten werden kann. Das Bett und damit verbundene Möglichkeiten interessieren keinen."

Das wollten wir mit dieser vielteiligen *Hotelier*-Artikel-Serie ändern. Es geht darum, den Hoteliers, also Ihnen, liebe Leserinnen und Leser, Fakten und Argumente im Bereich Schlafkomfort zu liefern. Unsere Kernbotschaft: Kümmert euch bitte vermehrt um eure Betten, liebe Hoteliers! Denn hier schlummern enorme Profilierungs- und Differenzierungspotenziale.

Jens Rosenbaums Credo: „Mit mehr Bett zu mehr Gast." Dabei steht fest: Das Thema Bett ist nur etwas für ausgeschlafene Hoteliers. Viel Spaß bei der vorliegenden Bett-Lektüre!

2.1 Mit mehr Bett zu mehr Gast

Autor Jens Rosenbaum

Erst kürzlich warb eine internationale Fluggesellschaft in einer überregionalen Tageszeitung nicht mit einem Flugzeug, sondern mit der Fotomontage einer Passagierin. Die eine Hälfte der Dame, genauer ihre Beine wurden gezeigt im typischen Umfeld einer Flugzeugsitzreihe der gehobenen Klasse. Die andere Hälfte der Dame ruhte jedoch liegend und in völliger Entspannung im scheinbar eigenen Bett – ganz wie zu Hause.

Hiermit warb ein Dienstleister, dessen Kernkompetenz in der Beförderung von Menschen durch die Luft von A nach B besteht, mit der Aussage: Wer mit mir fliegt, kann sich dabei so erholen und ausruhen wie in seinem eigenen Schlafzimmer. Bett & Schlafen als Werbebotschaft einer Fluglinie? Warum nicht, denn wer auf Reisen ist, weiß eine erholsame Nacht besonders zu schätzen. Daher ist diese Strategie, das Bett in den Mittelpunkt zu rücken, sicherlich erfolgversprechend.

Wirft man hingegen einen Blick auf Werbeaussagen der Hotellerie, so darf man sich schon fragen, ob es überhaupt eine Strategie gibt! Beworben werden im Hotel Dinge wie das kostenlose WLAN und die hauseigenen Parkplätze, das Fenster zum See und der großzügige Spa, die Klimaanlage und die Auswahl zwischen drei Restaurants. Man erfährt, dass es einen elektrischen Haartrockner gibt, der Schminkspiegel beleuchtet sowie das Personal mehrsprachig ist und das Haus einen Design-Preis gewonnen hat – aber nicht, welche Bett-Ausstattung auf den Gast wartet!

Sollte man nicht genau hier – beim Bett – die Kernkompetenz der Hotels vermuten? Es scheint sehr oft das Gegenteil der Fall zu sein, denn Betten sind in fast allen Hotels der wunde Punkt. Wenn nicht das Alter – und damit der Grad der Abnutzung –, ist es die Hygiene, der Komfort, die Ausstattung oder das Bettsystem als Ganzes, was oft berechtigten Anlass zur Kritik gibt.

Tatsache ist, dass viele Hotels das Thema Bett und Schlafkomfort als erledigt betrachten, solange dem Gast eine horizontale Liegefläche geboten werden kann. Das Bett und die damit verbundenen Möglichkeiten interessieren keinen!

Vielen Hoteliers fehlt eine Strategie bei ihrer Kernkompetenz, weil die Hotel-Branche das Bett aus den Augen verloren hat! Die Behauptung, dass die Hotel-Branche mehrheitlich blind auf dem „Betten-Auge" ist, lässt sich durch mehrere Aspekte belegen. Als *Thesen* liefern sie vielleicht Diskussions- und Lösungsansätze.

1. Das Hotel investiert nur in Qualität, die man sieht.

Mit dem Wissen um die Investitionskosten eines Zimmers erstaunt es immer wieder, wenn für Betten und Bettwäsche am Ende kein Geld mehr da sein soll. Warum aber wird für eine Design-Lampe oft mehr Geld ausgegeben als für das Bett? Antwort: Weil die Lampe als optisches Design-Element die Blicke des Gastes auf sich zieht und sich ihre Eleganz und Formensprache auf das Zimmer überträgt – während das Bett einfach nur flach und langweilig daher kommt. Die Qualität einer Matratze sieht man leider nicht.

2. Wichtige Trends werden in der Hotellerie nicht wahrgenommen.

Nach wie vor sind im Hotel zu über 90 Prozent klassische Federkernmatratzen die erste Wahl, ob als Boxspring, Bonell- oder Taschenfederkern. Das ist interessant, denn der Hotel-Gast kauft als privater Verbraucher zu fast 80 Prozent Schaummatratzen. Auch im Matratzenmarkt gibt es technologische Innovationen, die immer dann vom Verbraucher angenommen werden, wenn sie einen Vorteil bringen. Man darf also darüber nachdenken, warum eine solche Marktentwicklung bei der Hotellerie keine Beachtung findet.

3. Technische Möglichkeiten werden von den Hoteliers ignoriert.

Während der Mensch daheim die Bettstelle nach seinen individuellen Bedürfnissen aussuchen kann, wartet im Hotel-Zimmer die Standardmatratze – *eine* für alle. Aber muss das sein? Gibt es nicht schon längst Materialien, die sich der Körperform individuell anpassen? Was ist mit Bettsystemen, bei denen die Unterfederung per Handgriff auf das Gewicht des Menschen eingestellt werden kann? Wo sind all die Hilfsmittel, welche die Betten-Industrie bereithält, um eine anatomisch gesunde

Lagerung während der Nacht zumindest zu versuchen? Eine auf den Gast anpassbare Bettstelle wäre bestimmt eine tolle Sache – wenn man sich denn als Hotelier dafür interessieren würde.

4. Sauber nur dort, wo man auch hinschaut ...
Sauberkeit ist das „A und O" im Hotel! Ein fremdes Haar auf dem weißen Laken – und das Drama nimmt seinen Lauf. Aber was ist mit der Hygiene unter dem Laken? Heute sind wir auf dem Stand, dass alle Textilien gewaschen werden. Aber was ist mit Kissen und Matratzen? Man hört davon, dass diese gesaugt, chemisch bedampft oder gebürstet werden. Gerade weil eine Matratze über die Jahre literweise Körperflüssigkeiten aufnimmt, wäre aber absolute Hygiene angesagt. Und daher gibt es auch längst Lösungen von der Industrie, Matratzen komplett zu waschen – mit Wasser und Reinigungsmittel. Aber wenn der Gast die nackte Matratze doch nicht zu sehen bekommt, wozu dann dieser Aufwand ...?

5. ... und Sauberkeit nur so viel, wie (gezwungenermaßen) nötig!
Bis zur Aufnahme von Encasings und den Vorgaben zur Matratzenreinigung im Rahmen des Kriterienkataloges bei der Hotel-Klassifizierung gab es vonseiten der Hotellerie in Sachen Matratzenhygiene keinerlei echte Maßnahmen. Und auch jetzt wird nicht mehr als nötig getan, wobei mit den meisten Encasings die Matratze lediglich vor dem Gast geschützt wird. Wie gut der Gast darauf schlafen kann, ist zweitrangig, da die Schlafqualität ja kein Kriterium für die Sterne-Vergabe ist. Prüfbare Hygienestandards (wie zum Beispiel in der Küche) bei Matratzen gibt es auch nicht, da der Zwang dazu fehlt.

6. Auswechslung der Matratzen erst nach Reklamation.
Was für das Auto das Straßenverkehrsamt, ist für das Hotel-Bett der Gast – ausgetauscht wird vielfach erst dann, wenn die Reklamationen bedrohlich zunehmen. Die Kontrolle, ob Matratze und Unterfederung noch in einwandfreiem Zustand sind, muss meist der Gast übernehmen. Erst wenn er meckert, wird es Zeit. Dabei wäre es so einfach, dieses Ärgernis dem Gast durch eigene Kontrolle zu ersparen.

7. Optimierte Bettwäsche ja, aber nicht für den Gast.
Kein Zweifel: Ein Hotel muss bei seiner Ausstattung auf Effizienz achten. Und so ist es richtig und wichtig, bei der Wahl der Bettwäsche

sowohl die Bedürfnisse des Housekeeping wie auch der Wäscherei zu berücksichtigen. Aber was ist mit dem Gast? Eine ganze Industrie lebt davon, privaten Verbrauchern herrlichste Bettwäsche in unterschiedlichstem Design und diverser Haptik anzubieten. Doch davon machen die meisten Hotels nicht wirklich Gebrauch, weil ihr Interesse allein der Effizienz des Betriebes gilt.

8. Richtig klimatisiert ist nur die Minibar.
Der Fachmann weiß, dass die ideale Schlafzimmertemperatur bei etwa 18 Grad liegen sollte und je nach Wärmebedürfnis des Menschen eine entsprechende Zudecke genutzt werden muss, um unnötiges Frieren oder Schwitzen zu vermeiden; denn beides stört empfindlich und nachhaltig einen erholsamen Schlaf. Doch ebenso wie bei den Matratzen steht in den meisten Hotels nur eine Standardzudecke zur Verfügung, bisweilen zusätzlich eine Wolldecke im Schrank. Wenn dann aber eine nicht fein abstimmbare Klima-Anlage auf eingeschränkte Lüftungsmöglichkeiten durch das Fenster trifft, muss der Gast zusehen, wie er mit seinem Wärmebedürfnis auf der Strecke bleibt. Dabei wäre ein Angebot an Zudecken mit unterschiedlichem Wärmegrad so einfach.

9. Licht- und Multimedia-Konzepte, aber keine Ideen für das Bett.
Neue Hotel-Projekte oder Grundsanierungen protzen oft mit einer Technikverliebtheit, die alles berücksichtigt, was State of the Art ist. Dabei ist der Gast nicht selten schon überfordert damit, den richtigen Lichtschalter zu finden. Dabei möchte er irgendwann schlafen und sich im Bett für den nächsten Tag erholen. Aber beim Thema Bett fehlt oft jegliche Innovationskraft, dem Grundbedürfnis eines Gastes – besser zu schlafen – einen Schritt näherzukommen. Hier wird oft noch mit den gleichen Konzepten gearbeitet wie vor fünfzig Jahren.

10. Weil die Konkurrenz schläft, schlafen alle mit.
In einer HRS-Umfrage im Auftrag des renommierten *Fraunhofer-Instituts* aus dem Jahr 2009 werden durchgelegene Matratzen von den Gästen eindeutig als Killer-Kriterium Nr. 1 ausgewiesen! Wenn zudem 99,7 Prozent der befragten Hotel-Gäste angeben, dass ihnen im Hotel die Matratzenqualität wichtig bis sehr wichtig ist und entsprechend 98 Prozent großen Wert auf ein gutes Bett für einen erholsamen Schlaf legen, sollte man doch glauben, dass damit das Bett stärker im Fokus der Anbieter wäre! Wenn dann noch 50 Prozent der befragten Gäste

angeben, für ein ihren Bedürfnissen entsprechend ideal ausgestattetes Bett sogar mehr Geld zahlen zu wollen, würde man bei den sonst gültigen Marktmechanismen doch erwarten, dass sich alle Hoteliers sofort auf das Bett stürzen! So klar und logisch nachvollziehbar diese Ergebnisse sind, so wenig einleuchtend ist der Umstand, dass genau dies nicht geschieht.

Woran mag es also liegen, dass in der Hotel-Branche die Innovations- und Investitionsneigung für das Bett geringer ist als für das Kosmetik-Set im Bad oder das tägliche Blumen-Arrangement? Liegt es daran, dass der Mensch nur glaubt, was er sieht, und nachts ja die Augen geschlossen hat? Wird das Bett nicht wahrgenommen, weil die meisten gar nicht mehr wissen, warum man überhaupt schläft und was im Schlaf passiert?

Wenn es nur der Aufklärung bedarf, so kann dem Unwissen leicht abgeholfen werden. Es braucht aber wohl noch einen anderen Ansatz, um das Bett wieder mehr ins rechte Licht zu rücken. Erst wenn der Hotelier erkennt, wie er das Bett als Instrument nutzen kann, um sich im härter werdenden Wettbewerb besser zu behaupten, gleichzeitig Kosten zu sparen und zudem Risiken zu vermeiden, wird sein Interesse, sich diesem Thema mehr zu widmen, geweckt werden können.

Erst wenn die Formel „mit mehr Bett zu mehr Gast" verstanden wird, offenbart sich, welche Potenziale hier schlummern. Doch das Thema Bett ist eben nur etwas für ausgeschlafene Hoteliers!

2.2 Jedem Gast seine Matratze?

Interview mit Philipp Hangartner und Jens Rosenbaum. Das Interview führte Hans Amrein.

Ein Hotel ohne Zimmer? Ein Zimmer ohne Bett. Undenkbar. Das Thema Schlafkomfort gehört zu den Kernkompetenzen der Hotel-Branche. Mit dem „Verkauf" von Betten erzielen fast alle Hotels die besten Renditen. Und trotzdem – dies belegen aktuelle Studien und Hotel-Tests – kümmern sich (zu) wenige Hoteliers um ihre Betten. Im zweiten Teil der *Hotelier*-Artikel-Serie geht es um die Hotel-Matratzen. Die Betten-Experten *Jens Rosenbaum* und *Philipp Hangartner* beantworten die wichtigsten Fragen rund um die Matratze.

Philipp Hangartner, Jens Rosenbaum, man hört viel von Matratzen, von Boxspring- und Kaltschaummatratzen. Welche ist denn nun die Beste?

Feststeht: „Eine Matratze für alle" gibt es nicht, deshalb ist auch eine vergleichende Wertung nicht möglich. Da sich die Menschen in Form und Größe, Gewicht und Proportionen stark unterscheiden, sind die Ansprüche an die jeweilige Matratze oder an das Bettsystem sehr unterschiedlich. Was für den einen zu fest, ist für den anderen zu weich. So mag eine bestimmte Matratze für die eine Person die Ideallösung sein, für eine andere könnte es der Albtraum werden. Liegt der Körper aber auf einer für ihn nicht geeigneten Unterlage, wird er die ganze Nacht keine wirkliche Ruhe und somit keine Erholung finden. Im Umkehrschluss wäre die richtige Fragestellung daher: Welches Bett passt zu dem jeweils individuellen Schlafbedürfnis am besten?

Sie sprechen jetzt vom Bett?

Richtig, denn die Matratze ist ja nur Teil eines ganzen Systems. So braucht es für Kopf und Nacken ein passendes Kissen, eine Matratze, um den Körper aufzunehmen, und eine Unterfederung, um der Matratze zusätzliche Stützkraft, aber auch Entlastung zu bieten, zum Beispiel in Seitenlage, wenn die Schulter tief einsinken muss.

Und was soll sich der Hotelier konkret unter einem Bettsystem vorstellen?

Grundsätzlich jede sinnvolle, das heißt aufeinander abgestimmte Kombination von Unterfederung und Matratze. Ob dies nun Boxspring ist, wo die Unterfederung im System quasi gleich integriert ist, oder ob dies Matratzen sind, die auf einem entsprechenden Lattenrost, Teller-

oder Sprungrahmen zu liegen kommen, ist dabei zunächst einmal zweitrangig. Ebenso, ob der Kern einer Matratzen aus Schaumstoff besteht oder aus Federn, wie zum Beispiel bei Taschen-, Tonnen- oder Bonellfederkern-Matratzen.

Die Matratze ist, wie Sie sagen, eine individuelle Sache. Im Hotel gilt trotzdem: eine Matratze für alle. Wie gehen Sie um mit diesem Spagat?

Nun, während jeder Mensch als privater Verbraucher alle Zeit der Welt hat, für sich zu Hause durch Beratung und Probeliegen das für ihn optimale Bett zu finden, sieht das für den Gast in einem Hotel tatsächlich ganz anders aus. Bisher gilt in den meisten Hotels das von Ihnen erwähnte Prinzip „eine Matratze für alle". Egal, ob der Gast klein oder groß, schwer oder leicht ist, breite oder schmale Schultern hat: Alle Hotel-Gäste müssen mit der gleichen Standardmatratze klarkommen – egal, ob es passt oder nicht. Es wird also dem Zufall überlassen, ob der Gast auf einer solchen Matratze wirklich gut schlafen kann oder am nächsten Morgen wie gerädert aufsteht.

Und wie wollen Sie das ändern?

Es stellt sich die Frage nach der Anpassungsfähigkeit des ganzen Bettsystems: Wie weit ist das Bettsystem in einem Hotel in der Lage, unterschiedlichsten Gästen in Größe, Gewicht und Form einen möglichst individuellen Liegekomfort zu bieten? Denn die Zeiten, in denen sich der Gast der Matratze anzupassen hatte, sind wirklich vorbei! Heute ist es möglich, dass sich das Bett dem Gast anpasst. Darauf sollte der Hotelier achten.

Woran erkennt der Hotelier, wie gut sich ein Bettsystem dem Gast anpasst?

Wir gehen davon aus, dass es beim Bettsystem eine Aufgabenteilung braucht, das heißt, die Matratze sollte dem Gast eine möglichst druckfreie Liegefläche bieten. Neben ihrer eigenen materialbedingten Stützkraft sollte sie jedoch flexibel genug sein, um sowohl die Stützkraft als auch die partiell zusätzliche Entlastung durch die Unterfederung an den Gast weiterzugeben. Bei einem guten Bettsystem lässt sich die Unterfederung, ob manuell oder motorisch, in einer gewissen Bandbreite einstellen. Zudem braucht es zwingend den Selbstversuch durch den Hotelier, mit mehreren Mitarbeitern von unterschiedlicher Statur und unterschiedlichem Gewicht das System durch Probe liegen zu testen. Das Erkennen geht hierbei nur über das Erfühlen!

Wie wichtig ist denn die Unterfederung im Vergleich zur Matratze?
Das hält sich die Waage. Um hier vorzubeugen: Eine Kette ist nur so stark wie ihr schwächstes Glied. Über die Unterfederung steuern wir in erheblichem Maße den physikalischen Spielraum der Matratze. So kann eine gute, vielleicht verstellbare Unterfederung bei einer Lordose aktiv unterstützen und gleichzeitig Schulter und Hüfte entlasten. Zum anderen lässt sich durch eine Unterfederung mit einstellbaren Liegeflächen – ideal ein motorisch verstellbarer Sitzrahmen mit einzeln anzusteuernden Elementen für Kopf, Rücken, Beine – der Kreislauf unterstützen, das Schnarchen reduzieren, bei Erkältungen die Atmung verbessern, das Sodbrennen lindern, der venöse Rückfluss aus den Beinen fördern, mit einer Knie-Anhebung die Beckendrehung in Seitenlage vermeiden und noch eine ganze Menge mehr. Erst mit einer entsprechenden Unterfederung machen Sie aus Ihrem Bett eine Wellness- und Gesundheits-Oase. Darin steckt unglaubliches Potenzial, was den meisten Hoteliers gar nicht bekannt sein dürfte.

Sprechen wir über die eigentliche Liegefläche. Worin liegt der große Unterschied zwischen schaumstoff- und federbasierten Matratzen? Und welche sind für ein Hotel besser geeignet?
Auch das ist eine Philosophie für sich, aber wir reduzieren es mal auf die sachlichen Faktoren. Alle federbasierten Systeme sind primär starre Systeme. Durch die eingebauten Federn (oft aus Metall) wohnt diesen Matratzen eine eigene Spannkraft inne, die jedoch nicht mehr nachträglich verändert werden kann. Der Einfluss einer Unterfederung ist hier deutlich begrenzter als bei Schaumstoff – das gilt nicht für durchgelegene Unterfederungen, denn die spürt man immer! Auch Schaumstoff-Matratzen verfügen über eine gewisse Spannkraft, die sogar in unterschiedliche Zonen eingeteilt werden kann, doch Schaumstoff reagiert in der Regel auf eine Unterfederung viel sensibler und gilt daher in der Bettenbranche als besser regulierbares System – vielleicht ein Grund dafür, warum sich über 70 Prozent der privaten Verbraucher für Kaltschaummatratzen entscheiden. Übrigens ist heute eine Schaumstoffmatratze zumeist eine Kaltschaummatratze.

Und wie steht es mit der Hygiene bei Schaumstoffmatratzen?
Gerade in der Hotellerie ein sehr wichtiges Thema! Dabei geht es ja auch um das Kriterium der Waschbarkeit. Neue Materialien machen es möglich, bestimmte Schaumstoffmatratzen komplett zu waschen, wie

man dies mit Fixleintüchern und Bettwäsche schon immer gemacht hat – mit Wasser und Seife! Daher bieten Schäume der neuesten Generation die Möglichkeit einer dauerhaften Hygiene, Frische und Sauberkeit. Ein weiterer Vorteil von Schaumstoff ist seine kompakte Bauweise ohne Hohlräume, wie sie bei Federsystemen typisch sind. Diese Hohlräume können sowohl einen Ort für ungebetene, mehrbeinige Untermieter darstellen, sich aber auch mit Staub und Milben füllen, den bzw. die man dann nicht mehr herausbekommt. Somit bietet der Schaumstoff Vorteile, da er mehr Hygiene ermöglicht und daher auch eher für Allergiker geeignet ist. Natürlich lassen sich Federsysteme mittels Encasings schützen, doch hat dies immer Nachteile für den Gast, der darauf schlafen soll. Encasings sind in Anwendung und Pflege nicht ganz unproblematisch und bieten am Ende auch keinen 100-prozentigen Schutz gegen Verschmutzung. Zudem sind Gute so teuer wie eine Matratze und führen auch zu Folgekosten.

Wie erklären Sie, dass Gäste hin und wieder ihre Hotel-Matratzen loben, auch wenn das zu 90 Prozent federbasierte Systeme sind, die sich angeblich nicht so gut anpassen lassen?
Federkernmatratzen sind ja grundsätzlich nicht schlecht! Es ist nur immer die Frage, ob Gast und Matratze zusammenpassen. Da gibt es natürlich auch mal Volltreffer, wenn sich zwei per Zufall finden, die perfekt harmonieren. Aber es gibt noch andere Erklärungen. Sie glauben ja gar nicht, auf was für Unterlagen viele Gäste daheim schlafen! Die durchschnittliche Matratze im privaten Bereich ist oft 18 Jahre alt und älter – und somit nicht nur total verbraucht, sondern vielleicht auch schon immer die grundsätzlich falsche Matratze. Doch viele Menschen sind träge und gewöhnen sich auch an schlechte Betten. Wenn man dann im Hotel auf einer neueren Federkernmatratze liegt, kann das schon ein phänomenaler Quantensprung sein, den der Gast sofort spürt. Man darf aber auch die andere Gästegruppe nicht vergessen, nämlich jene, die zu Hause ein individuell optimiertes Bett hat und nun im Hotel auf einer Standard-Bonellfederkern-Matratze liegen soll. Viele dieser Gäste nehmen das schweigend hin, aber gute Erinnerungen werden sie nicht mit nach Hause nehmen.

Wenn Kaltschaummatratzen mit Unterfederung so viele Vorteile bieten, wie Sie behaupten, warum erlebt Boxspring dann derzeit so einen Boom?

Dem Schaumstoff haftet immer noch das schlechte und vor allem das billige Image aus den 70er- und 80er-Jahren an, als Kaltschaummatratzen wirklich nicht viel getaugt haben. Das erklärt zwar nicht den medialen Boom von Boxspring, aber es erklärt vielleicht, warum Boxspring oder federbasierte Systeme schon immer die bessere Story hatten. Dann ist es auch ein Thema der Optik; denn die meisten wissen gar nicht, was Boxspring ist: nämlich Federn in Kisten und davon mindestens zwei Kisten übereinander. Das ist ja grundsätzlich nicht schlecht, doch die Fans von Boxspring sind einfach verliebt in diesen Bettaufbau. Hohe Betten sind derzeit total „in", sie sind extrem stofflich, und sie vermitteln das Gefühl von Luxus und amerikanischem Hollywood-Lifestyle. Kurz und gut: Boxspring erlebt den Boom auch dank seiner optischen Dominanz. Man kann aber auch jedes Bett mit Schaumstoff optisch so aussehen lassen, was etliche Anbieter auch tun, aber dann ist es eben kein Boxspring ... Erinnern wir uns, dass es auch mal einen Hype um das Wasserbett gab. Noch vor etwa 15 Jahren gab es an jeder Ecke ein Wasserbettenstudio, und jeder, der etwas auf sich hielt, hatte so ein Bett zu Hause. Heute sind diese Studios weitgehend verschwunden, weil die Nachfrage gegen null tendiert.

Was ist der Grund?

Dass ein Wasserbett eine ganze Menge Nachteile auf sich vereint, die einen optimalen Liege- und Schlafkomfort fast unmöglich machen. Aber damals musste es eben ein Wasserbett sein, weil es „in" war! Verstehen Sie uns richtig: Echte Boxspring-Betten sind gute Betten, und die werden auch nie verschwinden. Aber für die Hotellerie gibt es geeignetere Systeme. Der aktuelle Hype wird sich auch wieder legen, wie das bei Mode-Erscheinungen so ist.

Woran kann der Gast erkennen, dass es sich bei Matratze und Bett im Hotel um Qualitätsprodukte handelt?

Unter anderem daran, wie der Hotelier mit dem Thema Bett und Schlafkomfort umgeht. Zunächst hat der Gast ja nur die Optik des Bettes, die Matratze selber und den Unterbau sieht er nicht, es sei denn, er nimmt das Bett auseinander. Mit Blick auf das vielleicht schöne Bett und im Wissen um den Zimmerpreis mag er ahnen, wie hochwertig das Bett ist. Aber das sagt ja nichts über die Qualität aus. Denn auch hier gilt: Schlechtes muss nicht billig sein!

*Viele Hoteliers bieten ihre Gästen Kissen-Menüs an.
Ist das vielleicht ein Qualitätshinweis?*

Ja, aber sind es Kissen-Menüs mit wirklich unterschiedlichen Kissen oder nur mit unterschiedlich großen Kissen? Weitere Hinweise: Hat der Gast die Möglichkeit, den Härtegrad seiner Matratze/Unterfederung nach eigenen Bedürfnissen zu regulieren? Muss er die Nacht auf einem Kunststoff-Encasing schwitzen, oder traut sich der Hotelier, dem Gast ein ungetrübtes und unverfälschtes Schlaferlebnis zu bieten, da er ja bei Bedarf die Matratze waschen kann? Weist der Hotelier den Gast auf diese Annehmlichkeiten aktiv hin, vielleicht schon bei der Reservierung? Wirbt der Hotelier aktiv für seine Betten und weiß der Gast, dass er bei der Wahl seines Hotels hier in der Tat „richtig liegt"?

Was, wenn ein Hotelier seine „Betten-Strategie" neu definieren und neue Bettsysteme anschaffen will? Müssen dann gleich hundert oder mehr Betten ausgetauscht werden?

Auch da bietet ein (waschbares) Schaumstoffsystem große Vorteile, denn alles, was sich hygienisch wiederaufbereiten lässt, kann länger eingesetzt werden, womit sich der Preis der Ware auf mehre Jahre der Nutzung verteilt. Daraus lässt sich ein Miet- oder *Leasing*-Modell schaffen, bei dem es Voraussetzung ist, dass bei Bedarf die Betten und Matratzen auch wieder zurückgeholt werden können. So gibt es bereits jetzt Angebote auf dem Markt – wie bei der Hotel-Mietwäsche –, auch Betten auf Mietbasis und mit Laufzeitverträgen zur Verfügung zu stellen. Möchte also ein Hotelier sein Haus neu ausstatten, muss er nicht gleich hundert oder zweihundert Betten kaufen, was zu einer Verschärfung der liquiden Mittel führen kann. Auf Mietbasis reduziert er maximal den Mittelabfluss, und die monatlichen Gebühren kann er bequem aus der laufenden Zimmervermietung erwirtschaften. Folgt man den aktuellen Studien im Bereich Hotel-Marketing, so sind ohnehin 50 Prozent aller Gäste bereit, für ein nach ihren Bedürfnissen ausgestattetes Bett mehr zu bezahlen. Das bedeutet, dass sich bessere Betten auch besser über den Gast finanzieren.

2.3 Jedem Gast sein Bett?

Autoren Hans Amrein und Marc Ferndriger

Eine Weltneuheit: Die kanadische Luxus-Hotel-Gruppe Four Seasons führt das erste völlig individualisierbare Hotelbett ein. Jeder Gast hat die Möglichkeit, sein Bett in wenigen Minuten auf seine individuellen Bedürfnisse einzustellen. Ob im Four-Seasons-Hotel in New York, Paris oder Milano: In Zukunft schläft der Gast in seinem komplett personalisierten Hotel-Bett.

Eine aktuelle Studie im Auftrag der kanadischen Luxus-Hotel-Gruppe *Four Seasons* zeigt, dass die einzige Gemeinsamkeit aller Menschen in Bezug auf guten Schlaf die Tatsache ist, dass die Ansprüche und Vorlieben sehr unterschiedlich sind. Bei denjenigen, die viel auf Reisen sind, steigt die Nachfrage nach einem maßgeschneiderten Schlafumfeld enorm. Für die 92 Prozent der Befragten, die bestimmte Präferenzen bei der Festigkeit des Bettes angaben, gibt es gute Neuigkeiten von *Four Seasons,* denn das neue *Four-Seasons*-Bett ist die nächste Entwicklungsstufe des legendären *Four-Seasons*-Schlaferlebnisses und das erste völlig individualisierbare Hotel-Bett. Dieses Luxusbett bietet Reisenden die Möglichkeit, ihr individuell passendes Bett zu wählen und ihr Schlaferlebnis bei jedem Aufenthalt in einem *Four-Seasons*-Hotel zu personalisieren.

Der Gast hat jetzt sein eigenes Bett – weltweit!
Das innovative Matratzensystem, das von *Four Seasons* zusammen mit dem amerikanischen Bettenhersteller *Simmons* hergestellt wurde, bietet dem Gast die Möglichkeit, sein Bett in wenigen Minuten auf seine individuellen Bedürfnisse einzustellen. Neben drei verschiedenen Härtegraden sorgt eine Vielzahl unterschiedlicher Kissen und zusätzlicher Aufmerksamkeiten für Schlafkomfort nach Maß.

„Seit mehr als fünf Jahrzehnten legen wir höchsten Wert auf die Schaffung optimaler Schlafbedingungen in Kombination mit dem intuitiven Service, der von jeher das Markenzeichen von *Four Seasons* war", erklärt *Chris Hunsberger,* Executive Vice President der Hotel-Gruppe. „Das neue Konzept beruht auf den Wünschen und Anregungen unserer Gäste. Jeder Mensch hat andere Bedürfnisse, aber der Wunsch nach einem erholsamen Schlaf ist universell. Das ist der Grund, warum wir großen Wert darauf legen, unseren Gästen während ihres Aufenthalts bei *Four Seasons* ein absolut gastspezifisches Schlaferlebnis zu bieten."

Four Seasons ist seit Jahren für seine hochwertigen Betten bekannt. Schon fast ein Kultobjekt, das von Zehntausenden von Gästen erworben wurde, um ihr *Four-Seasons*-Schlaferlebnis mit nach Hause zu nehmen. Mit der Einführung des ersten vollständig individualisierbaren Schlaferlebnisses setzt die kanadische Luxus-Hotel-Gruppe ihre „Revolution" im Bereich der Hotel-Betten fort.

Four-Seasons-Studie: Was Hotel-Gäste im Bett mögen
Die Studie von *Four Seasons*, die zur Entwicklung der neuen individualisierbaren Betten führte, wurde mit Hotel-Gästen in den USA, in Großbritannien, Russland und China durchgeführt. Im Folgenden die wichtigsten Ergebnisse:

- 92 Prozent der Befragten äußerten unterschiedliche Präferenzen bei der Festigkeit eines Bettes. Nur 7 Prozent hatten keine Präferenz, 50 Prozent bevorzugten ein mittelfestes Bett, 28 Prozent ein festes und 14 Prozent ein weiches Bett.
- 30 Prozent der Befragten gaben an, einen Zimmerwechsel angefragt oder andere Maßnahmen ergriffen zu haben, als ihr Hotel-Bett nicht ihren Bedürfnissen entsprach. Eine Handvoll hatte sich sogar dafür entschieden, auf dem Boden oder in der Badewanne zu schlafen. Generell äußerten am ehesten Reisende unter 35 Jahren ihre Wünsche, was eine steigende Nachfrage für individuelle Angebote in der Zukunft indiziert.
- 44 Prozent der Studien-Teilnehmer äußerten den Wunsch, zu Hause ihr Bett so machen zu können wie im Hotel. 31 Prozent wollten das Hotel-Bett oder die Bettwäsche mit nach Hause nehmen; ein Wunsch, den *Four Seasons* auf Nachfrage erfüllt.
- Rituale vor dem Schlafengehen sind ebenfalls sehr unterschiedlich: So bevorzugen Russen und Chinesen eine heiße Dusche oder ein Bad, während Briten mit einem guten Buch zu Bett gehen. Mehr als die Hälfte der Amerikaner schaut TV vor dem Schlafengehen.

Auf einer Liste mit Annehmlichkeiten für eine ruhige Nacht waren die Favoriten Badesalze und Öle (23 Prozent), Raumdüfte (22 Prozent) und Kräutertees (21 Prozent). Die gewünschten technischen Innovationen reichten von Steckdosen am Bett für persönliche Geräte (56 Prozent) bis zu einem Hauptschalter für die Steuerung der Jalousien (13 Prozent). Bei den jüngeren Reisenden war der Wunsch nach einer iPod-Docking-Station am ausgeprägtesten. Das Einzige, was fast alle Teilnehmer gemeinsam hatten: 72 Prozent gaben an, in einem Hotel-Bett auf der gleichen Seite zu schlafen wie zu Hause.

Das Bett ist nur der Anfang

Die Befragten der *Four-Seasons*-Studie gaben auch an, dass das Bett nur *ein* Faktor in der Vorstellung des perfekten Schlaferlebnisses im Hotel ist. Der Geräuschpegel, die Möglichkeit, die Temperatur zu regeln, die Verfügbarkeit von Frischluft, die Notwendigkeit, das Zimmer zu jeder Zeit komplett abzudunkeln zu können, und der unvermeidliche Jetlag spielen eine wichtige Rolle, die je nach Nationalität, Geschlecht und Alter variiert.

„Eines der interessantesten Ergebnisse der Umfrage ist, dass je jünger die Reisenden sind, desto eher haben sie spezielle Anforderungen und äußern diese auch", erläutert *Dana Kalczak*, Design-Chefin bei *Four Seasons*. „Beim Bau neuer Hotels und bei der kontinuierlichen Überprüfung der bestehenden Häuser verwenden wir eine detaillierte Checkliste, die alles enthält – von der Platzierung des Kopfendes über Technologien, die intuitiv und einfach zu bedienen sind, bis zu stillen Lichtschaltern und dämmenden Türen, die Licht und Lärm aus dem Flur blockieren."

Dana Kalczak, ausgebildete Architektin und Innenarchitektin, ist der Meinung, dass die Entwicklung jedes neuen *Four-Seasons*-Hotels die frühzeitige Schaffung eines Modell-Zimmers beinhalten sollte, um jedes mögliche Szenario zu testen und um den Wünschen der Gäste gerecht zu werden. „Wir legen uns auf das Bett, um sicherzustellen, dass es in der besten Position steht, um den Ausblick genießen oder TV schauen zu können; dass es genügend Licht zum Lesen hat und dass alles, was ein Gast braucht, leicht zu erreichen ist. Offen gesagt, wir sind besessen davon, das perfekte Schlaferlebnis zu schaffen."

Was bietet das neue Four-Seasons-Bett?

Drei Merkmale des neuen, individualisierbaren *Four-Seasons*-Bettes:

- Speziell für *Four Seasons* entworfene, neuartige Matratzenauflagen, die es in drei Varianten gibt: Standard, Fest und Weich.
- Eine Matratzenauflage, die in wenigen Minuten gewechselt werden kann. Bei jedem erneuten Aufenthalt wird das Bett bereits vor der Ankunft des Gastes mit der favorisierten Auflage vorbereitet.
- Gel-Touch-Schaum-Technologie, die zusätzliche Wärme absorbiert und für ein Maximum an Komfort während des Schlafes sorgt.

Das neue *Four-Seasons*-Bett wird bereits in mehreren Hotels in den USA eingesetzt. In den nächsten fünf Jahren sollen alle 92 Hotels in 38 Ländern mit den neuartigen Betten ausgestattet werden.

2.4 Glückliche Gäste dank hochwertiger Bettwäsche

Interview mit Stephan Hirt. Das Interview führte Hans Amrein.

Ob sich der Gast im Hotel wohlfühlt, hängt nicht zuletzt von der Qualität der Bettwäsche ab. Doch was sollte der Hotelier bei der Investition in Bettwäsche beachten? Und: Soll man Flachwäsche kaufen, mieten oder leasen? Fragen an den Hotel-Textil-Experten *Stephan Hirt*.

Stephan Hirt, in welchem Rhythmus sollte ein Hotelier die Bettwäsche auswechseln, also neue Wäsche anschaffen?

Nun, die Frage kann man nicht pauschal und allgemeingültig beantworten. Es gilt dabei diverse Faktoren zu berücksichtigen, zudem hängt das vor allem von der Qualität der Wäsche ab! Ebenfalls sind die Art und Weise der Pflegebeanspruchung und die Waschzyklen entscheidend für die Lebensdauer der Textilien. Je besser die Qualität der Textilien und der Textilpflege, desto länger hält die Wäsche. Die Spannbreite liegt zwischen einem Jahr im schlechtesten und bei zehn Jahren im besten Fall. Von unseren Kunden habe ich verschiedentlich schon von einer Lebensdauer von über zehn Jahren gehört. Als Mittelwert sind fünf bis sieben Jahre sicher vertretbar, womit die Anschaffungskosten sehr gut amortisiert werden.

Auf was sollte der Hotelier dringend achten bei der Anschaffung neuer Bettwäsche?

Die Beschaffenheit der Wäsche, die Haptik – also wie sich die Bettwäsche anfühlt – ist ein ganz wichtiges Element! Dies ist sicher eine subjektive Beurteilung, aber der Hotel-Gast kann beim Kontakt mit der Bettwäsche sehr schnell feststellen, ob es sich um gute oder eher schlechte Qualität handelt. Der „Kuschel"- oder „Wohlfühlfaktor" führt beim Gast zu Wohlbefinden und somit zur Zufriedenheit als Kunde. Weiter ist das Pflegeverhalten sehr wichtig: Dabei ist der Entscheid vor der Beschaffung betreffend die Pflege in der eigenen Lingerie oder mit einem Vollservice entscheidend. Ich darf sagen: Wir führen generell sehr gute Qualitäten im Sortiment, die vom Gewicht her bis zu 25 Prozent leichter sind als vergleichbare Produkte. Diese Tatsache führt zu tieferen Kosten bei einem Mietwäsche-Vollservice, der pro Kilo abgerechnet wird, und zu einem angenehmen Schlafkomfort für den Gast. Qualität zahlt sich somit aus, auch wenn der

Anschaffungspreis gegenüber einfacherer Qualität vielleicht 20 Prozent höher liegt. Der Preisunterschied wird spätestens nach ein bis zwei Jahren wettgemacht, und die deutlich längere Lebensdauer erhöht den „Return on Investment" markant.

Gibt es neue Trends, was die Beschaffung von Hotel-Bettwäsche betrifft?
Ja, die gibt es in der Tat! Abhängig vom jeweiligen Konzept und Design des Hotels reicht die Spannbreite von hoher Individualität im Bereich der Textilien bis zur Normausstattung bei Ketten-Hotels. Vermehrt wird mittels einer zentralisierten Pool-Wäsche-Lösung für alle angegliederten Häuser ein Angebot erstellt, das aber trotzdem Spielraum für regionale Besonderheiten lässt. Oft werden etwas mehr Farbe und individuelle grafische Elemente eingesetzt – Bettwäsche muss ja nicht immer weiß sein! Besonders oft wird ein individuelles Logo oder ein Hotel- Schriftzug eingewoben.

Weiße Bettwäsche ist aber nach wie vor klassisch und in den meisten Hotels verbreitet. Was halten Sie von farbiger Wäsche in Hotel-Zimmern?
Wenn es zum Gesamtkonzept des Hotels passt, warum nicht? Die Farbe Weiß oder Beige steht aber nach wie vor für „rein und sauber" und ist auch aufgrund der langen Tradition beliebt. Mit farbiger Frottierwäsche im Badezimmer, farbigen Bademänteln oder auch mit dekorativen Plaids kann auch ohne Weiteres Farbe ins Hotel-Zimmer gebracht werden – es muss also nicht unbedingt die Bettwäsche sein.

Kann sich der Hotelier über die Bettwäsche profilieren
oder gar differenzieren?
Auf jeden Fall! Bettwäsche ist nebst der Frottierwäsche die Textilie, mit welcher der Gast am meisten auf „Hautkontakt" geht. Bestes Satin-Gewebe vermittelt hervorragenden Schlafkomfort und Wohlbefinden. Das gute und entspannende Gefühl, das von hochwertiger und reiner Bettwäsche ausgeht, ist unverwechselbar und kann zu echten Glücksgefühlen führen. Immer mehr sind auch Fairtrade-Produkte mit Max-Havelaar-Baumwolle gefragt – das ist gerade mit einem auf Nachhaltigkeit fokussierten Gesamtkonzept eine starke Profilierungschance.

Bettwäsche aus Baumwolle oder Seide – was empfehlen Sie dem Hotelier?
Seide ist zwar nobel und exklusiv, lässt sich aber nicht industriell pflegen oder waschen. Für professionelle Hotels ist eine 100-Prozent-Seidenqualität somit nicht einsetzbar. An ihre Stelle treten seidenartige Baumwoll-Satins und Halbleinengewebe, die sich ähnlich anfühlen im Griff und auf der Haut.

Und wenn der Hotelier das Thema Bett- und Tischwäsche an eine externe Firma auslagern will (Outsourcing)? Bieten Sie solche Lösungen an?
Unser Mietwäsche-Vollservice kann individuell auf die Bedürfnisse des Kunden zugeschnitten werden – in Bezug auf die ausgewählte Qualität, die Machart der Tisch-, Bad- und Bettwäsche wie auch der Koch- und Servicebekleidung. Selbst das ganze Bettsystem – inklusive Matratzen und Kissen – kann in solch einem Angebot berücksichtigt werden. Damit hat der Kunde alles aus einer Hand und erlebt keine mühsamen und frustrierenden Schnittstellen zwischen dem Textil- und dem Wäscherei-Anbieter.

Wenn es um Finanzierung und Kosten geht, hat der Hotelier zwei Optionen: Er kann die Bettwäsche kaufen oder mieten. Was spricht für den Kauf?
Die Wäsche gehört ihm, und der Hotelier kann waschen, wo er will. In Bezug auf die Auswahl der Wäscherei gibt es keine Einschränkungen, und er ist nicht vertraglich gebunden. Beim Kauf der Wäsche kann er von attraktiven Preismodellen profitieren.

Worin liegen die Vorteile der Miete?
Es entstehen für den Kunden keine Investitionen für die Textilien, und er hat eine große Flexibilität in Bezug auf die Dauer der Miete.

Neben Kauf und Miete gibt es die Leasing-Variante, wenn es um die Beschaffung von Bettwäsche geht. Die Vorteile des Leasings?
Für den Kunden entfallen hohe Investitionen für die Textilien und Kosten fallen nur beim Waschen an. Die Rechnungen sind somit eine Art Ratenzahlung, denn nach Ablauf des Mietvertrags kann der Kunde die Wäsche zu einem bescheidenen Restwert übernehmen. Die monatlichen Kosten sind transparent und entstehen nur aufgrund der gewaschenen Kilos. Bei Auswahl und Qualität der Textilien sowie bei der Machart ist der Kunde völlig frei.

Für viele Hoteliers ist Bettwäsche eher ein Randthema. Ihre Erfahrungen?

Ich kann Ihnen leider nicht widersprechen. Aber diejenigen Hoteliers, welche die Bettwäsche und die Textilien im Allgemeinen als entscheidenden Wohlfühlfaktor des Gastes erkennen, ernten überproportionale Anerkennung dafür. Die Wäsche ist heute ein Differenzierungsmerkmal und dem Kunden sehr nahe – so nahe wie kein anderes Produkt. Wir stellen fest, dass der Fokus noch viel zu wenig auf der Kernkompetenz eines Hotels liegt – der Kompetenz nämlich, dem wichtigsten Bedürfnis eines Gastes, der sich eincheckt, nachzukommen: dem Bedürfnis nach Schlaf und Erholung.

2.5 Wie sauber muss ein Hotel-Bett sein?

Autoren Philipp Hangartner und Jens Rosenbaum

Hotels in New York und London leiden seit Monaten unter einer Bettwanzenplage. In norddeutschen Hotel-Betten wimmelt es laut einer Studie nur so von Kolibakterien, Schimmelpilzen und Hausstaubmilben. Wie sauber muss ein Hotel-Bett sein? Auf was sollte der Hotelier bei der Bettenhygiene achten? *Fünf Thesen:*

1. Hygiene ist kein Zustand, sondern eine Wahrnehmung.
So sehr lange ist es nicht her, da wurde einmal pro Woche nur der Hemdkragen gewechselt – heute: undenkbar! Badetag war lange Zeit für viele Menschen am Samstag – und die Familie teilte sich eine Badewanne, nacheinander – heute: kaum mehr vorstellbar! Und im Hotel-Zimmer nur ein Waschbecken? Dafür Toilette und Bad im Korridor für die ganze Etage – heute: ein Grund, keine Buchungen mehr zu erhalten. Wenn es einen Bereich gibt, in dem die Gesellschaft einen riesigen Sprung gemacht hat, dann im Bereich der Hygiene. Ob bei Küche/Lebensmitteln, bei Wäsche/Putzmitteln oder bei Bad/Körperpflege, in fast allen Bereichen des Lebens – zumindest in den westlichen Industrienationen – hat die Hygiene Ausmaße angenommen, die früher nicht vorstellbar gewesen wären. Möglich wurde dies durch Aufklärung, Fortschritte bei den technischen Möglichkeiten und nicht zuletzt dadurch, sich dies auch leisten zu können.

Befeuert wird das Thema zudem durch Medien, Hersteller und Statistiken, die fast täglich darauf hinweisen, wo noch Schmutz lauert und welches Putzmittel hier Abhilfe schafft, wie tödlich Krankenhauskeime sind und wie gefährlich es angeblich ist, Kinder im Dreck spielen zu lassen. Bisweilen nimmt dies sogar hysterische Züge an, nur um die Auflage in den Medien und den Absatz von Putzmitteln zu steigern. Tatsache ist aber, dass die Menschheit durch ein Mehr an Hygiene auch ein Mehr an Gesundheit und damit ein längeres Leben generiert. Und dieses Wissen ist die Triebfeder der Entwicklung in Sachen Sauberkeit.

Im Umkehrschluss sind Hygienestandards nur so lange gültig, wie sie sich in der gesellschaftlichen Akzeptanz halten, und diese ist im steten Wandel. Das Hotel sollte daher sorgsam darauf achten, sich zwischen Hysterie und Gleichgültigkeit richtig zu positionieren und die eigene Zielgruppe im Auge zu behalten. Denn was hygienisch akzeptabel ist, wird nicht durch die zumeist überholten Standards vorgegeben, sondern durch die gesellschaftliche Akzeptanz – und diese ist fortwährend in Entwicklung.

2. Sauberkeit entscheidet sich beim Einkauf.

Im Handel kursiert der Spruch: „Der Kunde steht im Mittelpunkt – und stört." So ist es in gewisser Weise auch im Hotel. Das Bett ist so lange sauber, bis der Gast kommt – und mit ihm der Schmutz. Will man den Gast an der Rezeption nicht gleich in ein Ganzkörper-Encasing hüllen, gilt es mit dieser Tatsache zu leben und nach Lösungen zu suchen, den Schmutz wieder loszuwerden.

An dieser Stelle sei ein kleiner Exkurs dazu erlaubt, was der Gast so alles im Gepäck hat. An Kleidung und Schuhen haften organische wie anorganische Stoffe, brav gesammelt auf seinen Reisen, durch direkte oder indirekte Kontakte mit vielen anderen Menschen auf seinem Weg zum Hotel. Alleine davon rieselt ein Großteil beim An- und Ausziehen zu Boden und verteilt sich in der Zimmerluft, auf Türklinken und Fernbedienungen. In Kleidung und Gepäck sind auch immer wieder mal „blinde Passagiere" zu finden.

Ob Läuse oder Wanzen, Beine haben sie alle und verteilen sich ebenfalls nach Gutdünken. Nun zum Gast selbst. Seiner Kleidung entledigt, fängt der Schmutz erst richtig an: Haare, Hautschuppen und diverse Körperflüssigkeiten, die während der Nacht auf ganz natürliche Weise den Gast verlassen und ins Bett einsickern. Ohne sich im Detail zu verlieren: Überschlägig und bei durchschnittlicher Belegung hat ein Bett pro Jahr zehn volle Gießkannen organische Substanzen zu schlucken. Und mit diesen Substanzen gibt es wiederum einen Nährboden für Schimmel und Milben, worauf nicht nur Allergiker sensibel reagieren. Und weil das nun mal eine Tatsache ist, kann es nur eine zweistufige Lösung geben, diesen Schmutz wieder loszuwerden.

Alle Bestandteile eines Bettes, angefangen vom Bettgestell über Unterfederung und Matratze bis zu Kissen und Bettwäsche müssen waschbar sein! Und das „Waschen" soll hier richtig verstanden werden: mit Wasser und Seife, um es plump zu formulieren. Denn ehemals flüssige oder dampfförmige Substanzen lassen sich nur mit (warmem) Wasser lösen und entfernen. Daher gilt es schon beim Einkauf der Bettausstattung darauf zu achten, dass nur voll waschbare Materialien zum Einsatz kommen. Alles andere wird nur dazu führen, dass sich der Schmutz über die Jahre anreichert und die Bettausstattung zunehmend leidet – mit einem großen Ekel-Risiko für den Gast, vom Aspekt der Gesundheit und des eigenen Anspruchs an Sauberkeit ganz zu schweigen.

Und wenn alle Elemente eines Bettes waschbar sind, dann muss man sie auch waschen. Sowohl nach Bedarf/Belegung als auch in geplanten Abständen müssen die einzelnen Komponenten einer entsprechenden Wäsche und hygienischen Aufbereitung zugeführt werden. Wer schon in waschbare Materialien investiert, sollte beim Waschen selbst nicht unnötig sparen!

**3. Wer sich am Mindeststandard orientiert,
wird nie maximalen Erfolg haben.**
So viel wie nötig, so wenig wie möglich. Das ist bei vielen Hoteliers die Devise in der Praxis. Und es liegt weniger an den technischen Möglichkeiten oder den Fähigkeiten der Reinigungsdienstleister, sondern schlicht an fehlenden echten und verbindlichen Standards in Sachen Hygiene. Wie sauber muss ein Bett sein? So sauber wie möglich! Oder darf es auch etwas weniger sauber sein? Ein Blick in die Küche lässt erahnen, dass nur strenge Vorschriften, messbare Standards und harte Kontrollen nebst passenden Sanktionen dazu führen werden, dass auch beim Bett die Möglichkeiten in Sachen Hygiene zum Wohl des Gastes besser ausgeschöpft werden. Dabei ist der Hygiene-Standard in Europa recht unterschiedlich. So gibt es durchaus Länder mit Vorreiterstatus wie die Niederlande, wo die Hotel-Bettwäsche und deren Reinigung einer Kontrolle unterliegen. Vielleicht ist es aber auch, je nach Land, den unterschiedlichen Zimmerraten geschuldet, also dem Geld, was der Hotelier mit seinem Zimmer verdienen kann, ob viel oder wenig für die Reinigung ausgegeben wird. Denn die Wäschereien wissen genau zu berichten, ob ein Hotel analog seiner Auslastung auch alles waschen lässt oder doch lieber mal ein Bettlaken nur straff zieht und das Kopfkissen kurz aufschüttelt, bevor der nächste Gast kommt. Tatsache ist, dass bei der Reinigung auf Teufel komm raus gespart und um jeden Rappen gefeilscht wird. Natürlich ist Sparsamkeit wichtig, aber

spart man bei der Hygiene an der richtigen Stelle? Da helfen auch keine fünf Sterne, wenn der Gast auf Matratze und Kissen Flecken und Ränder findet! Geht es somit um eine Verteilung der Ressourcen, über die man nachdenken müsste? Etwas weniger Blumen in der Eingangshalle und eine Orange weniger auf dem Frühstücksbuffet, und schon wäre zum Beispiel ein waschbares Kissen samt regelmäßiger Wäsche für die nächsten sechs Jahre finanziert – denn so etwas kostet pro Nacht und je nach Belegung nur knapp 10 Rappen pro Bett! Teuer ist das nicht, und für ein 100-Betten-Haus wären das lediglich Kosten von 10 Franken pro Tag für alle Zimmer bei Vollbelegung.

4. Die Technik der passiven Schmutzvermeidung wird abgelöst vom aktiven Waschen.

Durch Entwicklungen sowohl der technischen Möglichkeiten in der Wäscherei als auch bei der Herstellung von Bettwaren sind heute fast alle Komponenten eines Bettes voll waschbar. Lediglich das Bettgestell und bestimmte Unterfederungen können nur abgewaschen werden, was aber der Hygiene keinen Abbruch tut. Es fragt sich daher nur, wie man seine Bettausstattung zusammenstellt. Boxspring-Systeme zum Beispiel tun sich in der hygienischen Aufbereitung naturgemäß schwer, da dort mit Wasser nicht hantiert werden kann. Daher hat sich der Hotelier die Frage zu stellen, ob er voll waschbare Systeme nutzen möchte, bei denen auch die (Schaum-) Matratze gewaschen werden kann, oder ob er nicht waschbare Systeme zum Einsatz bringt, die er jedoch mit Überzügen schützen muss. Dabei gilt es zu berücksichtigen, dass Überzüge und Encasings nicht nur angeschafft – und bei entsprechender Qualität entsprechendes Geld kosten –, sondern auch regelmäßig gewaschen werden müssen. Zudem gibt es keine Garantie dafür, dass diese Encasings auch auf der Matratze verbleiben oder dicht sind. Gäste neigen schon mal dazu, Encasings zu entfernen, weil diese oft Geräusche produzieren, das Schwitzen fördern und den Liegekomfort negativ beeinträchtigen können. Zusätzlich gibt es das Schimmelrisiko. Es verbleibt also die Gefahr, dass eine passive Schmutzvermeidung versagt und ein kontaminiertes Bettsystem zurückbleibt. Und auch Matratzen mit Encasings müssen in regelmäßigen Abständen gereinigt werden!

Dabei gibt es längst voll waschbare Bettsysteme, die von Wäscherei-Dienstleistern – analog der Hotel-Mietwäsche – angeboten werden.

Dies kann Vorteile in der Liquidität bringen wie auch in einer lückenlosen Versorgung mit sauberen Matratzen. Damit werden Leerstände vermieden und Belegungsmöglichkeiten voll ausgeschöpft – und Hygieneprobleme mit der Matratze ausgelagert.

5. Sauberkeit kostet, lohnt sich aber!
Nach Auswertung aller Informationen zum Thema Bett und Hygiene bleibt das Abwägen, wie viel einem die Hygiene wert ist. Solange verbindliche Standards fehlen, sollte man sich bei dieser Entscheidung davon leiten lassen, dass ein Mehr an richtiger Hygiene immer auch mit einer größeren Wertschöpfung verbunden sein wird. Zu wissen, dass der Gast keinen Grund zur Beanstandung finden wird, zu wissen, dass die Mitarbeiter nicht hinter vorgehaltener Hand von Missständen berichten, zu wissen, dass viele Produkte länger einsetzbar sind, wenn sie korrekt gepflegt werden – hat schon an sich einen Wert. Wenn man dann noch konkret nachrechnet, dass Hotelbetten bei richtiger Wäsche – auch der Matratze – einen doppelt so langen Nutzungszeitraum haben, lässt sich dieser Wert sogar auf den Franken genau berechnen. Und in welchen Häusern Bett und Sauberkeit großgeschrieben werden, wissen auch die Gäste – und diese sind es letztlich, die dem Hotelier das Geld bezahlen.

Zitat aus der aktuellen Studie *P & G Professional 2013*: „Überwältigende 97 Prozent der Hotel-Gäste sind sich einig, dass für sie die Sauberkeit der wichtigste Faktor bei der Auswahl eines Restaurants, Cafés, Nachtklubs oder Hotels ist – wichtiger als die Preise, der Service, die Lage und kleine Vergünstigungen für die Besucher."

Sauberkeit macht sich eben bezahlt, denn: „…wenn die Sauberkeit nicht dem vom Gast erwarteten Mindeststandard entspricht, werden 44 Prozent der Kunden einfach nie wieder hingehen."

2.6 Wenn es juckt im Hotel-Bett

Autor Hans Amrein mit Thomas Jann

Immer mehr Hotel-Gäste leiden unter Allergien. In der Schweiz sind 5 bis 8 Prozent der Bevölkerung betroffen. Es sind vor allem die Hausstaubmilben, die für schlaflose Nächte im Hotel-Bett sorgen. Hotelier *Thomas Jann* (Hotel Stadthaus Burgdorf BE) wollte wissen, wie sauber und hygienisch seine Hotel-Betten sind – und gab eine Langzeitstudie in Auftrag. Während 6 Jahren wurden 29 Matratzen im realen Hotel-Betrieb genutzt und auf Hausstaubmilben untersucht.

Als wahrlich historisch kann man das Hotel Stadthaus in Burgdorf (Emmental) bezeichnen. Als Rathaus wurde es im Jahr 1750 fertiggestellt. Den Beinamen „Rütli des Kantons Bern" verdankt das Haus den *Gebrüdern Schnell*, die hier 1830 die erste demokratische Verfassung des Kantons Bern entworfen haben. Nach einem Eigentümerwechsel wurde das Haus 1999 komplett renoviert und verfügt seitdem über 18 einzigartige und großzügige Gästezimmer, teilweise mit Original-Antiquitäten möbliert. Das Haus hat 4-Sterne-Standard, gehört dem Berner Medizintechnik-Unternehmer *Willy Michel* und wird von *Thomas Jann* und *Marianne Aebi* als Gastgeberpaar geführt.

Immer mehr Allergiker im Hotel
Nicht erst seit TripAdvisor die Kategorie „Sauberkeit" in der Hotel-Bewertung eingeführt hat, spielt die Hygiene im Zimmer eine wichtige Rolle in der Hotellerie. Das gilt für jeden Gast und insbesondere für die weiter wachsende Gruppe von Allergikern. Die Zahl der Erwachsenen und Kinder, deren Lebensqualität durch allergische Reaktionen massiv beeinträchtigt wird, steigt weiter: In der Schweiz sind 5 bis 8 Prozent der Kinder und Erwachsenen betroffen, in Deutschland ist jeder Zehnte, in Europa jeder Fünfte Hausstaubmilben-Allergiker. Außerhalb der eigenen vier Wände zu übernachten bedeutet für Hausstauballergiker als geringste Reaktion Hautirritationen und unangenehme Schnupfensymptome bis zu massiven Atembeschwerden mit asthmatischen Anfällen. Diese Menschen suchen nach einer Orientierung und nach Möglichkeiten, wo für sie ein gesunder und stressfreier Schlaf möglich ist.

Einzigartige Hygiene-Studie

Das Hotel Stadthaus hat eine bislang einzigartige Langzeitstudie durchgeführt, die speziell für diese Menschen gute Nachrichten liefert. „Stadthaus"-Hotelier *Thomas Jann* hat sich in besonderer Weise mit dem Thema Bett-Hygiene beschäftigt. Denn auch er weiß, dass es trotz einem perfekten Reinigungsmanagements nahezu unmöglich ist, Hausstaubmilben komplett zu eliminieren: In nur 1 Gramm Staub leben bis zu 10 000 der nur 0,3 mm großen Spinnentiere. Sie selbst sind aber nicht das Problem. Es ist ihr Kot, der die unerwünschten allergischen Reaktionen bei Menschen auslöst. Es gilt deshalb, die Ausbreitung der Milben zu verhindern. Idealen Lebensraum finden sie in Betten und auf Matratzen, denn hier gibt es täglich frische Nahrung: Im Bett hinterlässt ein Mensch bis zu 1,5 l Schweiß und etwa 1,5 g Hautschuppen – pro Nacht! Ideale Bedingungen auch für die Vermehrung von Bakterien und Schimmelpilzen.

29 Hotel-Matratzen wurden 6 Jahre lang getestet

In Kooperation mit einem erfahrenen Schweizer Industriepartner, der spezialisiert ist auf die antimikrobielle Ausrüstung von Textilien, hat das Hotel Stadthaus den Langzeittest in Sachen Matratzenhygiene durchgeführt. Hierzu wurden im Hotel 29 Matratzen mit einer speziellen Hygiene-Funktion, basierend auf einer patentierten Technologie, ausgestattet und 6 Jahre lang im realen Hotel-Betrieb genutzt. Selbstverständlich wurde eine Technologie ausgewählt, die in der Praxis bewährt und weder für Mensch noch Umwelt schädlich ist. Mit Spannung wurden die Ergebnisse erwartet. Es wurde untersucht, ob der ausgelobte Schutz gegen Allergien verursachende Mikroben auch nach 6 Jahren noch vorhanden ist.

Keine Allergene nachweisbar

Die Matratzen wurden hierzu verschiedenen anerkannten Testverfahren unterzogen: „Keine Allergene nachweisbar" sowie „keine Maßnahmen erforderlich", lautete das Ergebnis des Testverfahrens gemäß *Dräger-Bio-Check*. Bestätigt wurden diese Resultate vom *Laboratoire T.E.C.* in Anglet, Frankreich, wo nach dem internationalen *Afnor-Test-Standard* gearbeitet wurde. Analysiert wurden insbesondere die Bakterien und Schimmelpilze, die für die Entstehung unerwünschter Gerüche, für schnellere Materialzersetzung der Matratzen sowie für allergische Reaktionen wie Schnupfen, Asthma oder Hautreaktionen verantwortlich sind. Im Vergleich zu den unausgerüsteten Kontrollmustern ergaben sich drastische Unterschiede.

Fazit
Die Hygiene-Funktion ist auch nach sechs Jahren intensiver Nutzung weiterhin aktiv. „Nachweisbar hygienisch", fasst *Thomas Jann* die Ergebnisse der Langzeituntersuchung zusammen. Er ist begeistert, seinen Gästen ein zusätzliches Argument für die Wahl seines Hauses liefern zu können.

Differenzierung dank Hygiene-Maßnahmen
„Stadthaus"-Chef *Thomas Jann* schätzt die antimikrobielle Wirkung der speziell ausgerüsteten Matratzen als aktive Unterstützung für Hygiene-Maßnahmen in seinem Hotel. Darüber hinaus hat er die Chancen einer Differenzierung im Wettbewerb erkannt und nutzt deshalb die Marke des Hygiene-Experten offensiv auf der Website und im Hotel. Auch die Einrichtung von speziellen Allergiker-Zimmern ist ein Thema für ihn. Hier könnten weitere Textilien wie Gardinen, Teppiche oder Möbelstoffe mit antimikrobieller Ausrüstung für das Wohl der Allergiker sorgen. Hotelier *Jann*: „Es ist höchste Zeit für die Hotellerie, die Zielgruppe der Allergiker ernst zu nehmen. Die Airline ‚SWISS' tut es auch und hat sich jüngst als erste Allergiker-freundliche Fluglinie zertifizieren lassen."

2.7 Das Geld im Schlaf verdienen?

Autor Jens Rosenbaum

Wenn ein Hotel als wirtschaftliches Unternehmen betrieben werden soll – was jedem Gastgeber nur zu raten ist –, sollte sich der Hotelier bei wirtschaftlichen Entscheidungen auch an den Grundsätzen kaufmännischen Handelns orientieren. Und im Bereich Einkauf gehören zum Beispiel folgende Grundsätze dazu:

1. Handelt es sich um einen Produktionsfaktor, muss ihm die *Aufmerksamkeit* zuteil werden, die seiner Stellung in der Produktionskette entspricht.
2. Je unverzichtbarer ein Produktionsfaktor ist, desto mehr muss der *Qualität* Beachtung geschenkt werden.
3. „Leistung" von und „Eigentum" an einem Produktionsfaktor sind *betriebswirtschaftlich* getrennt zu behandeln, wenn sich daraus ein Vorteil ergibt.

Nehmen wir zur Verdeutlichung ein Unternehmen der Transportbranche. Geht es dort um die Anschaffung eines neuen Lkw, ist dies Chefsache. Denn ohne Lkw gibt es keine Transporte, er ist der wichtigste Produktionsfaktor – ohne ihn kein Transportunternehmen. Daher wird vor der Beschaffung genau ermittelt, welche Leistungen benötigt werden und welche Ausstattung gebraucht wird. Und dann wird intensiv geprüft und ausgiebig Probe gefahren. Da die Existenz des Unternehmens davon abhängen kann, wird alles unternommen, um dir richtige Entscheidung zu treffen.

Und er ist unverzichtbar, der Lkw. Wenn er nicht läuft, kann kein Auftrag abgewickelt werden. Daher muss die Qualität so gut sein, dass sowohl die Möglichkeit von Ausfällen – auch bei Details – so minimal wie möglich ist und gleichzeitig die geforderte Leistung bestmöglich erbracht werden kann. Aber man muss ihn nicht besitzen, den Lkw. Das Transportunternehmen benötigt nur die Leistung eines Lkw. Daher wird das Fahrzeug zum Beispiel durch *Leasing* finanziert, inklusive aller Serviceleistungen, denn das Interesse des Unternehmens in der Transport-Branche besteht darin, die bestmögliche Transportleistung zur Verfügung zu haben und sich im Idealfall nur auf den Transport zu konzentrieren. Service und Wartung, zum Teil wird das gesamte Fuhrpark-Management ausgelagert, weil das oft wirtschaftlicher ist.

Ein Hotel als Wirtschaftsunternehmen sollte auch so handeln

Warum in einer Hotel-Fachzeitschrift dieser Ausflug in die Welt der Transportindustrie? Um zu verdeutlichen, dass für ein Hotel als Wirtschaftsunternehmen die gleichen Grundsätze gelten sollten. Denn wo dies nicht der Fall ist, wird Geld verschenkt und/oder man bleibt unter seinen Möglichkeiten – oder irgendwann sogar auf der Strecke.

Oft rangiert das Bett im Hotel hinter der Blumenvase!

Übertragen wir jetzt einmal diese Grundsätze des obigen Beispiels auf das Hotel. Hierbei muss das Bett zwingend als der Produktionsfaktor Nummer eins behandelt werden. Denn: ohne Betten keine Gäste! Daher sollte die Beschaffung von Betten auch im Hotel Chefsache sein – inklusive Bedarfsermittlung. Es gibt ja, wie bei den Lkw, auch bei Betten große Unterschiede! Tatsache ist leider, wie im Rahmen dieser *Hotelier*-Artikel-Serie bereits erläutert, dass Bett und Bettwäsche im Rahmen der Investitionsplanung oft hinter der Blumenvase rangieren – und kümmern darum tut sich der Einkauf. Verglichen wird oft nur der Preis, um sich dann für das billigere Pseudo-Boxspringbett zu entscheiden. Probe liegen? Fehlanzeige!

Am Bett wird in der Hotellerie gespart, was das Zeug hält

Dabei ist das Bett unverzichtbar, und von der Qualität aller Bettkomponenten wie Matratze, Kissen, Unterfederung und Bettwäsche hängt nicht weniger ab als der Erfolg einer ganzen Übernachtung. Durchgelegene Betten (Neuanschaffung zu lange hinausgezögert?) oder zu feste Matratzen (aus Sparsamkeit extrafest gekauft, damit sie möglichst lange halten?) sind ein klarer Qualitätsmangel, ebenso schlechte, weil billige Bettwäsche oder fehlende Nackenkissen. Oder die Qualität der Hygiene, weil auch das Investitionsgut Bett einer Pflege bedarf. Oder Leerstände, weil schmutzige Matratzen nicht schnell oder gar nicht gereinigt werden können. Oder Löcher in der Bettwäsche, weil auch diese alt geworden ist? Das alles wirkt sich auf die Qualität der Nachtruhe aus und damit auf die Bewertung des Gastes, der ja nur aus einem einzigen Grund ein Zimmer gebucht hat: ein Bett für die Nacht zu haben.

Wer die Branche kennt, weiß, dass am Bett gespart wird, was das Zeug hält, obwohl es *der wichtigste Produktionsfaktor* ist. Würde ein vernünftiger Kaufmann so handeln?

Je mehr Qualität im Bett steckt, desto effektiver ist das Hotel
Dabei ließe sich das Bett punkto Qualität gehörig aufrüsten. Neben einer der individuellen Abnutzung angemessenen Neuanschaffung kann durch Investition in die richtige Qualität (und deren Pflege) der Zyklus einer notwendigen Neuanschaffung verlängert werden. Bei allen Bettkomponenten findet sich zudem eine große Bandbreite unterschiedlicher Ausführungen, sowohl hinsichtlich Optik als auch Funktionalität. Mit der richtigen Qualität kann man logischerweise auch mehr Gäste für seine Betten und damit sein Haus begeistern. Wer in Qualität investiert, kann nicht nur Geld sparen, sondern das Investitionsgut „Bett" auch zur besseren Entfaltung bringen. Es liegt am Hotelier, ob er sich für eine billige oder kaufmännisch sinnvolle Lösung entscheidet und seine Betten zu seiner Visitenkarte macht.

Je wirtschaftlicher der Betrieb des Bettes, desto effizienter das Hotel
Oft wird das Argument der Kosten angeführt, um zu erklären, dass für das Bett und dessen Pflege kein Geld vorhanden sei. Dies könnte der Transportunternehmer auch behaupten, aber der ist schon klüger und fährt daher oft nagelneue, saubere Lkw von „Mercedes", „MAN" oder anderen Marken. Das Argument der Kosten darf daher aus zwei Gründen nicht gelten:

1. Wenn wirklich kein Geld da ist, woher kommen dann die Designer-Möbel, die vierte Wurst auf dem Frühstücksbuffet, kostenloses WLAN, Flachbildschirm und 24-Stunden-Spa, den oft keiner nutzt? Wenn das Budget so knapp ist, dass für die Betten kein oder fast kein Geld mehr da ist, dann sollten Sie bitte gleich schließen oder ein Schild an die Tür hängen mit der Aufschrift: „Zimmer zu vermieten, Bett muss mitgebracht werden!"

2. Auch der Transportunternehmer hat für die 10 neuen Lkw das Geld nicht in der Porto-Kasse. Aber für ihn und alle anderen Branchen wurde schon vor Jahrzehnten eine Lösung erfunden, die heute absoluter Standard ist: Leasing oder Miete – nutzen, aber nicht besitzen. Wenn es um Produktionsfaktoren geht, mit deren

Einsatz Geld verdient wird, lohnt es sich, zugunsten der Qualität diese Form der Beschaffung zu wählen, und oft ist dies in der Gesamtbetrachtung auch die wirtschaftlichere Lösung. Der Rest der Wirtschaftswelt nutzt seit Jahrzehnten dieses Finanzierungsinstrument. Es wird Zeit, dass sich auch die Hotellerie damit beschäftigt.

Betten-Leasing im Hotel? Für die meisten noch kein Thema
Teilweise ist das Thema Miete oder *Leasing* im Hotel schon Praxis – aber eben nicht beim Bett. Zwar wird die Bettwäsche, in Verbindung mit der Reinigung, auch hierzulande immer öfter auf Mietbasis zur Verfügung gestellt. Doch haben viele Hoteliers noch nicht erkannt, welchen Hebel sie in der Kombination von Qualität und Kosten in der Hand halten. Statt es nur als reines Sparmodell anzusehen oder gar als Notlösung bei knapper Liquidität, sollten sie das Augenmerk darauf lenken, ihren „Fuhrpark" aufrüsten und wirtschaftlich optimal betreiben zu können, wenn sie die angebotenen Leistungen intelligent nutzen. Addiert man die Komponenten eines Bettes, inklusive der damit verbundenen Serviceleistungen – zum Beispiel Pflege und Wartung samt Abhol- und Bringdienst –, und lässt externe Fachleute dafür die Verantwortung übernehmen (so macht es auch der Transportunternehmer mit seinem Lkw), kann der Hotelier seinen Gästen ein stets perfektes Bett bieten – zu kalkulierbaren Kosten, die er locker verdient hat, bevor er die monatliche Rate zahlt. Sorgen, dass seine Betten nicht laufen oder eine Panne haben, muss er sich nicht mehr machen. Und im schlimmsten Fall sorgt die Mobilitätsgarantie zügig für Ersatz.

Wer jetzt noch Bedenken hat, der riskiere einen Blick auf die Straße: Die dort fahrenden Lkw sind im Schnitt deutlich weniger alt als die Betten in unseren Hotels.

Hotel-Fazit: Wer seinen wichtigsten Produktionsfaktor glaubt vernachlässigen zu können, wird nie das Geld verdienen, was sonst bei Beachtung der kaufmännischen Grundsätze möglich wäre.

2.8 Werben Sie für Ihre Betten!

Autor Jens Rosenbaum

Wo der Winzer von seinen unterschiedlichen Reben schwärmt und die Nuancen von grünem Spargel und Melone im Abgang seines *Sauvignon Blanc* hervorhebt, klammert sich der Hotelier an Werbe-Aussagen wie kostenloses WLAN oder ein Gratis-Wasser auf dem Zimmer. Während der Bäcker seine knusprigen Brötchen für alle sichtbar in die Auslage packt und alle Sorten deutlich beschriftet, beschränkt sich der Hotelier zumeist auf Angaben wie Einzel-, Doppel- oder Kingsize-Bett. Als ob der Bäcker damit werben könnte, kleine, mittlere und große Brötchen zu backen.

Was man verkaufen möchte, muss man auch bewerben!
Was Winzer, Bäcker und alle anderen Werbetreibenden eines freien Marktes – außer den Hoteliers offenbar – erkannt haben, sind Weisheiten des Werbemarktes: die eigene Kernleistung in den Vordergrund zu stellen und über diese Leistung zu versuchen, bestimmte Zielgruppen genauer anzusprechen. Winzer gibt es viele, doch einige Liebhaber des *Sauvignon Blanc*, die eine Schwäche für Aromen von Melone und grünem Spargel haben, werden obigen Wein höchstwahrscheinlich probieren und ihm dann den Vorzug geben – weil der Winzer es verstanden hat, mit seiner Botschaft diese Zielgruppe auf sich aufmerksam zu machen. Und für Freunde von Dinkel-Vollkornbrötchen mag die Wegstrecke zu ihrem Bäcker egal sein, Hauptsache sie wissen, wo es Dinkel-Vollkornbrötchen gibt.

Gerade weil es viele Winzer und Bäcker gibt, muss jeder intensiv um die Gunst seiner potenziellen Kunden werben, indem er versucht, seine Kernleistung so optimal wie möglich herauszustellen, damit der Kunde vergleichen kann. Und wo sich die Produkte objektiv stark gleichen, muss er eben weitere Unterschiede herausarbeiten – zum Beispiel vom Dinkel- zum Bio-Dinkel-Vollkornbrötchen.

Mit was werben Hotels?
Hotels gibt es nicht wenige. Und meistens sogar gehäuft an einem Ort, besonders dann, wenn die Umgebung reizvoll oder die Lage strategisch günstig ist. Dort ist der Wettbewerb besonders groß. Doch womit

werben Hotels? Mit der günstigsten Zimmer-Rate? Oder mit: „Buchen Sie drei Nächte, bezahlen Sie zwei" ... Zweifellos eine Strategie, doch keine, mit der man langfristig Geld verdient; denn billiger kann jeder, aber diese Preis-Spirale kennt nur eine Richtung: abwärts! Der ruinöse Markt in Deutschland ist ein gutes Beispiel dafür, wohin die Zimmer-Rate driftet, wenn sie das einzige Unterscheidungsmerkmal oder Werbemittel sein soll. Und daran sind nicht *Booking.com* oder *Hrs.de* & Co. schuld, denn die Raten machen die Hotels selber. Doch mit was wird denn sonst noch geworben? Mit dem schönen Ausblick? Haben die anderen auch. Pool, Spa, Flachbildschirm? Restaurant und Garage? Viele Sterne und lächelnde Mitarbeiter? Damit kann man zwar Gäste halten, aber für Neukunden reicht das langfristig nicht – zu auswechselbar!

Wird das Angebot im Markt grösser, ist die Werbung umso wichtiger!
Nicht wenige Hoteliers klagen über die Schwierigkeit, in einem zunehmend unübersichtlichen, weil grösser werdenden Markt auf sich aufmerksam zu machen. Und nicht wenige Hoteliers überlassen es den Hotel-Portalen, für Werbung und Vertrieb zu sorgen, und geben damit nicht nur einen wichtigen Teil ihrer Rendite ab, sondern – viel schlimmer – die unternehmerische Hoheit, sich den Kreis ihrer Zielkunden durch entsprechende Ansprache selber zu wählen. Wer sich mangels eigener Strategie auf einem Hotel-Portal versteckt, verliert irgendwann seine unverwechselbare Identität und ist dann nur noch eine beliebige Adresse, an der eine gewisse Anzahl Betten steht.

Sind Betten zu langweilig, um damit zu werben?
Ist es denn so schwer, eine Werbestrategie zu wählen, welche die Kernleistung eines Hotels in den Mittelpunkt stellt? Jene Leistung, weswegen der Gast überhaupt in Erwägung zieht, seinen Fuß über die Türschwelle eines Hotels zu setzen? Zur Erinnerung: Es ist das Bett! Das Bett ist der Grund, warum ein Hotel für die Nacht gebucht wird. Sind Betten zu langweilig, um damit zu werben? Bestimmt nicht, denn das Bett hat es in sich – vor allem im kommerziellen Sinn. Deshalb sei der Hinweis gestattet, dass der Gast in der Regel auch daheim über ein Bett verfügt und schon allein aus diesem Grund ein Milliarden-Markt mit unzähligen Herstellern und Händlern besteht: 100 Millionen Bettstellen im häuslichen Bereich gilt es allein im deutschsprachigen Raum zu versorgen.

Der Hotelier könnte vom Bettenhandel lernen!
Wer sich jetzt die Mühe macht, über den Tellerrand zu schauen, der wird erstaunt sein, wie viel Marketing-Potenzial im Bett steckt. Denn weil es auch dafür einen Wettbewerb gibt, werden Bett-Produkte für einzelne Zielgruppen entwickelt. Mit großem Erfolg, denn statistisch steigen in diesem Markt die Ausgaben der Verbraucher pro Bett, werden zunehmend hochwertige Bettsysteme verkauft, die preislich zum Teil auf dem Niveau von Kleinwagen zu finden sind. Der Hotelier könnte also vom Bettenhandel lernen, wenn er denn wollte.

**Den Hoteliers fehlt der Mut, ihre Kernleistung
in den Vordergrund zu stellen**
Der Gesundheitstrend „gesundes Schlafen" ist zudem definitives Thema und aus den Medien nicht mehr wegzudenken. Wie man im Schlaf die richtige Erholung für Körper und Geist findet, lässt sich beinahe täglich in der Tagespresse, den Illustrierten und auch im Internet lesen: Das Bett ist also en vogue! Das Bett ist Trend, und der Fokus von Millionen von Menschen liegt auf *Bett & Schlafen*. Und trotzdem klagen Hoteliers über einen Mangel an Ideen und Möglichkeiten zur Werbung? Wo sie die Experten sind für *Bett & Schlafen*! Sie sind es doch, die sich darauf spezialisiert haben, dem Gast ein Bett für die Nacht zu bieten und sich um seinen Schlaf zu kümmern.

**Was also hindert die Hotel-Branche,
das Thema Bett werblich zu nutzen?**
Vielleicht die Beschränkung der meisten Hotels darauf, das Bett als Sparbüchse zu betrachten und jede Neuinvestition möglichst lange hinauszuzögern. So gesehen ist es durchaus verständlich, die eigenen Betten zu verstecken und nicht in den Mittelpunkt der Aufmerksamkeit zu stellen. Aber sollte ein Hotel mal über Neuanschaffungen nachdenken – bitte schön, hier kommen einige ausgewählte Beispiele, was und wen man mit dem Bett erreichen kann. Dabei geht es nicht darum, ein Haus über Nacht komplett mit einem neuen Bettsystem auszustatten. Eine gewisse Anzahl Zimmer reicht meistens, um ein neues Angebot vermarkten zu können.

Das Thema Bett & Schlafen ist eine Schatztruhe hoch wirksamer Werbebotschaften!

Es gibt diese schönen Icons, die nonverbal darüber Auskunft geben, was das Hotel bietet, also zum Beispiel „Rollstuhl-gerecht", „Hunde erlaubt", „Garage", „Pool", „Sauna" usw. Warum diese Reihe nicht mit einem Icon verlängern, das darauf hinweist, über Betten zu verfügen, die Rücken-gerechter sind als normale Hotel-Betten? Warum das? Weil etwa 60 Prozent aller potenziellen Hotel-Gäste in den letzten zwölf Monaten ein akutes schmerzhaftes Rückenleiden hatten. Und laut Statistik hatten etwa 20 Prozent sogar erst gestern mit ihrem Rücken zu kämpfen und werden bei einer anstehenden Hotel-Buchung sicherlich nicht übersehen, wenn dort explizit mit Rückenfreundlichen Hotel-Betten geworben wird. Und siehe da: Die Industrie bietet genau solche Betten an! Zum Beispiel Betten mit einer motorisch verstellbaren Lordosen-Unterstützung. Das ist genau das, was der am Rücken Leidende sucht, um ganz individuell seinen schmerzenden Rücken und damit die Wirbelsäule zu unterstützen und zu entlasten. Dazu die passende Matratze, damit Schulter und Becken vernünftig gelagert werden – und schon kann man wirksam damit werben, ein Hotel zu sein, auf dessen Betten der Rücken besser gelagert werden kann als auf einem typischen Hotel-Boxspring-Bett.

Oder ein Icon für ein Gesundheitsbett, das Herz, Kreislauf und Atmung unterstützt? Warum? Weil diese Funktionen am häufigsten von Erkrankungen betroffen sind und das richtige Bett hier deutlich Entlastung bringen kann. Das muss kein medizinisches Pflegebett sein, doch nur schon die Hochlagerung des Oberkörpers durch einen simplen, motorisch verstellbaren Bettrahmen kann eine Wohltat bedeuten. Denn dabei werden Atmung und Kreislauf deutlich unterstützt. Betroffene wissen dies zu schätzen, und von diesen gibt es inzwischen (leider) so viele, dass man kaum mehr von einer begrenzten Zielgruppe sprechen kann.

„Zimmer für Allergiker", ein weiteres mögliches Icon, das auf viel Aufmerksamkeit treffen wird. Warum? Weil laut Statistik in den westlichen Industrieländern etwa 40 Prozent der Bevölkerung unter Allergien leiden und daher mit hoher Aufmerksamkeit auf alles reagieren, was ihr Leiden lindert. Für diese Zielgruppe ist es wichtig, dass speziell die Bettwaren und das Hotel-Zimmer gründlich sauber, staub-, pollen-

und milbenfrei gehalten werden. Neben glatten Fußböden bedeutet dies zum Beispiel, dass nicht nur die Bettwäsche, sondern auch Kissen und Matratzen regelmäßig gewaschen werden. Auch hierfür bietet die Bettwaren-Industrie bereits komplett waschbare Bettsysteme, inkl. Reinigungs-Dienstleistungen (analog Hotel-Mietwäsche) an.

Im Handel bereits millionenfach verkauft und für viele nicht mehr wegzudenken: das orthopädische Gesundheitskissen. Warum auch hierfür ein Angebot? Weil es auf Reisen oft nicht mitgenommen wird, da es ein wenig sperrig ist, oder manchmal schlicht vergessen wird. Wie schön, dann zu wissen, dass das Hotel der Wahl über ein echtes Kissen-Menü verfügt und nicht nur über die üblichen Kopfkissen mit Federn (nichts für Allergiker!) oder Faserkügelchen, die es einem praktisch unmöglich machen, Kopf und Nacken für die Nacht richtig zu lagern. Dabei gibt es längst Angebote für diverse Kissenformen, auch mit orthopädischer Stützkraft, deren Schaum sogar voll waschbar ist (was Allergiker natürlich speziell freut). Und ganz nebenbei: Solch ein orthopädisches Nackenstützkissen kann sich auch positiv auf das Schnarchen auswirken, was bei einer Doppelzimmerbelegung zusätzlich Freude stiften wird.

Nicht vergessen sollten wir an dieser Stelle das Thema Umwelt und Ökologie. Warum? Weil das Bewusstsein enorm gewachsen ist und weiter wächst, auf Umweltverträglichkeit und Umweltschutz zu achten. Wer sein Haus dementsprechend ausrichtet und auch bei der Bettausstattung auf die Einhaltung der Richtlinien achtet und Zertifikate vorweisen kann, positioniert sich für diese Zielgruppe deutlich wahrnehmbar und empfiehlt sich als umweltbewusstes Haus. Das ist nicht nur gut für das Gewissen, es ist auch gut für die Zimmerrate.

Für Hotels, die beim Thema Bett konkret auf weitere spezifische Bedürfnisse eingehen wollen, gibt es noch viele Möglichkeiten, wie zum Beispiel das Thema Schwitzen. Dies lässt sich gut umschreiben mit „wärme- oder hitzesensibel". Warum? Weil es unter Männern und Frauen eine große Gruppe Betroffener gibt, die bedingt durch Typ oder Lebensphase darunter leiden, nachts durchgeschwitzt aufzuwachen. Darüber spricht niemand gerne, doch ist diese Zielgruppe besonders empfänglich für den Hinweis, dass ihr Hotel-Bett diesem Bedürfnis entsprechend ausgerüstet ist. Denn wenn Kissen, Matratze, Zudecke und Bettwäsche besonders atmungsaktiv sind und voll waschbar, dann wirkt das aktiv gegen den Hitzestau mit einer spürbaren Reduzierung des Schwitzens. Und das wünscht sich der Gast.

Werbung ist den Hoteliers nicht fremd, aber sie vergessen das Wichtigste!
Diese Reihe ließe sich beliebig fortsetzen, doch wird man mit obigen Angeboten bereits aus der Masse der üblichen Hotel-Werbung hervorstechen. Und dieser Marketing- und Wahrnehmungsschub lässt sich zum Teil bereits durch die Anschaffung einiger neuer Betten realisieren. Nur der Hinweis, dass man über tolle Betten verfüge, in denen man himmlisch schlafen könne (wie das *Westin Heavenly® Bed)*, reicht eben nicht mehr. Man muss es schon konkret begründen und den Nutzen klar verständlich und nachvollziehbar aufzeigen. Ein Beispiel dafür ist das „komplett individualisierbare Schlaferlebnis" von „Four Seasons", wobei hier die Topper (weich, mittel oder hart) je nach Kundenwunsch von Hand ausgetauscht werden. Oder eben gleich ein Hotel-Bettsystem der neuen Generation mit individuell verstellbarer Lordosen-Unterstützung und voll waschbaren Matratzen, wie zum Beispiel von „SWISSFEEL".

Der Gast kommt wegen des Bettes ...
Dies alles ist keine Zukunftsmusik, denn die Produkte dazu gibt es bereits. Die Hotel-Branche braucht nur den Mut, sich an ihre Kernkompetenz zu erinnern und diese als Aushängeschild zu nutzen. Das Marketing-Instrument dazu steht bereits in jedem Hotel-Zimmer. Man muss es nur richtig nutzen und nicht vergessen: Der Gast kommt wegen des Bettes! Und wer beim Bett einen Mehrwert bietet, bekommt auch mehr. So funktioniert Werbung. Überall. Auch im Hotel.

2.9 Warum nicht Öko-Betten?

Autor Jens Rosenbaum

Der Gesamtblick auf das Thema *Bett & Schlafen im Hotel* lässt sich nur abrunden, wenn auch der Aspekt der Nachhaltigkeit ausgeleuchtet wird. Denn ob man will oder nicht – Nachhaltigkeit ist kein Modewort mehr. Dem Hotel-Gast wird sein „grünes Gewissen" immer wichtiger. Was spricht also dagegen, auch bei der Kernleistung des Hotels, dem Hotel-Bett, den Aspekt von Nachhaltigkeit und Umwelt zu beleuchten?

Nachhaltigkeit. Dieser Begriff stammt zwar aus der Forstwirtschaft und wird mittlerweile inflationär genutzt, gleichwohl aber mit zunehmender Bedeutung. Trifft er doch, vom Grundgedanken her, präzise die Aufforderung, vorher an das Nachher zu denken, und mahnt dabei einen langfristig angelegten, verantwortungsbewussten Umgang mit den Ressourcen an. Einst für die Forstwirtschaft formuliert („ohne Bäume keine Wälder"), lässt sich Nachhaltigkeit auch auf viele andere Wirtschaftsbereiche übertragen, so auch auf die Hotellerie („ohne Betten keine Gäste"). Der Unterschied: Bäume fällt man, Betten belegt man. Aber wenn man näher hinsieht, gibt es eine große Gemeinsamkeit: Möchte man langfristig seinen Erfolg optimieren, muss man in seine relevanten Erfolgsfaktoren auch intelligent und mit Weitblick investieren – und dieser Weitblick richtet sich nicht nur auf den eigenen betriebswirtschaftlichen Erfolg, sondern – dem Zeitgeist geschuldet – auch auf unsere Umweltbilanz.

Am Ende sind Hotel-Matratzen höchstens noch Sondermüll
Und genau da, im Weitblick, liegt der Knackpunkt. Denn um einen Weitblick zu haben und intelligent zu handeln, muss man seine relevanten Erfolgsfaktoren auch kennen – und zwar richtig. Dass die Hotellerie das Thema Bett in der Vergangenheit im Fokus hatte, darf jedoch bezweifelt werden. Gradmesser dafür ist nicht nur der Zustand vieler Hotel-Betten, sondern sind auch die durchschnittlichen Ausgaben bei Neuanschaffungen, der Umgang mit dem Thema Bett-Hygiene und die Tatsache, dass die meisten Hotel-Matratzen nach Ende ihrer Nutzungszeit per definitionem noch Sondermüll sind.

Dornröschenschlaf ist keine Strategie – das Bett gehört wachgeküsst!

Doch auch andere Indizien sprechen dafür, dass das Thema Hotel-Bett auf bestem Wege war, im ewigen Dornröschenschlaf vor sich hinzudämmern. Oder kennen Sie, verehrter *Hotelier*-Leser, einen Hotel-Test, der sich wirklich intensiv mit Matratze, Unterfederung und Kissen auseinandergesetzt hat – so wie es die Warentester im klassischen Fachhandel tun? Und was ist mit den unvermeidlichen Fragebögen in den Hotels, die nach allem fragen, aber nicht, wie gut man geschlafen hat? Und dann wäre da noch der Anteil in der Fachpresse, der sich in den letzten Jahren wirklich um das Thema Hotel-Bett gekümmert hat. Wir haben lange gezählt, aber im Verhältnis zum gesamten Themenspektrum rangiert das Hotel-Bett bei einer Prozent-Zahl, bei der die Null vor dem Komma steht ...

Die Fachzeitschrift *Hotelier* sah und sieht vor diesem Hintergrund deshalb den dringenden Handlungsbedarf, diesen Dornröschenschlaf zu beenden. Nein, wach küssen muss der Hotelier vor Ort schon selber! Aber es galt einmal aufzuzeigen, warum es sich lohnt, dem Bett mehr Beachtung zu schenken. Daher wurde mit dieser Artikel-Serie – so weit unsere Recherchen – so intensiv wie noch nie zuvor über das Hotel-Bett berichtet. Aus allen Blickwinkeln wurde das Bett, logisches Kernstück eines jeden Hotels, beleuchtet.

Was immer geschieht, das Bett wird bleiben

Und dies aus gutem Grund. Denn was immer die Zukunft auch an Veränderungen bringen mag, das Bett als Kernleistung der Hotellerie wird bleiben. Aber auch hier werden die Ansprüche steigen. Das Bett wird da keine Ausnahme machen, doch hinkt es allen anderen Bereichen deutlich hinterher, wie ausführlich aufgezeigt wurde.

Dabei ist der Hotelier eigentlich Experte darin, sich den Wünschen der Gäste anzupassen: Umstellung auf Flachbildschirm, WLAN im ganzen Haus, installierte Klima-Anlagen, wo es heiß ist, und das Wellness-Programm stets auf dem aktuellsten Stand. Auch beim Thema Gesundheit und Umwelt folgt der Hotelier fleißig den Trends dieser Zeit – von Gesundheitswochen mit Yoga-Kursen und Heilfasten über vegetarische Küchenangebote und glutenfreie Brötchen bis zum reinrassigen Bio-Hotel, inklusive Bio-Weinkarte auf 100 Prozent recyceltem

Papier. Das Hotel passt sich von jeher dem Gast und seinen Wünschen an und ist dabei sogar oft vorauseilend – ein echter Trendsetter sozusagen. Nur beim Bett, da ist es schlichtweg umgekehrt. Da muss sich nicht nur der Gast dem Hotel-Bett anpassen, ob es passt oder nicht, sondern auch die dort gebotenen Matratzen und Kissen hinken in Ausführung und Material sehr oft den Standards vieler privater Verbraucher zum Teil Jahrzehnte hinterher.

Nachhaltigkeit ist kein Modewort, sondern die Zukunft
Doch mit der Strategie, sich überall den potenziellen Wünschen seiner Gäste anzupassen, aber das Bett davon auszuklammern, werden ganz sicher Chancen vergeben. Es darf nie vergessen werden: Der Gast sieht das Hotel durchaus als Gesamtangebot. Er filtert fein heraus, wo er die größtmögliche Deckung mit seinen Wünschen und Vorstellungen realisieren kann, und weiß auch zu gewichten. Und dabei spielen neben Ergonomie, Haptik und Hygiene beim Bett auch Natur und Umwelt sowie Nachhaltigkeit eine immer größere Rolle.

Deshalb haben zum Beispiel Fachhandel und andere Marktteilnehmer schon lange umgeschaltet und neben einem Bio-Angebot auch Verpackungsvermeidungs- und Entsorgungskonzepte im Programm; wird zum Beispiel im Lebensmittelbereich der ortsnahe Bezug vom familiengeführten Bauernhof hervorgehoben oder in der Auto-Industrie mit sparsamen Motoren oder Hybrid-Antrieb geworben. Denn in Handel und Verbrauchermarkt ist der Kunde König – und er wird grüner. Was ist er aber im Hotel? Blauäugig?

Der Kunde ist König – und der wird grüner!
Der Gesamtblick auf das Thema *Bett & Schlafen im Hotel* lässt sich daher also nur abrunden, wenn auch der Aspekt der Nachhaltigkeit seine Würdigung gefunden hat. Denn, ob man will oder nicht – Nachhaltigkeit ist kein Modewort mehr! Dem Konsumenten wird sein grünes Gewissen immer wichtiger – und was einmal als Idee einiger Dogmatiker startete, ist heute eine Massenbewegung, von der eine ganze Industrie lebt. Was spricht also dagegen, auch im Zusammenhang mit der Kernkompetenz des Hotels – dem Hotel-Bett – den Aspekt von Nachhaltigkeit und Umwelt zu beleuchten?

Nachhaltigkeit und Genuss – die große Chance?
Um das Thema Nachhaltigkeit mit Fakten zu hinterlegen: Für jeden vierten Verbraucher spielen Nachhaltigkeitskriterien mittlerweile eine entscheidende Rolle. Das Spannende dabei: Bei diesen Verbrauchern geht das Interesse an Nachhaltigkeit oft mit dem Wunsch nach Genuss einher, wofür die Marktforscher auch schon einen Namen haben: *Lohas* (engl. *Lifestyle of Health and Sustainability*). Diese relativ neue Zielgruppe, die für Gesundheit, Ökologie und eben Nachhaltigkeit steht, stellt allgemein hohe Ansprüche an sich selbst, aber auch an Handel und Industrie und ist bereit, mehr Geld dafür auszugeben, da sie über ein überdurchschnittlich hohes Einkommen verfügt. Für die Erfüllung ihrer hohen Ansprüche geben diese „Lohas" bis zu 16 Prozent mehr Geld aus als unbewusst konsumierende Verbraucher. Und der Anteil dieser Zielgruppe ist in den letzten 6 Jahren um 18 Prozent gewachsen, wonach mittlerweile jeder siebte Verbraucher dafür empfänglich ist. Wäre das nicht auch eine perfekte Zielgruppe für die Hotellerie? Zumindest andere Branchen haben das für sich erkannt und sind dabei, Kapital daraus zu schlagen.

Warum sollte das Hotel nicht auch hier Trendsetter werden und bei seiner Kernkompetenz, dem Bett für die Nacht, Nachhaltigkeit und Genuss offerieren? Also: besser und gesünder schlafen bei gleichzeitiger Schonung von Umwelt und Ressourcen!

Nachhaltigkeit mit Genuss auch beim Hotel-Bett!
Dafür braucht es aber ein Umdenken, da nun der Hotelier gefordert ist, bewusst sein Bettenangebot auf Nachhaltigkeit und Genuss zu prüfen. Status ist heute, dass Hotel-Betten weit vor ihrer physikalischen Abnutzung ausgetauscht werden müssen: der Hygiene wegen. Tausende von Betten gehen deshalb jährlich in den Schredder und/oder die Müllverbrennung, womit wertvolle Ressourcen verloren gehen und die Umwelt unnötig belastet wird. Muss das sein? Natürlich lässt sich mit Inkontinenz-Folien die Matratze bis zu einem gewissen Grad schützen, doch die Praxis zeigt, dass dadurch nicht nur die Schlafqualität leidet (die zu optimieren eigentlich oberstes Ziel der Hotellerie sein sollte!), sondern auch eine Verschmutzung letztlich doch nicht verhindert werden kann. Und die Folien selbst erhöhen den Müllberg noch weiter.

Dabei gibt es längst Lösungen – durch Einsatz weitgehend verschleißfreier Bettsysteme und waschbarer Matratzen –, die

Nutzungszeiten zu verdoppeln und damit den Müll zu halbieren. Zudem wird durch korrektes Reinigen die potenzielle Gefahr durch Krankheitserreger, aber auch die Problematik von Milbenkot & Co. gegen null geführt. Selbst das Reinigen wird heute umwelt- und energieschonend durchgeführt, sofern die Betriebe darauf ausgerichtet sind.

Unsere Zukunft liegt in der Nachhaltigkeit!
Doch von der Möglichkeit, per Reinigung die Nutzungszeit zu verlängern, wird kein Gebrauch gemacht, sondern die Betten werden sogar immer höher (Boxspring), wodurch noch mehr Material und Ressourcen in den Müll wandern. Und was ist mit den verwendeten Materialien? Kommt das Holz der Bettgestelle aus nachhaltiger Forstwirtschaft? Sind die verarbeiteten Stoffe und Schäume Öko-Tex zertifiziert? Oder wird aus Asien importiert, vielleicht aus einem Billiglohn-Land mit ethisch und moralisch fragwürdigen Arbeitsbedingungen? Bei der Bettwäsche hätte man die Möglichkeit, Ware aus kontrolliert biologischem Anbau zu beziehen, und bei der Federkissenfüllung, auf Lebendrupf zu verzichten. Doch wer tut das? Es kostet oft nur wenig mehr, würde aber einen riesigen Qualitätssprung bedeuten. Aber es wird gespart, ebenso beim Liegekomfort.

Individuelle Bettsysteme für mehr Schlafkomfort und gesündere Nächte? Fehlanzeige! Die Zuliefer-Industrie für die Hotellerie bietet aber all das schon lange an, weil der klassische Verbrauchermarkt ohne diese Angebote gar nicht mehr auskommen würde. Nur die Hotel-Branche nutzt es nicht, weil sie glaubt, bei ihrem wichtigsten Handwerkszeug sparen zu können. Das nennt man wohl kurzfristiges Erfolgsdenken. Aber kurzfristiges Erfolgsdenken und Nachhaltigkeit schließen sich aus.

Genau deshalb wurde das Prinzip der Nachhaltigkeit erfunden, um sowohl langfristiges Denken zu fördern wie auch den Blick für das Wesentliche zu schärfen. Und wer jetzt als Hotelier auf seine Betten blickt (idealerweise mit Gästen darin), der wird sehen, dass seine Zukunft eigentlich „vor ihm liegt".

Kapitel 3
Produktionsfaktor Bett

3 Produktionsfaktor Bett

Mit dem Wissen um die Grundlagen von Schlaf, Bett und Hygiene sowie die verschiedenen Aspekte aus Sicht des Hotels soll der letzte Abschnitt dieses Buches der Umsetzung in der Praxis gewidmet sein. Neben einer Antwort auf die Frage, was der Gast will, beinhaltet dieses Kapitel eine Empfehlung des *Hotel-Verbandes Deutschland* (IHA) und eine Musterkalkulation. Denn bei allen Ideen, die es gibt, sollte die Prüfung der Frage, was es kostet, nicht fehlen.

3.1 Was Gäste wirklich wollen

Autor Jens Rosenbaum

Gilt es ein Hotel zu renovieren, neu auszurichten oder ein ganz neues zu eröffnen, stellt sich die Frage nach dem Konzept, seinen Schwerpunkten und der Aussage, mit der man sich am Markt positionieren möchte. Und wer möchte da nicht im Vorfeld die Wünsche seiner Gäste optimal berücksichtigen, sollen sie sich doch wohlfühlen, wiederkommen und für das Hotel, wo sie zu Gast waren, auch werben.

Was Gäste aber wirklich wollen, das wissen die Gäste oft selber nicht. Zu groß sind Angebot und Auswahl, alles gleichzeitig geht nicht, und eine Entscheidung zu treffen und damit glücklich zu sein, fällt vielen immer schwerer. Und trotzdem entscheidet eine Antwort zu dieser Schlüsselfrage über Erfolg und Misserfolg.

Die Konsumforschung beißt sich seit Jahrzehnten die Zähne an der Frage aus, wie eine Leistung bzw. ein Produkt beschaffen sein muss, um den Erwartungen des Kunden als eines Konsumenten der Leistung möglichst zu 100 Prozent zu entsprechen. Aber je intensiver geforscht wird, desto mehr entzieht sich das Objekt der Forschung und der Konsument einer klaren Antwort. Und es wird immer deutlicher, dass es wohl nie *eine* Antwort geben wird.

Was für die Konsumforschung gilt, gilt auch für die Hotellerie, wo der Gast als Kunde auftritt, als Konsument einer komplexen Leistung. Wie sollte das Angebot aussehen? Gibt es das eine, immer erfolgreiche Hotel-Konzept? Und wenn ja, wie sieht es aus? Jedem Hotelier, ob Hotel-Konzern oder Einzelbetrieb, steht es in seiner unternehmerischen

Entscheidung frei, ein Angebot nach eigenen Vorstellungen zu formulieren und darauf zu hoffen, dass sich ausreichend viele Gäste davon optimal angesprochen fühlen. Einfacher wäre es, sich einem Trend anzuschließen, mit dem Mainstream zu schwimmen, sich keine eigenen Gedanken zu machen. Allerdings droht dann stets die Gefahr, mit dem eigenen Angebot auch mal auf das falsche Pferd zu setzen oder den Zeitpunkt zu verpassen, wann man besser hätte umsatteln sollen. Da die Zahl der Angebote, die man als Hotelier erbringen kann, und die Möglichkeiten, wie man sich im Markt positioniert, limitiert sind, lohnt es schon, sich intensiver mit der Suche nach den richtigen Antworten zu beschäftigen. Wer damit ernsthaft beginnt, der nimmt sich einiges vor; denn eine Lösung scheint sich hinter folgenden drei Problemfeldern zu verstecken.

Problematik Individualität
Es gibt weder *den* Gast noch *den* Konsumenten. Diese statistische Hilfsgröße zerfällt in unendlich viele Kleinstmengen. Bezogen auf das Synonym Gast (als Konsument einer Hotel-Leistung) kann u. a. differenziert werden nach Geschlecht, Alter, Anlass der Reise, sozialem und kulturellem Hintergrund, Intellekt usw. Hinzu kommen weitere Faktoren wie allgemeine Tagesform, emotionale und gesundheitliche Verfassung, aber auch kurzfristige Einflüsse wie die jeweils aktuelle Ausprägung bestimmter Grundbedürfnisse.

Wer spät am Abend erschöpft und hundemüde als Gast ein Hotel betritt, der ist zunächst an der Länge des Schwimmbades herzlich wenig interessiert. Das kann aber am nächsten Morgen, nach herrlich durchschlafener Nacht, ganz anders aussehen, was bedeutet, dass der Gast auch keine zeitliche Konstanz bei seinen Wünschen und in ihrer Priorität hat.

Und mit der immer weiter fortschreitenden Individualisierung unserer Gesellschaft steigt die Komplexität des Gastes weiter, was wiederum seine Einordnung immer schwieriger macht, so als er würde er aus 6 Lotto-Kugeln bestehen, deren Reihenfolge zwar seinen Typus definieren, sich aber aus einer Ziehung von 49 Kugeln ergeben – kurz bevor er das Hotel betritt. Das allein ergibt schon 140 Millionen Kombinationen, aber für jeden Gast gibt es mehrmals täglich neue Ziehungen.

Deshalb sind Stammgäste ja auch so wertvoll, da man deren „Zahlenkombinationen" halbwegs schon kennt.

Problematik Komplexität
Eine zweite Dimension sind die immer komplexeren Leistungen. Ein Auto zum Beispiel ist längst mehr als nur ein Fortbewegungsmittel und ein Hotel auch mehr als nur eine Herberge für eine Nacht. Lifestyle paart sich mit ökonomischen Möglichkeiten, ökologische Grundeinstellungen mit der Befriedigung von Grundbedürfnissen, technische Ausführungen mit dem Wecken emotionaler Empfindungen.

Jedes einzelne Produkt bzw. jede einzelne Leistung ist eine Kombination verschiedenster Komponenten mit unterschiedlichsten Ausprägungen. Welche Leistungskomponente in welcher Form und Ausprägung im höchst individuellen, aber entscheidungsrelevanten Wahrnehmungsraum des Gastes bewusst oder unbewusst zur Wunschbildung beiträgt, ist wie beim Lotto – nur mit noch mehr Kugeln.

Problematik Aktualität
Die dritte Dimension ist schlichtweg die Zeit. Was gestern noch absolut *in* war, kann morgen schon kalter Kaffee sein, mit dem man niemanden mehr verlockt. Auf welchen Trend soll man also setzen, denn Prognosen haben ja das Problem, mit der Zukunft zu tun zu haben? Setzt ein Trend sich durch und wird zum Standard, oder ist es nur ein Strohfeuer? Es sei hier an die sehr kurze Ära der Wasserbetten erinnert. Es fragt sich also, welcher Trend stark und langfristig genug ist, um ein ganzes Haus darauf auszurichten.

Diesen drei Problemfeldern lösungsorientiert zu begegnen, ruft eigentlich nach den Instrumenten der klassischen Marktforschung. Doch sind dies eben nur Instrumente, und deren Resultate werfen nicht nur die Frage auf, ob sie richtig angewendet, sondern auch, ob sie überhaupt angewendet werden. Denn Daten ohne zielgerichtete Analyse sind nur ein Haufen nutzloser Zahlen.

Daten alleine liefern noch keine Antwort
Derzeit – und zu Recht – kritisch zu sehen sind die Datenkraken *Facebook*, *Google* & Co. Sie zeigen, was man mit Daten alles machen kann, im Guten wie im Schlechten. Ungeachtet dessen, was jeder

persönlich davon hält, sind Informationen bereits ein wichtiger Rohstoff. Und diese Informationen sowie deren rechtmäßige Gewinnung und Auswertung sind bereits ein wichtiger Schlüssel zum Erfolg. Doch sollte man nicht glauben, dass diese hohe Kunst der Datengewinnung, Datenverarbeitung und Datenanalyse sowie letztlich ihre Nutzung bereits allgemeiner Standard sind.

So hat eine Untersuchung der *Hochschule Reutlingen*, im Auftrag von *T-Systems Multimedia Solutions*, Erstaunliches zutage gefördert. 16 Branchen deutscher Unternehmen wurden zum Status quo von „Big Data" untersucht. Das Fazit vorab: Alle reden über Daten, und es wird ihnen eine sehr große Bedeutung beigemessen, aber genutzt werden sie nicht. Alle sind daran interessiert, ihre Kunden besser kennenzulernen, und alle sammeln massenhaft Daten – aber kaum einer hat eine vernünftige „Big Data"-Strategie. Nur ein Drittel der befragten Unternehmen werten ihre Daten konsequent aus, und nur knapp 10 Prozent, vor allem Großkonzerne, verfügen über ein ernst zu nehmendes, datengetriebenes Marketing. Und der Rest? Blindflug?

Und was ist mit all den Fragebögen auf den Hotel-Zimmern? Werden die erfassten Daten nur abgeheftet? Was wird da Sinniges oder Unsinniges abgefragt? Es ist zu vermuten, dass unglaublich viel Potenzial nicht genutzt wird und mögliches Wissen nicht zum Einsatz kommt. Marktforschung wird zwar von vielen betrieben, nicht zuletzt von den Online-Portalen wie HRS oder von Bewertungsportalen, bei denen sich die Gäste den Frust von der Seele schreiben. Aber die Frage, was Gäste wirklich wollen im Sinne einer Handlungsempfehlung für die Hotellerie, wird von den meisten nicht ernsthaft verfolgt. Man scheint sich eher dazu verleiten zu lassen, neue Trends zu finden, Lücken, die noch keiner nutzt, um neue Zielgruppen zu kreieren. Allen voran die großen Reise- und Hotel-Konzerne, die mit ihren Stabsabteilungen auch die Kapazität haben, am laufenden Band neue Konzepte zu produzieren. Und diese Konzepte, oft intensiv beschrieben durch die Fachpresse, sind der neue Trend, das Licht, denen andere einfach folgen können? Aber blind einem Trend zu folgen, sich ihm voll und ganz auszuliefern, birgt Risiken.

Von den bereits erwähnten Wasserbetten, die ein schönes Beispiel für einen sehr kurzlebigen Scheintrend abgeben, einmal abgesehen – was gibt es noch für Trends, die einer kritischen Betrachtung würdig sind? Öko-Hotels und Nachhaltigkeit? Ist dieser Trend wirklich schon so stark, dass man „sein ganzes Haus" darauf ausrichten sollte?

Sicherlich wächst die Zielgruppe stetig, aber wie die Studie *Future Hotel 2014* des *Fraunhofer-Instituts* zeigt, gibt es in puncto Nachhaltigkeit starke Widersprüche zwischen „formulierter" und „gelebter" Nachfrage. So wurde festgestellt, dass nur jeder zehnte Gast Wert auf Umweltschutz und Nachhaltigkeit legt, wenn er im Hotel ist, obwohl daheim jeder Dritte auf einen sorgsamen Umgang mit Umwelt und Ressourcen achtet! Wie viel Aufwand betreibt man also für diese 10 Prozent der Gäste, wenn es den anderen 90 Prozent derzeit (noch) nicht so wichtig ist? Es ist ein wenig wie im Bekleidungshandel. Alle verteufeln Kinderarbeit und wünschen sich die Einhaltung von Öko-Standards, aber wenn es ans Bezahlen geht, schlägt der Preis das Gewissen. Vielen Gästen reicht daher ein grüner „Anstrich", zumal sie mit den vielen Öko-Labels völlig überfordert sind, da es noch keine einheitlichen Standards gibt. Aber wer dem Bio- und Öko-Trend wirklich folgen will, muss authentisch sein und damit innen wie außen grün, und das in allen Bereichen. Ist solch ein Konzept universell?

Ist die Flucht in die Nischen eine Lösung auf Dauer? Was ist mit anderen Trends? Mit Blick auf das immer vielfältigere Angebot ist zu sagen, dass eine Ausdifferenzierung der Gäste begonnen hat – und damit die Definition, was überhaupt ein Trend ist, erschwert wird. Scheinbar unzählige Anbieter, speziell im Internet, formulieren Angebote für spezifische Zielgruppen: Ob für Paare ohne Kinder für einen Kurzurlaub, ob für Senioren oder Singels, ob für Familien oder für Freunde bestimmter Hobbys (es gibt ja nicht nur Golf). Es gibt Lebensphasen-Angebote, Angebote für Gäste mit speziellen Interessen und Vorlieben, aber auch ebenso passende Angebote für Gäste betreffend ihre sexuelle Orientierung oder ihren Geschmack, ob in Sachen Einrichtung oder Küche bis zu allen denkbaren Kombinationen wie heterosexuelle Paare, vegetarische Küche, ohne Kinder, aber mit Hund und Shabby Chic. Wie groß der jeweilige Marktanteil ist, lässt sich statistisch nicht wirklich seriös ermitteln, aber sicher ist, dass diese Anteile immer kleiner werden, weil die Nischen immer kleiner werden, in denen solche Zielgruppen- und Konzept-Hotels auftun. Eine Vernischung der Hotel-Branche nimmt somit ihren Lauf, und der Trend ist, dass es keinen Trend gibt. Alles ist möglich. Für alles gibt es eine Nachfrage. Die Frage ist nur, ob sich dies alles auf längere Sicht rechnet.

Ein anderer Trend ist die immer stärkere Individualisierung im Sinne einer gästespezifischen Anpassung. Gefragt nach den Wünschen gaben 50 Prozent der Befragten in der bereits zitierten *Fraunhofer-Studie* an, individuell anpassbare Angebote bevorzugen zu wollen. Und anpassbar heisst hier: Von der Verweildauer bezüglich Uhrzeit über schnellere Abläufe bis zur Zimmerauswahl, für das das Stockwerk, der Ausblick und besondere Ausstattungsmerkmale im Voraus gewählt werden können – wie bei einer Sitzplatzbuchung im Flugzeug. Dem Gast die Wünsche von den Augen abzulesen ist sicher die hohe Schule eines guten Gastgebers und Hoteliers. Aber nur, wenn sich Aufwand und Nutzen auch rechnen, denn Hotels sind primär Wirtschaftsunternehmen und keine gemeinnützigen Vereine! Am Ende gar für jeden Gast ein eigenes Hotel?

Je ausgefallener das Konzept, je größer die Differenzierung, je stärker das Angebot der Individualisierung, desto größer auch die Schwierigkeit, alles richtig zu machen. Solche Konzept-Gäste wollen oft schon vor der Reise wissen, was sie genau erwartet, und sind dann schnell enttäuscht, wenn es doch anders kommt. Auch weil nicht alle Erwartungen formuliert und bekannt sind. Da kann schon mal die falsche Marke der Sportgeräte im Fitnessraum Anlass für eine kolossale Enttäuschung sein. Und als wäre dies nicht genug, schlägt noch die kognitive Dissonanz zu. Das bedeutet, dass der Gast sich in einem als unangenehm empfundenen Gefühlszustand befindet, der dadurch entstanden ist, dass mehrere Wünsche, Absichten oder Wahrnehmungen (Kognitionen) bestehen, die nicht miteinander vereinbar sind. Dies kann dazu führen, dass der Gast nachträglich mit seiner eigenen Kaufentscheidung unzufrieden ist, obwohl er bekommen hat, was er eigentlich wollte!

Was also tun? Es ist sicherlich weder eine gute Idee noch wirtschaftlich machbar, jedem aktuellen Trend und jeder Differenzierung hinterherzulaufen. Noch schlimmer wäre vorweg, denn nicht jeder Trend zahlt sich aus – weshalb echte Pioniere selten auch wirklich erfolgreich sind. Und je intensiver man in die Tiefe der Wünsche seiner Gäste vordringt, desto mehr kann man sich auch verzetteln – ganz im Sinne von „Die Geister, die ich rief". Man muss sich aber entscheiden, weil man nicht alle paar Jahre sein Konzept anpassen kann. Und nicht jedes Unternehmen wird jedem Konzept gewachsen sein. Daher die Frage, ob es nicht auch einfacher ginge?

Vereinfachung als Antwort
Die Frage, was Gäste wirklich wollen, lässt sich ja vielleicht besser aus einer anderen Richtung beantworten, indem man sich rückbesinnt. Es gab Zeiten, da war der Gast glücklich, eine ordentliche Herberge mit sauberen Betten zu finden, wo er sicher die Nacht verbringen konnte. Das klingt jetzt weit hergeholt, aber die Strategie, an seiner Kernleistung zu arbeiten, war noch nie eine Schlechte, eher immer eine Schlaue. Und siehe da, dieser Ansatz erhält Rückenwind aus den Umfragen; denn wenn es darum geht, wer die größten Störer im Hotel sind, sind sich die Gäste – über alle Nischen hinweg – einig.

Nach einer Umfrage von *HolidayCheck* von 2013 sind für 55 Prozent aller Hotel-Gäste die Betten zu weich. Ob diese immer nur zu weich waren oder schlicht durchgelegen, weil verbraucht, klärte diese Studie nicht auf. Aber einerlei, der damit verbundene, negativ empfundene Liegekomfort trübt den Eindruck erheblich, gleich wie nobel das Hotel sonst ist. Zu ähnlichen Ergebnissen kommt auch die viel zitierte Studie des *Fraunhofer-Instituts*. Sie bringt es gleichsam auf den Punkt, wenn sie feststellt, dass die Hotels die Kundenwünsche in Sachen Bett nur unzureichend berücksichtigen und zudem die Qualität der Hotel-Betten stark verbesserungswürdig ist. Fast alle im Rahmen der Studie befragten Hotelgäste (98 Prozent, inkl. der Geschäftsreisenden) gaben an, dass Bett und Matratze die wichtigsten Kriterien für die Zufriedenheit seien – tatsächlich erfüllen diese aber nur in gut einem Drittel der Fälle (35 Prozent) die Erwartungen. Das sind, im Kehrschluss, 65 Prozent unzufriedene Gäste! Und was den Schlaf vermiest, ist einen Stern nicht wert.

In diese Kerbe schlägt nun – endlich! – der neue *Hotelsterne-Kriterienkatalog 2015 – 2020* der *Dehoga*. Denn bisher waren lediglich „zeitgemäße und gepflegte Matratzen von mindestens 13 cm Stärke" sowie zeitgemäße und gepflegte Bettwäsche u. a. die Mindestanforderung –

und das unisono bis zum 5-Sterne-Hotel. Das erinnerte eher an Bettauflagen wie in einem Ferienlager. Neue zusätzliche (aber *noch* nicht verbindliche) Kriterien sind zum Beispiel ergonomische wie verstellbare Betten, Allergiker-freundliche Bettwäsche und jährliche Tiefenreinigungen. All diese Kriterien in Ergonomie und Hygiene sind zwar noch nicht obligatorisch und liegen unter den grundsätzlichen Möglichkeiten, geben aber wichtige Punkte für ein Sternchen mehr. Und das Ziel der Autoren des *Kriterienkataloges* ist deutlich: Das Bett braucht mehr Beachtung – weil der Gast es wünscht.

Diese Entwicklung passt absolut in die Zeit. Denn auch „Big Data" liefert seit Jahren die relevanten Informationen darüber, dass das Thema Schlafen immer wichtiger wird. Der Mensch hat begonnen, die „Maschine" Mensch bewusster zu pflegen. Das Gesundheitsbewusstsein wächst. Und bewusstes Schlafen ist dabei eine klare Gegenentwicklung zum medialen Stress einer 24-Stunden-7-Tage-Verfügbarkeit und zur Burn-out-Problematik. Das Wissen um die Sensibilität des eigenen Körpers und dessen Grenzen der Belastbarkeit schaffen den zunehmenden Wunsch nach Rückzugs- und Regenerationsmöglichkeiten. Das Hotel ist ein solcher Rückzugsort! Die Erschöpften suchen dort Erholung! Das gilt für Urlauber, aber fast noch mehr für Geschäftsreisende, die am nächsten Tag wieder 100 Prozent Leistung erbringen wollen. Diese Entwicklung hat die klassische Konsumgüterindustrie, in der das Bett mittlerweile zum zentralen Lebensraum avanciert, schon länger aufgegriffen. Hingegen gibt es bisher nur wenige Hotels, die über ein marketingfähiges Bettenkonzept verfügen.

Da passt es gut, eine andere ganz aktuelle Untersuchung zitieren zu können, die Aufschluss darüber gibt, warum den Gästen das Bett so wichtig ist. *David Samson* und *Charles Nunn* von der *Duke University* in den USA haben kürzlich im Fachmagazin *Evolutionary Anthropology* einen Beitrag zur „Schlafintensitäts-Hypothese" veröffentlicht (Sleep intensity and the evolution of human cognition, Samson, D., and C. Nunn. *Evolutionary Anthropology*, December 2015. DOI: 10.1002/evan. 21464). Demnach, so ist zu lesen, ist der Mensch der beste Schläfer auf der Erde. Wir Menschen schlafen fester und intensiver als alle anderen Primaten und zudem kürzer als andere Säugetiere – weil intensiver. Andere Primaten benötigen 13 bis 18 Stunden Schlaf, wir Menschen kommen hingegen mit 6 bis 9 Stunden aus (im Urlaub gerne auch mal mehr). Der Mensch zeichnet sich also durch eine relativ kurze, kompakte und vor allem intensive Schlafphase aus. Nur dies macht es uns möglich, die Erlebnisse während der langen Wachphase zu verarbeiten. Der Schlaf ist also ein, wenn nicht vielleicht *der* wesentliche Baustein in der Evolution der Menschheit. Oder, wie es *Christina Hucklenbroich* in der „Frankfurter Allgemeinen Zeitung" einmal sehr schön formuliert hat: Der Mensch ist von den Bäumen gestiegen, um Betten zu bauen.

Gibt es also das universell richtige Hotel-Konzept? Ein Konzept, das weder versucht, alle denkbaren Wünsche zu erfüllen, noch neue Erwartungen weckt, sondern sich auf einen alten Kernwunsch seiner Gäste konzentriert? Vereinfachen statt diversifizieren und dennoch die veränderten Möglichkeiten der Zeit ausschöpfen?

Ja, das gibt es nicht nur in der Theorie – und wir sind auf direktem Weg dorthin. Und ob man möchte oder nicht, landet man dabei in den Armen der hier Erstgenannten, das heißt von *Facebook*, *Google* & Co. Denn dort werden, auch über Apps und via Smartphone, bereits Daten gesammelt, wie das jeweilige Individuum schläft – oder schlafen möchte. Hinterlegt sind dabei Geschlecht, Körpergröße, Alter und Gewicht, Vorzüge wie Vorlieben – es wird einfach alles an Daten gesammelt und verdichtet, was sich thematisch bündeln lässt. Und die User von heute sind extrem mitteilungsfreudig, ob in Chats, per Mail oder welchen Nachrichtendiensten auch immer. Dazu gehört auch die Suche des Einzelnen im Internet nach bestimmten Leistungen und Produkten bei Schlafproblemen.

All diese Daten werden, wie wir heute wissen, bereits personenbezogen gesammelt, oft sogar mit Billigung der Anwender. Und ob man will oder nicht, daraus erwachsen Leistungen bis zur Empfehlung, welches Bett man sich privat kaufen sollte. Die „Daten-Kraken" unserer Zeit wissen auch schon, ob man Bauch- oder Seitenschläfer, Frühaufsteher oder Langschläfer ist, Körner- oder Nackenstützkissen bevorzugt und weich oder lieber etwas fester liegen möchte. Alles kein Witz – das Smartphone schläft mit und wird ständig von uns, den Nutzern, gefüttert. Der geneigte Leser mag an dieser Stelle diese Lektüre aus der Hand legen und kurz im Internet nach entsprechenden Schlaf-Apps für das Smartphone schauen – er wird staunen!

Bereits heute schon schließt der Gast in den ersten Häusern mit seinem Smartphone das Zimmer auf, ohne die Rezeption zu beanspruchen. Er bringt bereits seine Musik, sein Entertainment sowie sein mobiles Büro mit – und wehe, es fehlt die Möglichkeit, im Zimmer gleich online zu gehen und sich mit Lautsprecher und Bildschirm zu vernetzen. Dabei wird es nicht bleiben. Bereits heute „wissen" viele Smartphones bzw. „weiss" die allmächtige Cloud, welche Anforderungen ihr User an sein Bett hat.

Und bereits heute gibt es Betten, deren geteilte Liegeflächen sich motorisch beliebig verstellen lassen und die den gefühlten Härtegrad der Matratze individuell und stufenlos anpassen können, von integrierter Heizdecke und anderen Add-ons ganz zu schweigen. Und es ist heute auch bereits kein Problem, ein Smartphone und ein Bett miteinander „sprechen" zu lassen im Sinne von Vernetzung und Datenaustausch. Das Hotel-Konzept der Zukunft, zumindest wenn es um die Kernleistung – das Hotel-Bett – geht, wird darin bestehen, dass die Smartphones „wissen", was ihr User als Gast will – und das Bett hat es zu können. Hat man damit nicht die höchste Individualisierung beim kleinsten gemeinsamen Nenner?

Man stelle sich vor, eine Hotel-Betten-App, kostenlos im Internet, die via Smartphone über Abfrage und per Sensoren alle relevanten Daten erfasst: Betritt der Gast das Zimmer, sind Beleuchtung, Musik und Temperatur bereits eingestellt, steht das richtige Kissen zur Verfügung und stimmen Härtegrad der Matratze, Schulterentlastung, Lordosen-Anhebung und Winkelstellung der Hüfte-Bein-Liegefläche zur Bandscheibenentlastung auf den Zentimeter genau! Und mit dem Smartphone liest der Gast gleich noch das Hygiene-Zertifikat aus, mit dem Zimmer und Matratze per Chip ausgestattet sind. Was für ein Kundenbindungspotenzial könnte in solch einer bescheidenen Maßnahme stecken? Dafür müsste noch nicht einmal umgebaut werden!

Die Frage, was Gäste wirklich wollen, wird, was das Bett betrifft, damit beantwortet sein, und wer schlau ist, wird genau damit um seine Gäste werben – und es ihnen letztlich auch genau so verkaufen

3.2 Was ein gutes Bett leisten muss

Wir sprachen mit *Stephan Schulze-Aissen*, einzigem öffentlich bestellten und vereidigten Sachverständigen für Bettwaren in Deutschland.

Stephan Schulze-Aissen, was gehört zu einem guten Bett?
Die wichtigsten Komponenten aus Sicht des Gastes sind:
- eine flexible Unterfederung
- eine anpassungsfähige Matratze
- ein anschmiegsames Kopfkissen
- eine kuschelige Zudecke
- hautsympathische Bettwäsche

Was muss ein gutes Bett können?
Der Gast sollte sich im Bett wohlfühlen und erholsam sowie entspannt schlafen können. Dazu muss die Bett-Ausstattung wichtige biomechanische und mikroklimatische Anforderungen erfüllen. Die biomechanischen Eigenschaften wie Wirbelsäulenlagerung und Druck-Entlastung werden von der Kombination Unterfederung, Matratze und Kopfkissen maßgeblich beeinflusst. Die mikroklimatischen Anforderungen hinsichtlich Temperatur- und Feuchteausgleich in der „Betthöhle" werden durch Zudecke und Bettwäsche reguliert.

Was versteht man unter „biomechanischen Anforderungen"?
Wir Menschen sind unterschiedlich gebaut und schlafen in verschiedenen, pro Nacht etwa 40- bis 60-mal wechselnden Schlafpositionen. Liegen wir beispielsweise in Seitenlage, muss die Bett-Ausstattung die Schulter aufnehmen und angenehm einsinken lassen, um ein „Aufbocken" und damit einem Schulterdruck vorzubeugen. Liegen wir auf dem Rücken, muss die Bettkombination ausreichend stützend sein, um ein „Absacken" der Schulterpartie zu verhindern.

Natürlich wäre es optimal, die Bett-Ausstattung wie im privaten Bereich zu individualisieren. Das ist bei häufig wechselnden Nutzern nicht möglich. Daher sollte die Bett-Ausstattung für durchschnittliche Körpertypen geeignet sein. Gute Kombinationen aus Unterfederung, Matratze und Kopfkissen stützen durch die sogenannte Feder-, Biege- und Punktelastizität und bilden dabei den individuellen Körperbau des Liegenden nach.

Zwei Tipps aus der Praxis:
- ☞ Testen Sie vor der Investition für einige Nächte die Kombination Matratze, Unterfederung und Kopfkissen.
- ☞ Doppelzimmer können durchaus mit Matratzen in zwei verschiedenen Festigkeiten ausgestattet werden. Die Gäste sind häufig verschieden in Größe, Gewicht und Körperbau.

Was sind „mikroklimatische Anforderungen"?

Das Schlafklima wird ganz entscheidend von der Bettdecke beeinflusst. Sie ist zu 80 Prozent für das Mikroklima in der „Betthöhle" verantwortlich. Die vielen kleinen Luftpolster in der Bettdecke sollten im Winter wärmend isolieren und im Sommer genügend Zirkulation zulassen, damit man nicht schwitzt. Die Zudecke bewirkt den wichtigen Temperaturausgleich während des Schlafes. Außerdem gibt der Mensch im Schlaf Feuchtigkeit in Form von Wasserdampf ab. Diese Feuchtigkeit muss durch die Bettdecke abtransportiert werden. Denn wer in der Nacht in einem klammen Bett friert oder zu schwitzen beginnt, kann nicht tief genug schlafen oder schläft nicht durch – so kann sich keine Erholung einstellen. Außerdem kann ein ungünstiges Mikroklima in der „Betthöhle" zu Problemen im Bereich des Muskel- und Skelettapparates führen. Betroffen ist hiervon in erster Linie die Schulter- und Nackenregion.

Zwei Tipps aus der Praxis:
- ☞ Testen Sie vor der Investition für einige Nächte die Kombination Zudecke und Bettbezug.
- ☞ Das Wärmerückhaltevermögen der Zudecke sollte der durchschnittlichen Raumtemperatur entsprechen. In klimatisierten Räumen bevorzugen Gäste eher wärmere Betten.

Welche Vorgehensweise ist aus Ihrer Erfahrung empfehlenswert?

Die Erwartungen des Gastes an guten Schlafkomfort werden weiter deutlich zunehmen. Betrachten Sie die Bett-Ausstattung aus seinem Blickwinkel. In welchem Bett würden Sie sich wohlfühlen? Nutzen Sie, zur Vermeidung von Fehlkäufen, bei der Produktauswahl die Erfahrung kompetenter Fachleute vor Ort. Üblich sind dabei Vermittlungsprovisionen; häufig kommt es auch zum Komplettkauf der Bett-Ausstattung, oder es werden Beratungspauschalen vereinbart.

Jeder Gast freut sich über komfortsteigernden Service. In einigen Hotels wird beispielsweise eine „Kissen-Bar" angeboten: Die Gäste können das ihnen entsprechende Kissen individuell auswählen: Design und Optik sind wichtig – Schlafkomfort und Liegequalität aber die Basis guten Schlafes!

Grundsätzlich gilt: Ein Hotel-Bett ist nur so gut, wie die Qualität der einzelnen Komponenten es ermöglicht. Nur ein ausgeschlafener Gast ist ein zufriedener Gast!

3.3 Hotel-Bett-Empfehlung des IHA

Von einem Brett mit Polsterauflage bis zu einem individuell verstellbaren Bettsystem für eine optimale anatomische Anpassung reicht die Palette an Angeboten der Betten- und Matratzen-Industrie. Nie zuvor konnte die Hotellerie zwischen so vielen Möglichkeiten wählen. Und genau das macht es immer schwieriger, die richtige Wahl zu treffen. Denn es gilt, zwei Aspekte unter einen Hut zu bekommen. Zum einen den Anspruch, mit den richtigen Produkten und einem entsprechendem Betten- und Hygienemanagement die Nutzungszeit wirtschaftlich zu optimieren, zum anderen den Erwartungen seiner Gäste zu entsprechen – denn nie zuvor war auch der Gast als Verbraucher besser informiert. In den Medien wird das Thema *Bett & Schlafen* so dauerhaft und intensiv behandelt wie kaum ein anderes. Damit wachsen auch Anforderungen und Erwartungsdruck, was sich nicht nur in den Regularien der aktuellen Hotel-Klassifizierung niederschlägt (*Hotelsterne-Kriterienkatalog* 2015 – 2020, Klassifizierungskriterien 65 – 91: „Schlafkomfort").

Ein jeder Hotelier muss selbst entscheiden, welches Betten-Niveau er seinen Gästen anbieten möchte. Die besondere Herausforderung für jedes Hotel besteht darin, mit dem eigenen Angebot an Kissen, Matratzen und Wäsche möglichst vielen Gästen gerecht zu werden. Denn so unterschiedlich wie die Menschen, so unterschiedlich sind auch ihre individuellen Schlafbedürfnisse. Aber auch die Wirtschaftlichkeit hinsichtlich der erzielbaren Zimmerrate muss Berücksichtigung finden, denn ein Hotel ist zuerst und zuletzt ein Wirtschaftsunternehmen mit Gewinnerzielungsabsicht.

Welches Angebot ist das Richtige?
Diese Frage soll mit einer Standard-Empfehlung des *Hotelverbandes Deutschland* (IHA) beantwortet werden, welche die gewonnenen Erkenntnisse und das Wissen um die Möglichkeiten in eine praktische Lösung überführt. Hierzu wurde in Zusammenarbeit mit den Preferred Partnern des IHA, der *SWISSFEEL AG* in Zürich und der *Servitex GmbH* in Berlin, ein Angebot zusammengestellt, das bezogen auf das Kernelement Bett eine Komplettlösung darstellt; denn die Anforderungen an das Bett umfassen nicht nur das Produkt, sondern auch dessen hygienische Pflege.

Die Auswahl und Zusammenstellung der Hotel-Bett-Empfehlung des *IHA* folgt drei Prinzipien:

1. Maximale Anpassungsfähigkeit an den Gast
2. Höchstmöglicher Hygiene-Standard
3. Größtmögliche Ökologie-Verträglichkeit (Umwelt- und Ressourcen-Schonung sowie Allergiker-Freundlichkeit und Öko-Tex-Zertifizierung)

Diesen Prinzipien gemäß setzt sich die Hotel-Bett-Empfehlung des *IHA* wie folgt zusammen:

Kissen-Menü
SWISSFEEL zum Beispiel bietet drei unterschiedliche Kissen aus Schweizer Mineralschaum, voll waschbar sowie Öko-Tex zertifiziert. Für Rücken-, Seiten- und Mischschläfer, inklusive eines ergonomischen Nackenstützkissens, wobei ein Kissen (Kombi-Kissen 2-in-1) mit einer festen und einer weichen Seite ausgestattet ist und daher wie 2 Kissen gewertet wird, womit diese 3 Kissen in der Hotel-Klassifizierung als 4 Kissen gewertet werden.

Matratzen
Matratzen von *SWISSFEEL* sind ebenfalls aus Schweizer Mineralschaum, daher auch voll waschbar und Öko-Tex zertifiziert. Sie sind zoniert, aber auch mit erweiterter Punktelastizität bei Modellen verfügbar, die zusätzlich auf Druck und Wärme reagieren. Da der Schweizer Mineralschaum voll waschbar ist, können diese Produkte länger genutzt werden und tragen so zur Ressourcen-Schonung bei.

Unterfederung
Flexible Unterfederung, die nicht starr mit dem Bettkasten verbunden ist und jederzeit gereinigt werden kann. Verfügbar mit einzeln verstellbaren Elementen (zum Beispiel für Rücken und Beine) für mehr Schlafkomfort oder als Aufsteh-Hilfe. Aber auch mit stufenlos verstellbarer Lordosen-Unterstützung zur individuellen Anpassung.

Bettkasten
Bettkasten in Boxspring-Optik mit abnehmbaren Stoff-Hussen, die jederzeit gereinigt werden können. Der Bettkasten erlaubt zu jeder Zeit

die Entnahme oder den Austausch der Unterfederung zum Zweck der Reinigung. Der Holzrahmen stammt aus nachhaltiger Forstwirtschaft.

Miet-Lösung
Analog der Hotel-Mietwäsche bieten die *Ser*vitex-Partner bundesweit eine Komplettlösung an, die neben der Vermietung kompletter Betten auch und je nach Vereinbarung die regelmäßige Aufbereitung der Betten, inklusive Waschen der Matratzen, beinhaltet. Diese Full-Service-Leistung entspricht einem kompletten Outsourcing des Bettes, inklusive all seiner Komponenten.

3.3.1 Umsetzung der Hotel-Klassifizierungskriterien

Servitex und SWISSFEEL

Die Hotel-Bett-Empfehlung des *IHA* gründet sich neben der Erfüllung wichtiger Anforderungen auch in einer maximalen Erreichung notwendiger Punkte im Rahmen der Klassifizierung.

Übertragen auf die Klassifizierungskriterien können bei einer Komplettlösung (im Rahmen einer Neuanschaffung) bis 94 Punkte und mehr erzielt werden, was einem Anteil von über 30 % der benötigten Punkte für ein 3-Sterne-Haus und von über 15 % für ein 5-Sterne-Haus entspricht.

Nachfolgende Tabelle zeigt beispielhaft, wie sich über die Hotel-Bett-Empfehlung des *IHA* produkt- und leistungsbezogen die Punkte über die Preferred Partner der *IHA*, *SWISSFEEL* und *Servitex*, erreichen lassen.

Diese Tabelle ist aus Gründen der Vereinfachung für die nachfolgende Musterkalkulation verkürzt, zum Beispiel um die Kriterien 69 (Überlänge bei Betten), 73 (zustellbares Baby-Bett) oder 90 (Bettvorlage), womit die mit diesen Kriterien verbundenen Punkte in der Musterkalkulation nicht vergeben werden können. Diese Verkürzung ist anhand der Kriterien-Reihenfolge nachvollziehbar.

Tabelle 4: Auszug Hotel-Kriterienkatalog 2015–2020, Kapitel III: Zimmer; Klassifizierungskriterien 65–91: Schlafkomfort

Nr.	Kriterium	Punkte	*	**	***	****	*****
65	Bett mit zeitgemäßer und gepflegter Matratze von mind. 13 cm Stärke	1	M	M			
66	Bettsystem, bestehend aus einem elastischen Federsystem und einer zeitgemäßen, gepflegten Matratze mit einer Gesamthöhe von mind. 18 cm	5			M	M	M
67	Bettsystem, bestehend aus einem elastischen Federsystem und einer zeitgemäßen, gepflegten Matratze mit einer Gesamthöhe von mind. 22 cm	10					
68	Verstellbares, ergonomisches Bettsystem	5					
72	Einzelbetten von mind. 1,00 m x 2,00 m und Doppelbetten von mind. 2,00 m x 2,00 m	25					
75	Matratzen-Hygienebezüge bzw. Encasings	10					
76	Neuanschaffung von Matratzen vor max. 3 Jahren	10					
77	Jährliche Matratzen-Tiefenreinigung	10					
79	Zeitgemäße, gepflegte Oberbetten (Bettdecken)	1	M	M	M	M	M
81	Zeitgemäße, gepflegte Kopfkissen	1	M	M	M	M	M
82	Kopfkissen-Hygiene-bezüge bzw. Encasings	5					
83	Jährliche Kopfkissen-Tiefenreinigung /Neuanschaffung vor max. 1 Jahr	8					
84	Zusatzkopfkissen auf Wunsch	1			M	M	M
85	2 Kopfkissen pro Gast	4					M
86	Kopfkissenauswahl	4				M	M

3.3.2 Grundlagen einer Musterkalkulation

Auf der Grundlage dieser Empfehlung werden die Positionen der Klassifizierungskriterien auf verschiedene Beispiele für Musterangebote übertragen, bestehend aus Ware (zum Beispiel Kissen, Matratze, Bettwäsche usw.) und Dienstleistung (z. B. Waschen), jeweils für eine komplette Bett- & Textillösung.

Tabelle 5: Beispiele Hotel-Bett-Empfehlung

Nr.	Kriterium	Punkte	Beispiel 1	Beispiel 2	Beispiel 3
65	Bett mit zeitgemäßer und gepflegter Matratze von mind. 13 cm Stärke	1			
66	Bettsystem, bestehend aus einem elastischen Federsystem und einer zeitgemäßen, gepflegten Matratze mit einer Gesamthöhe von mind. 18 cm	5	5	5	
67	Bettsystem, bestehend aus einem elastischen Federsystem und einer zeitgemäßen, gepflegten Matratze mit einer Gesamthöhe von mind. 22 cm	10			10
68	Verstellbares, ergonomisches Bettsystem	5			5
72	Einzelbetten von mind. 1,00 m x 2,00 m und Doppelbetten von mind. 2,00 m x 2,00 m	25	25	25	25
75	Matratzen-Hygienebezüge/Encasings	10			10
76	Neuanschaffung von Matratzen vor max. 3 Jahren	10	10	10	10
77	Jährliche Matratzen-Tiefenreinigung	10	10	10	10
79	Zeitgemäße, gepflegte Oberbetten (Zudecken)	1		1	1
81	Zeitgemäße, gepflegte Kopfkissen	1		1	1

82	Kopfkissen-Hygienebezüge/Encasings	5			5
83	Jährliche Kopfkissen-Tiefenreinigung bzw. Neuanschaffung vor max. 1 Jahr	8		8	8
84	Zusatzkopfkissen auf Wunsch	1			1
85	2 Kopfkissen pro Gast	4		4	4
86	Kopfkissen-Auswahl	4			4
	Punkte gesamt		50	64	94

Alle drei Beispiele stellen Full-Service-Lösungen dar, wobei sämtliche Komponenten wie Bett und Wäsche, wie in der Tabelle ausgewiesen, auf Mietbasis zur Verfügung und durch *Servitex* unterhalten werden, womit die hier dargestellte Punktzahl aus einer Hand kommt. Zur Vereinfachung werden die kalkulierten Mietpreise pro Doppelzimmer und Tag ausgewiesen – und nicht pro Stück.

Tabelle 6: Übersicht Mietpreise Bettausstattung

	Einheit	Miete*
Bettwäsche*	Set	EUR 1,62
Frottee*	Set	EUR 0,68
Zudecken	2 Stück	EUR 0,10
Standardkissen SWISSFEEL Kombikissen	2 Stück	EUR 0,12
SWISSFEEL Kissenmenü	Menü	EUR 0,02
Matratzen Eco Light und Bettsystem Natura	2 Stück	EUR 1,25
Matratzen Contour Classic mit Bettsystem Lumbal	2 Stück	EUR 2,78
Encasings Matratzen	2 Stück	EUR 0,06
Encasings Kopfkissen	2 Stück	EUR 0,01

*Angaben für Bettwäsche & Frottee nutzungsabhängig, für alle anderen Bettkomponenten nach Anzahl verfügbarer Zimmer (siehe Rahmenbedingung Vereinbarung).

Diese Musterkalkulation (Tagesmietpreis für ein Doppelzimmer) beruht auf der Basis eines Hauses mit 100 Betten. Um bei dieser Musterkalkulation mit realistischen Angebotspreisen zu arbeiten, gilt es die Rahmenbedingungen dieser Kalkulation zu erläutern.

Rahmenbedingungen Ausstattung 2-Bett-Zimmer

- **Wäsche,** Set: je zwei Bettlaken, Kopfkissenbezüge und Bettbezüge, jeweils Mischgewebe
- **Frottee,** Set: je zwei Handtücher und Duschtücher sowie ein Badvorleger, 100 % Baumwolle
- 2 **Zudecken,** z. B. Mikrofaser oder Halbdaune
- Durchschnittlicher **Wäschewechsel** alle 2 Tage für alle Artikel (Wäsche & Frottee)
- 2 **Standardkissen,** SWISSFEEL Kombikissen 2-in-1 aus Schweizer Mineralschaum
- **Encasings:** Standard-Matratzen- bzw. Kissenschutz
- SWISSFEEL **Kissenmenü:** Menü in dieser Musterkalkulation nur in Verbindung mit einer Ausstattung aller Zimmer mit dem Standardkissen SWISSFEEL Kombikissen. Für das Hotel insgesamt weitere 10 Kissen (je 5 SWISSFEEL Ergo- und Komfortkissen), womit inkl. Standardkissen (Kombikissen 2-in-1) dem Gast 4 unterschiedliche Kissenformate bzgl. Liege- und Stützkomfort zur Wahl stehen (für Rücken-, Seiten- und Mischschläfer).
- 2 SWISSFEEL **Matratzen** Contour Classic, inkl. Lumbal-**Bettgestellen** in Boxspring-Optik mit komplett abnehmbaren und waschbaren bzw. austauschbaren Stoffhussen, sowie inkl. individueller Lordosenanhebung durch motorisch verstellbare **Unterfederungen** und einer Gesamthöhe von 22 cm
- 2 SWISSFEEL **Matratzen** Eco Light, inkl. Natura-**Bettgestellen** in Boxspring-Optik mit **Unterfederungen** und waschbaren sowie komplett abnehmbaren bzw. austauschbaren Stoffhussen mit einer Gesamthöhe von 18 cm
- **Inkl. Waschen aller Komponenten (auch Zudecken, Kissen und Matratzen) analog Hotelklassifizierung-Kriterienkatalog**

Rahmenbedingungen Vereinbarung

- Es wird im Rahmen dieser Musterkalkulation ein Neuvertrag mit einer Laufzeit von 5 Jahren für Bettsysteme, inkl. Matratzen, und von 4 Jahren bei Wäsche unterstellt.
- Nach Ablauf der ersten Vertragslaufzeit von 5 Jahren bzgl. Bettsystem, inkl. Matratzen, kann dieser mehrfach, jeweils um weitere 5 Jahre, verlängert werden. Dabei reduziert sich im zweiten Intervall die Miete aufgrund des gesunkenen Restwertes, der mit drei

Monatsmieten angesetzt wird. Ab dem dritten Intervall reduzieren sich die Kosten auf die Reinigungsleistungen.
- Es wird ein sachgemäßer Umgang unterstellt.
- Wäsche, Zudecken sowie Kissen, Matratzen, Encasings und Bettsysteme, inkl. Unterfederungen, werden im Rahmen dieser Musterkalkulation von den Textildienstleistern der *Servitex*-Gruppe komplett zur Verfügung gestellt und betreut.
- Der Tagesmietpreis für Wäsche &Frottee ist nutzungsabhängig – keine Nutzung, keine Kosten.
- Der Tagesmietpreis für alle anderen Komponenten bezieht sich auf die Anzahl verfügbarer Zimmer, die vom Textildienstleister ausgestattet wurden.
- Das Abholen von Kissen und Matratzen zur vorgeschriebenen Reinigung erfolgt über *Servitex*.
- *Alle Preise netto, zzgl. MwSt., Basis empf. VK-Preise 2016, ohne Berücksichtigung von Mengenrabatten und Preisnachlässen.*
- *Die Berechnung der Zeitintervalle 6 bis 20 Jahre erfolgt zur Vereinfachung auf Basis heutiger Preise im Rahmen einer Hochrechnung ohne Berücksichtigung von Preisanpassungen.*
- *Druckfehler und Irrtümer vorbehalten.*

3.3.3 Musterkalkulation auf Basis 5 Jahre

Ausgehend vom jeweiligen Grundpreis (siehe Rahmenbedingungen für Wäsche & Frottee) wird dargestellt, wie sich der Mietpreis, bezogen auf das Beispiel, jeweils verändert und welche Punktzahl hierüber generiert werden kann. Für Frottee – als üblichem Bestandteil eines Hotel-Wäsche-Mietvertrages – werden die hierfür zu vergebenden Punkte mit 6 angesetzt (Kriterien 31 und 39 sowie 197 und 198 der Rahmenbedingungen).

Da speziell die Betten, inkl. der Matratzen, gereinigt werden können und daher ein Austausch vor der natürlichen Verschleißgrenze aus hygienischen Gründen nicht notwendig ist, wird im Rahmen dieser Musterkalkulation der gesamte Nutzungszeitraum der Wertschöpfung von Matratze und Bettsystem berücksichtigt. Dies erfolgt durch eine Betrachtung in Zeitintervallen, welche die Option widerspiegeln, die dargestellte Full-Service-Lösung über mehrere Zeitintervalle zu verlängern, um so den Vorteil langfristig einsetzbarer Systeme voll auszuschöpfen.

Die Zeitintervalle dieser Musterkalkulation umfassen jeweils 5 Jahre (analog Mietvereinbarung) und berücksichtigen, dass das Bettsystem aufgrund seiner Waschbarkeit maximal 20 Jahren eingesetzt werden kann. Bei allen anderen Komponenten wird jeweils in Abhängigkeit der Nutzung ein Austausch nach 5 Jahren (z. B. Kissen) bzw. 4 Jahren (Wäsche & Frottee) empfohlen und hier unterstellt.

Zunächst wird die Umsetzung der Kriterien zur Klassifizierung anhand einer Mietlösung mit der dazugehörigen Punktzahl für ein erstes Zeitintervall von 5 Jahren dargestellt (Neuvertrag). Nachfolgend werden alle Zeitintervalle parallel aufgezeigt, um den Kostenverlauf im Rahmen dieser Musterkalkulation dazustellen. In den Folgeintervallen nach dem Zeitraum Jahr 1 bis Jahr 5 entfallen demzufolge jeweils die 10 Punkte für Kriterium 76 (Neuanschaffung von Matratzen vor max. 3 Jahren).

Umsetzung der Kriterien zur Klassifizierung durch Mietlösung*

Tabelle 7: Musterkalkulation Beispiel 1 auf Basis 5 Jahre

Beispiel 1: Bett Natur	Mietpreis	Punkte
Wäsche & Frottee (Miete gemäß Nutzung*)	EUR 2,30	6
Komplettes Hotel-Bett, inkl. Bettgestell, Unterfederungen und Matratzen (Miete pro verfügbares Zimmer)	EUR 1,25	50
gesamt	EUR 3,55	56

Tabelle 8: Musterkalkulation Beispiel 2 auf Basis 5 Jahre

Beispiel 2: Bett Komplett	Mietpreis	Punkte
Wäsche & Frottee (Miete gemäß Nutzung*)	EUR 2,30	6
Komplettes Hotel-Bett, inkl. Bettgestell, Unterfederungen und Matratzen sowie Kissen und Zudecken (Miete pro verfügbares Zimmer*)	EUR 1,47	64
gesamt	EUR 3,77	70

Tabelle 9: Musterkalkulation Beispiel 3 auf Basis 5 Jahre

Beispiel 3: Bett Komfort	Mietpreis	Punkte
Wäsche & Frottee (Miete gemäß Nutzung*)	EUR 2,30	6
Komplettes Hotel-Bett, inkl. Bettgestell, Unterfederungen, Matratzen, Kissen und Zudecken sowie Kissen-Menü und Encasings, wobei die Unterfederungen bzgl. Lordose motorisch verstellbar sind (Miete pro verfügbares Zimmer*)	EUR 3,09	94
gesamt	EUR 5,39	100

*Die Musterkalkulation auf der Basis echter Angebotspreise unterstellt einen Neuvertrag für Bettsysteme mit einer Laufzeit von 5 Jahren (siehe Rahmenbedingungen) und für Bettwäsche & Frottee von 4 Jahren. Die Mietlösung umfasst alle Serviceleistungen, inkl. Waschdienstleistungen.

Die drei hier hinsichtlich einer Zimmerausstattung mit Bettsystem, Wäsche & Frottee dargestellten Beispiele lassen sich beliebig um weitere Varianten erweitern. Wie in einem Baukastensystem können einzelne Leistungen (von denen hier nur ein Auszug dargestellt wurde) hinzu- oder herausgerechnet werden, um die Kosten für unterschiedliche Lösungen zu ermitteln und mit den eigenen zu vergleichen.

3.3.4 Kalkulation auf Basis Wertschöpfungszeitraum

Die Musterkalkulationen der drei hier vorgestellten Beispiele beziehen sich jeweils auf einen Neuvertrag mit einer Vertragslaufzeit von 5 Jahren (siehe Rahmenbedingungen). Aufgrund der Waschbarkeit und Haltbarkeit der Materialen soll aber auch dargestellt werden, wie sich bei einer Verlängerung des Mietvertrages (um jeweils 5 Jahre) der Mietpreis im Zeitablauf verändert und damit sich die durchschnittlichen Mietkosten im Zeitablauf reduzieren: Nach der weitgehenden Finanzierung des Bettsystems in den ersten 5 Jahren bildet der dann noch verbleibende Restwert die Grundlage für die Mietpreiskalkulation eines Folgevertrages für die nächsten 5 Jahre. Wird der Mietvertrag darüber hinaus weiter verlängert, reduzieren sich die Kosten weiter auf die reinen Serviceleistungen. Da der Wertschöpfungszeitraum der hier vorgestellten Bettsysteme je nach Beanspruchung 15 bis 20 Jahre umfassen kann, soll die Entwicklung der Kosten pro Tag und Doppelzimmer exemplarisch vorgenommen werden. Dabei wurde zur Vereinfachung nach heutigen Preisen (2016) und ohne Preisanpassungen hochgerechnet. Zum besseren Verständnis wird auch die Kalkulation nur für das Bettsystem allein auf Wertschöpfungszeitraum aufgezeigt.

Tabelle 10: Musterkalkulation Beispiel 1 auf Wertschöpfungszeitraum

Beispiel 1: Bett Natur	Jahr 1-5	Jahr 6-10	Jahr 11-15	Jahr 16-20
Wäsche & Frottee	EUR 2,30	EUR 2,30	EUR 2,30	EUR 2,30
Bettsystem	EUR 1,25	EUR 0,24	EUR 0,19	EUR 0,19
gesamt	EUR 3,55	EUR 2,54	EUR 2,49	EUR 2,49
Ø Mietpreis bei 10 Jahren		EUR 3,05		
Ø Mietpreis bei 15 Jahren			EUR 2,86	
Ø Mietpreis bei 20 Jahren				EUR 2,77

Tabelle 11: Musterkalkulation Bsp. 1 auf Wertschöpfungszeitraum (nur Bettsystem)

Beispiel 1: Bett Natur	Jahr 1-5	Jahr 6-10	Jahr 11-15	Jahr 16-20
Bettsystem	EUR 1,25	EUR 0,24	EUR 0,19	EUR 0,19
Ø Mietpreis bei 10 Jahren		EUR 0,75		
Ø Mietpreis bei 15 Jahren			EUR 0,56	
Ø Mietpreis bei 20 Jahren				EUR 0,47

3.3.5 Wirtschaftlichkeitsbetrachtung

Aus dieser Musterkalkulation wird ersichtlich, dass die Kosten für die Miete der „Software" (Wäsche & Frottee), inkl. deren Pflege, höher sind als für die Hardware (das gesamte Bettsystem) darunter. Und beides zusammen würde je nach gewählter Ausstattung in den ersten 5 Jahren weniger als 5 Prozent einer durchschnittlichen Netto-Zimmerrate von 70 Euro entsprechen.

Bei einer angenommenen maximalen Nutzung des Wertschöpfungszeitraumes von 20 Jahren für Bettsysteme senkt sich die durchschnittliche Miete pro Doppelzimmer auf EUR 2,77 für eine Full-Service-Lösung – mit einem Anteil von EUR 0,47 für das Bettsystem.

Sollte man nur drei Zeitintervalle berücksichtigen, was einem auch bei hoher Auslastung realistischen Nutzungszeitraum von 15 Jahren entspricht, dann senkt sich die Durchschnittsmiete für ein Zimmer auf etwa EUR 2,86 für die hier dargestellte Lösung im Rahmen dieser Musterkalkulation. Auch darin sind bereits EUR 2,30 für Wäsche & Frottee enthalten. Somit liegen die planbaren durchschnittlichen Kosten über 15 Jahre bei EUR 0,56 pro Tag und Doppelzimmer.

Dabei gilt es natürlich zu berücksichtigen, welche Auslastung das Hotel hat, das heisst, mit wie vielen verkauften Zimmern pro Tag zu rechnen ist. In Zeiten von geringer Auslastung reduzieren sich die Kosten für Wäsche & Frottee, daher auch die getrennte Ausweisung. Das Outsourcing eines kompletten Bettsystems, inkl. der textilen Komponenten zum Betrieb eines Hotel-Zimmers, lässt sich demzufolge in den ersten 5 Jahren für weniger als EUR 4,00 realisieren – inkl. der vorgeschriebenen Reinigungszyklen. Damit liegen die Kosten für das vollständige Outsourcing von Bett & Wäsche eines Doppelzimmers unter denen für das Frühstück. Wird diese Lösung für einen längeren Zeitraum genutzt als für die hier erwähnten drei Intervalle, reduziert sich der Durchschnittspreis erheblich.

Diese Richtpreise bieten sicherlich eine Orientierung, mit welchem finanziellen Aufwand die angestrebten Kriterien im Rahmen einer Hotel-Klassifizierung erreicht werden können. Sie bieten aber auch einen Ansatz für all jene, die – auch unabhängig von Hotel-Sternen – an ihrem wichtigsten Leistungsangebot arbeiten wollen. Diesen absolut realistischen Musterkalkulationen sind nun die eigenen tatsächlichen Vollkosten (sofern überhaupt bekannt) gegenüberzustellen, die heute schon anfallen oder anfallen werden, wenn die Betten, wie bisher, in Eigenregie gekauft und gepflegt werden. Dies ist sicherlich von Betrieb zu Betrieb völlig unterschiedlich, womit auch die Antwort völlig offen ist auf die Frage, welche Variante nun die Bessere sei.

Doch mit der hier dargestellten Musterkalkulation steht erstmals eine Datengrundlage zur Verfügung, um für den eigenen Betrieb verschiedene Lösungen vergleichen zu können. Der kostenmäßige Sprung für ein Doppelzimmer von klassischer und heute üblicher Hotel-Mietwäsche hin zu einer echten Full-Service-Mietbettlösung ist, je nach Ausgestaltung, mit wenigen Cent zu realisieren – bei gleichzeitiger Entlastung der Hotel-eigenen Ressourcen.

In einem letzten Schritt soll die hier vorgestellte Musterkalkulation in eine offene Vergleichsrechnung überführt werden. Offen gelassen sind dabei die Zahlen des jeweiligen Betriebs im Rahmen einer Vollkostenrechnung, die individuell eingesetzt werden sollten, um zu einer echten Vergleichsbetrachtung zu kommen.

Auch wenn diese Übersicht nicht vollständig sein mag, so zeigt sich doch eine gewisse Unplanbarkeit der Kosten bei einer Eigenlösung. Da hier ohne Kostensteigerungen im Zeitablauf, und sei es nur ein Inflationsausgleich, gerechnet wurde, darf eine solche Berücksichtigung letztlich nicht fehlen, doch wäre diese auf beiden Seiten durchzuführen und würde sich demzufolge aufheben.

Aber unabhängig davon, ob Miete oder Kauf, so lohnt sich doch die nähere Betrachtung der Thematik Bettausstattung, um das wichtigste Investitionsgut angemessen in seiner betriebswirtschaftlichen Betrachtung berücksichtigen zu können. Wie teuer ist die jetzt eingesetzte Bettenlösung wirklich, und welche Leistung (auch in Liegekomfort und Hygiene) steht dafür zur Verfügung? Und mit welcher Lösung lassen sich neben Liegekomfort (Qualität) und Hygiene (Sicherheit) auch die Wirtschaftlichkeit (Ertrag) und die Klassifizierung (Marketing) optimal und vor allem steuerbar miteinander vereinbaren? Zu diesen wichtigen

Fragen soll die vorgestellte Musterkalkulation einen Weg aufzeigen, um Antworten zu finden.

Vergleichsbetrachtung über 15 Jahre auf Vollkostenrechnung
Reduziert auf die Betrachtung einer reinen Bettenlösung (ohne Zudecken und Kissen, um möglichst wenige Variable zu haben) lässt sich der Vergleich mit einer Eigenlösung wie folgt darstellen.

Tabelle 12: Vergleichsbetrachtung auf Basis 15 Jahre

Beispiel 1: Bett Natur	Mietlösung	Eigenlösung
Miete pro Tag pro verfügbares Zimmer	EUR 0,56	–
Kaufsumme		EUR ___
Opportunitätskosten für Liquiditätsabfluss		EUR ___
Aufwand für eigenes Bettenmanagement		EUR ___
Unterjähriger Aufwand für Eigenpflege aufgrund partieller Verschmutzungen durch Gäste		EUR ___
Kosten entgangener Buchungen aufgrund fehlender Verfügbarkeit aufgrund von Verschmutzungen		EUR ___
Kosten für jährliche Matratzenreinigung		EUR ___
Vorzeitiger Ersatz aufgrund grober Verschmutzungen		EUR ___
Probleme bei Modellwechsel		EUR ___
Neukauf nach 6 bis 8 Jahren (inkl. Beschaffungsaufwand)		EUR ___
Ggf. weitere Ersatzkäufe im Zeitablauf erforderlich		EUR ___
Gesamt nach 15 Jahren	**EUR 3066,00**	**EUR ___**
Durchschnittliche Kosten pro Monat	**EUR 17,00**	**EUR ___**

3.4 Umbauen für Hotel-Sterne?

Autor Luzius Kuchen

Anfang 2015 war es wieder einmal so weit: Die neuen Normen der Schweizer Hotel-Klassifikation von Hotelleriesuisse traten in Kraft. Was früher regelmässig alle 5 Jahre geändert wurde, wird nun im Rahmen der europäisch harmonisierten Sterne-Klassifikation erstmals alle 6 Jahre den Bedürfnissen der Gäste und des Marktes angepasst.

Neu ist aber auch, dass sämtliche Hotels spätestens alle 3 Jahre besucht und klassiert werden, früher war das nur für Superior-Hotels Pflicht. Der Hotelier sieht also die Kontrolleure der Hotel-Klassifikation öfters. Muss nun umgebaut oder angebaut werden, um die neuen Normen zu erfüllen? Grundsätzlich nein, denn die neue Hotel-Klassifikation ist nur reines Fein-Tuning der bestehenden Kriterien. Wichtiger werden vor allem Schlafkomfort und elektronische Vernetzung im Hotel, was den heutigen Gästebedürfnissen entspricht.

Wer aber bisher im unteren Bereich der jeweiligen Sterne-Kategorie angesiedelt war und gerade noch so 3 oder 4 oder auch 5 Sterne erreicht hat, dürfte künftig Mühe haben, seine Kategorie mittelfristig zu halten. Denn die minimal geforderte Punktezahl pro Kategorie wurde jetzt um rund 10 Prozent angehoben.

Das wird, neben anderen Rahmenbedingungen, den einen oder anderen Hotel-Eigentümer beflügeln oder zwingen, regelmässig an die Zukunft zu denken. Ganz sicher sollen nicht nur Sterne im Vordergrund stehen, sondern vor allem die Identität und die Positionierung des eigenen Unternehmens. Unentbehrlich ist dabei eine scharfe und klare Strategie, damit die definierten Ziele im Rahmen einer realistischen Finanzplanung umgesetzt werden können.

Und dafür wird es in der Regel früher oder später wieder bauliche Anpassungen brauchen. Aber wo genau? Und in welchem Bereich hat der Gast etwas davon? Welche Materialisierung ist geeignet und gefordert? Worin besteht die Differenzierung zu den andern Sterne-Kategorien? Was lässt sich vernünftig rentabilisieren? Und auf was kann und will ich getrost verzichten?

Schauen wir uns als Beispiel ein Viersterne-Hotel an. Die Anforderungen betragen neu 400 Punkte, für ein Viersterne-Superior-Haus 600 Punkte. Bei einem bisher durchschnittlichen Viersterne-Hotel sind weder Extravaganzen noch Defizite feststellbar. Grundsätzlich ist es aber dennoch eher schwierig, ohne Tagungs- und Banketträume und mit nur beschränkten Infrastrukturen im Empfangsbereich ein solches Ergebnis zu erreichen.

Um diese Defizite in der Infrastruktur aufzuholen, müsste also baulich optimiert werden – ein Anbau, ein Umbau, eine Neustrukturierung oder eine Erweiterung. Oder der Hotelier legt noch mehr Gewicht auf Service und Komfort, um dennoch einen guten Viersterne-Standard zu erreichen. Dann liegt der Schwerpunkt und Hebel bei der hohen Zimmerausstattung. Im Bereich des Schlafkomforts – immerhin das Kriterium Nummer eins der Gäste für die Hotel-Wahl – können 21 verschiedenen Anforderungen erfüllt werden.

Die Konzentration des Angebots auf die hohen Gästebedürfnisse wird positive Gästebewertungen auf Online-Portalen zur Folge haben, was wiederum zu mehr Buchungen und gesteigertem Umsatz führt. Denn Online- und hausinterne Telekommunikation (DSL, WLAN) werden auch höher gewichtet als früher.

Somit ist die sogenannte „neue Klassifikation" nicht eine unbegründete Forderung nach einem möglichst hohen und luxuriösen Ausbaustandard, sondern bei geschickter Interpretation ein Leitfaden für die clevere strategische und betriebswirtschaftlich optimierte Unternehmensstrategie, um mit der an die Anforderungen des Marktes exakt angepassten Infrastruktur und den dazugehörenden Ausstattungen und Services langfristig einen möglichst hohen Ertrag pro Zimmer erwirtschaften zu können.

Die Umsetzung liegt dabei in den Händen der Eigentümer und Hoteliers. Mit ihrer unternehmerischen Freiheit setzen sie Schwergewichte, gestalten sowohl baulich wie auch durch die betriebliche Führung ihre eigene Hotel-Identität und werden so zu kreativen Architekten. Nicht nur für das Resultat einer Klassifikation, sondern vor allem für die Bedürfnisse und Erlebnisse der Gäste.

Kapitel 4
Schlusswort

4 Schlusswort

Autor Jens Rosenbaum

Kurios, die Sache mit dem Hotel-Bett: in vielen Häusern eher Tabu-Thema statt aktiv genutztes Aushängeschild, oft nur als leidige Kostenstelle betrachtet statt als Instrument zur Profilierung. Dabei gilt doch, dass der Gast nur des Bettes wegen kommt!

Betten und Matratzen im Hotel sind aber nicht irgendein Investitionsgut. Dies zu verstehen, wäre ein Schlüssel für zumindest zusätzlichen Erfolg. Zumal die Themen Schlaf & Erholung ein Mega-Trend sind. Zudem erlebt gerade die Hotellerie (noch) eine nie da gewesenen Boom-Phase. Daher wird derzeit auch fleißig positioniert – in Design, Lifestyle, Preis. Doch das Differenzierungspotenzial vieler dieser neuen Marken erschöpft sich schnell im rein Visuellen, in der Architektur, in betont lässiger Kleidung der Mitarbeiter, im Duzen der Gäste oder in Fahrrädern, die an der Decke hängen. Reicht das aus in einem Markt, der immer härter, da enger wird, um für die Gäste von morgen attraktiv zu bleiben?

Und dann gibt es noch die wachsende Konkurrenz der privaten Anbieter, ob *Airbnb* oder *Wimdu* & al. Warum nicht als Hotelier beim Hotel-Bett neue Maßstäbe setzen, um die Messlatte bei Hygiene und Schlafkomfort höher zu hängen? Nachprüfbare sowie geprüfte Standards für die Gäste als Aushängeschild? Orientierung da bieten, wo gesunder und erholsamer Schlaf zum Leistungsangebot gehören?

Aber noch scheint dieser Groschen bei vielen nicht gefallen zu sein. Anders lässt es sich nicht erklären, das aus Kostengründen nicht selten ein Brett unter die Matratze gelegt oder bei der Hygiene gespart wird. Aber vielleicht liegt der Schlüssel in einer erweiterten Betrachtungsweise! Man kann Gewinne durch konsequentes Sparen natürlich maximieren, was eine Fokussierung auf die Kosten erfordert mit entsprechenden Vorgaben, z. B. an den Einkauf.

Man kann Gewinne aber auch maximieren durch Investitionen, wenn sie an der richtigen Stelle erfolgen. Das Bett ist dafür kein schlechter Ort. Wie immer kommt es auf den richtigen Mix an. Aber nicht vergessen: Jedes Geschäft beginnt mit einer Investition. Und jedes Hotel beginnt mit einem Bett.

Kapitel 5
Hotel-Betten-Check

5 HOTEL-BETTEN-CHECK

Autor Jens Rosenbaum

Zielsetzung

Mit seinem Angebot an Hotel-Betten definiert der Gastgeber einen wichtigen Teilbereich seiner Gesamtleistung. Inwieweit dieser den Erwartungen und Bedürfnissen seiner Gäste, den eigenen Ansprüchen und dem Niveau der anderen Teilbereiche im Hotel entspricht, ist abhängig davon, wie sorgfältig dieses Leistungsangebot ausgewählt, organisiert und gepflegt wird.

Der HOTEL-BETTEN-CHECK bietet die Möglichkeit, auf einfache Weise das eigene Leistungsangebot im Bereich Hotel-Betten auf mögliche Defizite zu untersuchen, ungenutzte Potenziale zu erkennen und Fehler im System aufzudecken. Dies erfolgt zum einen über eine Bewertung der Fragen im Rahmen eines Punktesystems (in einer Online-Version), zum anderen durch die Fragen selber. Sie können offenlegen, was an Wissen fehlt, um das Angebot angemessen zu gestalten.

Ausgehend vom *Kriterienkatalog zur Hotel-Klassifizierung* orientiert sich der HOTEL-BETTEN-CHECK am aktuellen Stand des Machbaren hinsichtlich Komfort und Hygiene. Die mit ★ gekennzeichneten Fragen korrespondieren mit dem *Hotel-Sterne-Kriterienkatalog*.

Umfang

Der HOTEL-BETTEN-CHECK umfasst in der gegenwärtigen Fassung insgesamt 130 Fragen, die in 4 Themenfelder aufgeteilt sind. Die Beantwortung der Fragen pro Themenfeld benötigt zwischen 10 und 20 Minuten, wenn notwendige Sachinformationen bekannt sind, auch weniger. Eine Hilfestellung bei der Beantwortung der Fragen erfolgt über zusätzliche Erläuterungen, die mit ➡ und lfd. Nr. ausgewiesen sind und sich im Anhang befinden.

- KISSEN (33 Fragen)
- MATRATZEN (46 Fragen)
- UNTERFEDERUNG (22 Fragen)
- ZUDECKEN (29 Fragen)

Bewusst nicht geprüft und bewertet wird die visuelle Erscheinung des Bettes, somit der „Bettkasten" oder das „Bettmöbel" als funktionaler Träger von Unterfederung und Matratze. Denn wo die Schönheit allein im Auge des Betrachters liegt, lässt sich mit rationalen Kriterien nicht sinnvoll argumentieren. Seit „Shabby Chic" und „Vintage" eine eigene anerkannte Stilrichtung bilden, können auch verschlissene Stoffe und verkratzte Möbel die Herzen der Gäste höher schlagen lassen. Daher gilt: Solange Hotelier und Gäste das Gefühl haben, alles füge sich optisch zu einem stimmigen Bild, soll es so sein.

Für die genannten vier Themenfelder finden sich auf den nachfolgenden Seiten separate Fragebögen, die auch im Internet aufgerufen und ausgefüllt werden können auf *www.hotel-betten-check.de* oder im Portal der IHA auf *www.hotellerie.de*.

Offline vs. online
Bedingt durch die Natur eines klassisch gebundenen Buches besteht der HOTEL-BETTEN-CHECK in der vorliegenden Publikation nur in einer Auflistung der Fragen, da die Komplexität von Verknüpfung, Gewichtung und Plausibilität in der Buchversion nicht darstellbar ist. Mit dieser Einschränkung Buch vs. Internet stellt der hier vorliegende HOTEL-BETTEN-CHECK nur den Einstieg in die Erfassung und Analyse relevanter Faktoren für das Hotel-Bett dar.

Aber auch ohne Online-Auswertung ist alleine ein Blick auf die Fragen eine gute Hilfestellung, um das eigene Bettenmanagement zu bewerten. Denn das Beantworten dieser Fragen zeigt schnell auf, wo Informations- und Sachlücken bestehen. Sie sind damit ein guter Indikator für die Frage, inwieweit man seine Hotel-Betten im Griff hat.

Online-Version
In der Online-Version hingegen besteht die Möglichkeit einer umfassenden Analyse. So wird zum Beispiel berücksichtigt, welchen Anspruch ein Hotel an sich selbst stellt und welches Niveau es tatsächlich erfüllt. Sicherlich, nicht jedes Hotel nimmt teil an einer offiziellen Klassifizierung wie der *Deutschen Hotel-Klassifizierung* mit ihren fünf international anerkannten Kategorien zur Vergabe der Hotel-Sterne. Doch lässt sich jedes Hotel, auch in Abhängigkeit von Standort, Zimmerrate und Selbstdarstellung, einordnen in einer vom Markt allseits

akzeptierten Leistungsklasse, was mit einer definierbaren Erwartungshaltung aufseiten des Gastes einhergeht. Aufgrund eben jener erweiterten Möglichkeiten eines Online-Fragebogens im Internet, mehr Informationen zu erfassen und zu verknüpfen, wird nicht nur die Vergabe von Schulnoten möglich, sondern auch eine vergleichende Einordnung im Hotel-Markt, was grundsätzlich von regional bis international möglich ist. Dabei wird auf strikte Anonymisierung geachtet, denn der HOTEL-BETTEN-CHECK soll Hilfestellung sein, nicht Pranger.

Methodik der Auswertung

Die Zahl der Fragen pro Themenfeld wird allein durch die Komplexität der Thematik bestimmt. Pro Themenfeld sind in der Online-Version, die ein direktes Ausfüllen ermöglicht, jeweils max. 100 Punkte erreichbar. Je nach den gegebenen Antworten ist aber auch ein negatives Ergebnis möglich, wenn signifikante Mindeststandards nicht erfüllt werden. Der jeweilige Punktestand pro Themenfeld fließt in ein Gesamtergebnis ein – sofern alle Felder beantwortet wurden.

Die jeweilige Gewichtung der Themenfelder für ein zu ermittelndes Gesamtergebnis ist von der jeweiligen Bedeutung hinsichtlich Schlafkomfort und Hygiene abhängig. Die Gewichtung für ein zu ermittelndes Gesamtergebnis stellt sich wie folgt dar:

- KISSEN (30%)
- MATRATZEN (30%)
- UNTERFEDERUNG (30%)
- ZUDECKEN (10%)

Systematik

Bei der Bewertung der HOTEL-BETTEN handelt es sich um die Analyse eines laufenden Angebots, bei dem sich das Leistungsergebnis aus der Kombination einer bestehenden Sachleistung mit zu erbringenden Dienstleistungen zusammensetzt. Daher orientiert sich die Systematik des HOTEL-BETTEN-CHECKS auch an der Frage: „Wie organisiere und pflege ich mein Angebot", kurz OPA-Prinzip. Die gestellten Fragen sind, dieser Systematik folgend, jeweils einem dieser drei Aspekte Organisieren, Pflegen, Angebot zugeordnet. Über alle 4 Themenfelder hinweg sind die Fragen nach dem OPA-Prinzip mit jeweils etwa

⅓ Frage- und Punkteanteil gleichmäßig verteilt. Damit wird der Tatsache Rechnung getragen, dass die reine Sachleistung „Hotel-Bett" abhängig ist von den begleitenden Dienstleistungen.

- Organisation (Management der Gesamtleistung)
- Pflege   (Erhaltung von Qualität und Hygiene)
- Angebot   (Leistungsvermögen der Sache)

Bestimmte sich wiederholende Fragen zu jedem Themenfeld zielen darauf ab festzustellen, ob der Zusammenhang zwischen den Elementen eines Bettes (mit Ausnahme der Bettwäsche, die noch nicht Gegenstand des HOTEL-BETTEN-CHECKS ist) wahrgenommen und verstanden wird und ob Praxiserfahrungen bei (künftigen) Entscheidungen ihre Berücksichtigung finden. Denn ein isoliertes, planloses Handeln beim Thema Bett ist weder dazu geeignet, eine angestrebte Qualität zu definieren noch zu erreichen noch zu halten.

Zur Beantwortung gibt es in der Online-Version neben den Möglichkeiten Ja/Nein – und den damit zu vergebenden Punkten – auch das Feld „nicht bekannt". Dies soll es ermöglichen, in einem ersten Durchlauf mögliche Informationslücken zu markieren, um diese später zu beantworten. Ein Gesamtergebnis sollte erst ermittelt werden, wenn alle Fragen klar mit Ja oder Nein beantwortet werden konnten. Im Zweifel gilt Nein. In der Online-Version stehen dem User drei Anwendungsmöglichkeiten zur Verfügung:

- Schnell-CHECK
- Komfort-CHECK
- Analyse-CHECK

Der HOTEL-BETTEN-CHECK – ein effektives Instrument für ein effizientes Bettenmanagement und eine strukturierte Zusammenfassung dessen, worauf es beim Hotel-Bett wirklich ankommt.

5.2 Fragenkatalog

5.2.1 KISSEN-CHECK

Tabelle 13: Kissen-Check

Nr.	Fragen zum Themenfeld (★ Nr. Kriterienkatalog)	➔?	Ja / Nein
1.1	Gibt es für die Hotel-Leistung „Kissen" eine personelle Verantwortung?	➔1	
1.2	Im Falle einer Verantwortung: Ist diese Person/Stelle aktiv in den täglichen, operativen Prozess zum Management der Kissen eingebunden (z. B. Housekeeping)?	➔2	
1.3	Im Falle einer Verantwortung: Verantwortet diese Person/Stelle auch andere Produkte für das Hotel-Bett?	➔3	
1.4	Im Falle einer Verantwortung: Wurde und wird diese Person/Stelle auch in den Beschaffungsprozess der Kissen (Einkauf) aktiv eingebunden?	➔4	
1.5	Wurde die vorhandene Ausstattung an Kissen vor der Beschaffung (Einkauf) durch echtes Probeschlafen getestet (z. B. durch am Einkauf beteiligte Personen)?	➔5	
1.6	Ist das vorhandene Angebot an Kissen in Teilen älter als 5 Jahre? (➔ 81)	➔6	
1.7	Steht pro Gast im Zimmer mehr als ein Kissen zur Verfügung? ➔85)	➔7	
1.8	Sofern der Gast mehr als ein Kissen im Zimmer hat: Verbindet sich damit auch eine Auswahl an Kissen, die sich in Stützkraft und Stützhöhe deutlich unterscheiden? (➔ 86)	➔8	
1.9	Werden dem Gast neben der Standardausstattung im Zimmer weitere in Stützkraft und Stützhöhe unterschiedliche Kissen zur Auswahl angeboten, z. B. durch den Zimmerservice? (➔ 84)	➔9	
1.10	Im Falle Zimmerservice: Wird der Gast aktiv auf ein entsprechendes Kissenangebot aufmerksam gemacht, z. B. bei der Reservierung, beim Einchecken oder im Zimmer via Flyer/Bildschirm?	➔10	
1.11	Im Falle Zimmerservice: Wird die Nachfrage der Gäste nach zusätzlichen Kissen dokumentiert?	➔11	
1.12	Wird der Gast über die Unterschiede bei den Kissen (im Falle einer Auswahl) informiert, z. B. durch Mitarbeiter, über Flyer/Unterlagen, Bildschirm usw?	➔12	
1.13	Werden bei den Kissen zusätzlich Hygieneschutzbezüge (z. B. Encasings) verwendet? (➔ 82)	➔13	

1.14	Sind die angebotenen Kissen auf Humanverträglichkeit, z. B. Öko-Tex oder vergleichbar, zertifiziert? (Nur im Falle Hygieneschutzbezug: Ist dieser auch hinsichtlich Humanverträglichkeit zertifiziert? Falls nicht, gilt es allfällige Punkte wieder abzuziehen — der Hygieneschutzbezug darf das Kissen nicht schlechter machen.)	→14	
1.15	Sind die angebotenen Kissen alle für Allergiker geeignet? (78)	→15	
1.16	Sind die angebotenen Kissen alle atmungsaktiv bzw. feuchtigkeitsregulierend? (Nur im Falle Hygieneschutzbezug: Ist dieser auch atmungsaktiv bzw. feuchtigkeitsregulierend? Falls nicht, gilt es allfällige Punkte wieder abzuziehen — der Hygieneschutzbezug darf das Kissen nicht schlechter machen.)	→16	
1.17	Sind die angebotenen Kissen alle waschbar? (Nur im Falle Hygieneschutzbezug: Ist dieser auch waschbar? Falls nicht, gilt es allfällige Punkte wieder abzuziehen — der Hygieneschutzbezug darf das Kissen nicht schlechter machen.)	→17	
1.18	Nur im Falle Hygieneschutzbezug/Encasing: Ist dieser geräuscharm?	→18	
1.19	Nur im Falle Hygieneschutzbezug/Encasing: Wird dieser mindestens monatlich gewaschen?	→19	
1.20	Falls nicht alle Kissen für Allergiker geeignet sind, steht dem Gast mindestens ein für Allergiker geeignetes Kissen zur Verfügung? (→ 78)	→20	
1.21	Werden alle Kissen regelmäßig und mindestens jährlich gewaschen? (→ 83)	→21	
1.22	Werden alle Kissen regelmäßig und mindestens alle 3 Monate gewaschen?	→22	
1.23	Gibt es eine geplante, regelmäßig Qualitätskontrolle der Kissen, auch hinsichtlich ihrer Stützhöhe und Stützkraft, z. B. im Rahmen der Inventur? (→ 81)	→23	
1.24	Sofern es eine regelmäßige Qualitätskontrolle gibt, findet diese mindestens alle 6 Monate statt?	→24	
1.25	Führen festgestellte Mängel zum Austausch der betroffenen Kissen?	→25	
1.26	Gibt es eine Kissenreserve vor Ort, um bei festgestellten Mängeln (Stützkraft, Hygiene, Optik, Haptik) unverzüglich handeln zu können?	→26	
1.27	Werden Qualitätsmängel (z. B. frühzeitiges Nachlassen von Stützhöhe und Stützkraft) dokumentiert?	→27	
1.28	Wurden die Personen, welche die Qualitätskontrollen vornehmen, fachlich geschult?	→28	

1.29	Werden Informationen der Gäste (Wünsche/Lob/Tadel) zum Thema Kissen dokumentiert?	→29
1.30	Wird die Zufriedenheit der Gäste zum Thema Kissen gezielt abgefragt, z. B. über Fragebögen in den Zimmern, per Mail oder an der Rezeption?	→30
1.31	Hat die verantwortliche Person für die Hotel-Leistung „Kissen" Zugang zu allen Informationen der Gäste zum Thema Kissen?	→31
1.32	Haben Informationen von den Gästen sowie die gewonnenen Erfahrungen Einfluss auf den Einkauf der Kissen?	→32
1.33	Gibt es für die Hotel-Leistung „Kissen" ein eigenes Qualitätsmanagementsystem?	→33

5.2.2 MATRATZEN-CHECK

Tabelle 14: Matratzen-Check

Nr.	Fragen zum Themenfeld (★ Nr. Kriterienkatalog)	➜?	Ja / Nein
2.1	Gibt es für die Hotel-Leistung „Matratze" eine personelle Verantwortung?	➜1	
2.2	Im Falle einer Verantwortung: Ist diese Person/Stelle aktiv in den täglichen, operativen Prozess zum Management der Matratzen eingebunden (z. B. Housekeeping)?	➜2	
2.3	Im Falle einer Verantwortung: Verantwortet diese Person/Stelle auch andere Produkte für das Hotel-Bett?	➜3	
2.4	Im Falle einer Verantwortung: Wurde und wird diese Person/Stelle auch in den Beschaffungsprozess der Matratzen (Einkauf) aktiv eingebunden?	➜4	
2.5	Wurde die vorhandene Ausstattung an Matratzen vor der Beschaffung (Einkauf) durch echtes Probeschlafen getestet (z. B. durch am Einkauf beteiligte Personen)?	➜5	
2.6	Wurde zur Optimierung des Liegekomforts der Einkauf der Matratzen bewusst auf den künftigen Unterbau der Matratze abgestimmt und mit diesem zusammen getestet (z. B. durch Probeschlafen)?	➜34	
2.7	Wurde die aktuelle Matratze auf einen vorhandenen Unterbau gebettet, der älter als 15 Jahre ist?	➜35	
2.8	Wurden die zur Verfügung stehenden Matratzen gezielt für den statistischen Durchschnitt eigener Gäste (Zielpublikum bzgl. Nationalität, Alter und Geschlecht) beschafft?	➜36	
2.9	Falls die Matratzen nicht gezielt für den Bedarf der Gäste ausgewählt wurden: Entspricht der Härtegrad der vorhandenen Matratzenausstattung zufällig dem durchschnittlichen Bedarf der Gäste?	➜37	
2.10	Sind bzgl. der Matratzenausstattung des Hotels die für den Liegekomfort und das Einsinkverhalten einer Matratze relevanten Angaben über deren Stauchhärte bekannt?	➜38	
2.11	Sind bzgl. der Matratzenausstattung des Hotels die für den Liegekomfort und das Einsinkverhalten einer Matratze relevanten Angaben über das Raumgewicht bekannt?	➜39	
2.12	Wird als Unterbau für die Matratze im Bett eine elastische Unterfederung bzw. ein Federsystem eingesetzt? (➜ 66)	➜40	
2.13	Ist die Höhe der Matratze (Gesamthöhe, inkl. Topper, sofern Standardausstattung) kleiner als 13 cm?	➜41	
2.14	Hat das Bettsystem, bestehend aus einer Matratze und einem elastischen Federsystem als Unterbau, eine Gesamthöhe von über 18 cm? (➜ 66)	➜42	

2.15	Hat das Bettsystem, bestehend aus einer Matratze und einem elastischen Federsystem als Unterbau, eine Mindesthöhe von 22 cm? (➔ 67)	➔43	
2.16	Hat der Gast eine Auswahl hinsichtlich des Härtegrades seiner Matratze?	➔44	
2.17	Steht dem Gast die Nutzung eines zusätzlichen Toppers zur Verfügung, um die Auflagefläche seiner Matratze spürbar weicher zu machen?	➔45	
2.18	Wird der Gast über die Möglichkeit der Nutzung eines zusätzlichen Toppers aktiv aufmerksam gemacht, z. B. bei der Reservierung, beim Einchecken oder im Zimmer via Flyer/Bildschirm?	➔10	
2.19	Wird die Nachfrage der Gäste nach einem Topper dokumentiert?	➔11	
2.20	Haben Einzelbetten das Mindestformat 1,00 m × 200 m? (➔ 72)	➔46	
2.21	Haben Doppelbetten das Mindestformat 1,00 m × 200 m? (➔ 71)	➔46	
2.22	Stehen den Gästen Matratzen/Betten auch in Überlänge (ab 2,10 m) zur Verfügung? (➔ 73)	➔47	
2.23	Sind die Matratzen individuell gekennzeichnet, um sie eindeutig identifizieren zu können?	➔48	
2.24	Sind die Matratzen waschbar?	➔49	
2.25	Nur im Falle waschbarer Matratzen: Sind diese länger als 15 Jahre in Gebrauch? (➔ 65-67/76)	➔50	
2.26	Nur im Falle nicht waschbarer Matratzen: Sind diese länger als 3 Jahre in Gebrauch? (➔ 65-67/76)	➔51	
2.27	Werden bei den Matratzen zusätzlich Hygieneschutzbezüge (z. B. Encasings) verwendet? (➔ 75)	➔13	
2.28	Sind die angebotenen Matratzen alle schadstoffgeprüft, z. B. nach Öko-Tex oder vergleichbar? (Nur im Falle Hygieneschutzbezug: Ist dieser ebenfalls schadstoffgeprüft? Falls nicht, gilt es allfällige Punkte wieder abzuziehen – der Hygieneschutzbezug darf die Matratze nicht schlechter machen.)	➔14	
2.29	Sind die angebotenen Matratzen für Allergiker geeignet? (➔ 78)	➔52	
2.30	Falls die eingesetzten Matratzen für Allergiker nicht geeignet sind: Stehen dem Gast auf Wunsch auch entsprechende Allergiker-Schutzbezüge zur Verfügung? (➔ 78)	➔20	

2.31	Sind die angebotenen Matratzen alle atmungsaktiv? (Nur im Falle Hygieneschutzbezug: Ist dieser atmungsaktiv? Falls nicht, gilt es allfällige Punkte wieder abzuziehen — der Hygieneschutzbezug darf die Matratze nicht schlechter machen.)	→53	
2.32	Nur im Falle Hygieneschutzbezug/Encasing: Ist dieser geräuscharm?	→54	
2.33	Nur im Falle Hygieneschutzbezug/Encasing: Wird dieser mindestens monatlich gewaschen?	→19	
2.34	Werden alle Matratzen regelmäßig und mindestens jährlich gereinigt? (→ 77)	→55	
2.35	Werden die Matratzen, sofern möglich, ausreichend gelüftet?	→56	
2.36	Gibt es eine geplante und regelmäßige Qualitätskontrolle der Matratzen, auch hinsichtlich Kuhlenbildung? (→ 65–67)	→57	
2.37	Sofern es eine regelmäßige Qualitätskontrolle gibt, findet diese mindestens alle 6 Monate statt?	→24	
2.38	Führen festgestellte Mängel zum Austausch der betroffenen Matratze?	→25	
2.39	Gibt es eine Matratzenreserve vor Ort, um bei festgestellten Mängeln (Stützkraft, Hygiene, Optik, Haptik) unverzüglich handeln zu können?	→26	
2.40	Werden Qualitätsmängel (z. B. Verschleiß, Kuhlenbildung usw.) dokumentiert?	→27	
2.41	Wurden die Personen, welche die Qualitätskontrollen vornehmen, fachlich geschult?	→28	
2.42	Werden Informationen der Gäste zum Thema Matratze/Bett (Wünsche/Lob/Tadel) dokumentiert?	→29	
2.43	Wird die Zufriedenheit der Gäste zum Thema Matratze/Bett auch gezielt abgefragt, z. B. über Fragebögen in den Zimmern, per Mail oder an der Rezeption?	→30	
2.44	Hat die verantwortliche Person für die Hotel-Leistung „Matratze" Zugang zu allen Informationen der Gäste zum Thema Matratze?	→31	
2.45	Haben Informationen von den Gästen sowie die gewonnenen Erfahrungen Einfluss auf den Einkauf der Matratzen?	→32	
2.46	Gibt es für die Hotel-Leistung „Matratze" ein eigenes Qualitätsmanagementsystem?	→33	

5.2.3 UNTERFEDERUNGS-CHECK

Tabelle 15: Unterfederungs-Check

Nr.	Fragen zum Themenfeld (★ Nr. Kriterienkatalog)	➔?	Ja / Nein
3.1	Gibt es für den Matratzenunterbau eine personelle Verantwortung?	➔1	
3.2	Im Falle einer Verantwortung: Ist diese Person/Stelle aktiv in den täglichen operativen Prozess zum Management der Hotel-Betten eingebunden (z. B. Housekeeping)?	➔2	
3.3	Im Falle einer Verantwortung: Verantwortet diese Person/Stelle auch andere Produkte für das Hotel-Bett?	➔3	
3.4	Nur im Falle einer Verantwortung: Wurde und wird diese Person/Stelle auch in den Beschaffungsprozess des Unterbaus für die Matratze (Einkauf) aktiv eingebunden?	➔4	
3.5	Wurde der vorhandene Matratzenunterbau gezielt für die aktuell im Einsatz befindliche Hotel-Matratze ausgewählt?	➔58	
3.6	Wurde die vorhandene Matratzenunterbau-Ausstattung vor der Beschaffung (Einkauf) zusammen mit der im Einsatz befindlichen Hotel-Matratze durch echtes Probeschlafen getestet (z. B. durch am Einkauf beteiligte Personen)?	➔5	
3.7	Entspricht der Unterbau, auf dem die Matratze zu liegen kommt, dem Prinzip eines elastischen Federsystems? (➔ 66/67)		
3.8	Besteht bei einem vorhandenen elastischen Federsystem als Unterbau für die Hotel-Matratze die Möglichkeit, definierte Zonen (z. B. Schulter, Lordose, Becken) den individuellen Bedürfnissen des Gastes anzupassen, und kann der Gast dies ohne großen Aufwand selber vornehmen? (➔ 68)	➔59	
3.9	Besteht bei einem vorhandenen elastischen Federsystem als Unterbau für die Hotel-Matratze die Möglichkeit, die Liegefläche für Kopf/Rücken und Beine/Füße zu verstellen, um dem Gast eine sitzende Position im Hotel-Bett zu ermöglichen, und kann der Gast dies ohne großen Aufwand selber vornehmen? (➔ 68)	➔60	
3.10	Ist der vorhandene Unterbau für die Hotel-Matratze älter als 15 Jahre?		
3.11	Kann der Unterbau der Hotel-Matratze gereinigt werden?	➔61	
3.12	Hat der Unterbau der Hotel-Matratze evtl. Hohlräume, die nicht zugänglich sind, um vollständig gereinigt zu werden?	➔62	

3.13	Wird der Unterbau der Matratze mindestens einmal jährlich gereinigt?	→63
3.14	Ermöglicht der Unterbau der Hotel-Matratze einen ausreichenden Luftaustausch?	→64
3.15	Gibt es eine geplante und regelmäßige Qualitätskontrolle des Unterbaus auch hinsichtlich möglicher Kuhlenbildung? (→ 81)	→23
3.16	Sofern es eine regelmäßige Qualitätskontrolle gibt, findet diese mindestens einmal jährlich statt?	→24
3.17	Führen festgestellte Mängel zum Austausch?	→25
3.18	Gibt es eine Reserve vor Ort, um bei festgestellten Mängeln unverzüglich handeln zu können?	→26
3.19	Werden Qualitätsmängel (z. B. Verschleiß, Kuhlenbildung usw.) dokumentiert?	→27
3.20	Wurden die Personen, welche die Qualitätskontrollen vornehmen, fachlich geschult?	→28
3.21	Haben Informationen von den Gästen sowie die gewonnenen Erfahrungen Einfluss auf den Einkauf des Unterbaus?	→32
3.22	Gibt es für die Hotel-Leistung „Unterfederung" ein eigenes Qualitätsmanagementsystem?	→33

5.2.4 ZUDECKEN-CHECK

Tabelle 16: Zudecken-Check

Nr.	Fragen zum Themenfeld (★ Nr. Kriterienkatalog)	→?	Ja / Nein
4.1	Gibt es für die Zudecke eine personelle Verantwortung?	→1	
4.2	Im Falle einer Verantwortung: Ist diese Person/Stelle aktiv in den täglichen operativen Prozess zum Management der Zudecken eingebunden (z. B. Housekeeping)?	→2	
4.3	Im Falle einer Verantwortung: Verantwortet diese Person/Stelle auch andere Produkte für das Hotel-Bett?	→3	
4.4	Nur im Falle einer Verantwortung: Wurde und wird diese Person/Stelle auch in den Beschaffungsprozess der Zudecken aktiv eingebunden?	→4	
4.5	Wurde die vorhandene Ausstattung an Zudecken durch echtes Probeschlafen getestet (z. B. durch am Einkauf beteiligte Personen)?	→5	
4.6	Wurde die vorhandene Ausstattung an Zudecken gezielt für das angestrebte bzw. gegebene Raumklima (Temperatur) in den Hotelzimmern ausgewählt?	→65	
4.7	Stehen dem Gast bei Bedarf zusätzliche dünnere (kühlere) sowie dickere (wärmere) Zudecken zur Verfügung? (→ 80)	→66	
4.8	Stehen dem Gast zusätzliche Zudecken bereits direkt im Zimmer zur Verfügung?		
4.9	Werden dem Gast gleichwertige Zudecken wie in der Standardausstattung auch in Übergröße (155 × 220 cm) angeboten?		
4.10	Wird der Gast auf ein zusätzliches Angebot an Zudecken hingewiesen?		
4.11	Wird der Gast im Rahmen seiner Buchung/Reservierung bereits auf die Möglichkeit einer individuellen Bettausstattung bzgl. Zudecken hingewiesen?		
4.12	Ist die vorhandene Ausstattung an Zudecken älter als 5 Jahre? (→79)		
4.13	Sind die Zudecken waschbar bis 60 Grad?		
4.14	Werden die Zudecken regelmäßig und mindestens alle 3 Monate gewaschen?		
4.15	Werden Schonbezüge für die Zudecken genutzt?		
4.16	Nur im Falle Schonbezüge: Wird bei deren Einsatz berücksichtigt, dass sich damit der Wärmegrad der Zudecke erhöht?		
4.17	Nur im Falle Schonbezüge: Sind diese älter als 5 Jahre?		

HOTEL-BETTEN-CHECK

4.18	Nur im Falle von Schonbezügen: Werden diese mindestens alle 3 Monate gewaschen?		
4.19	Sind die Zudecken für Allergiker geeignet? (→ 78)		
4.20	Sind die Zudecken nach ÖKO-TEX oder vergleichbar zertifiziert? Nur im Falle Schonbezüge: Sind diese ebenfalls nach ÖKO-TEX oder vergleichbar zertifiziert? Der Schonbezug darf die Zudecke nicht negativ beeinträchtigen.		
4.21	Haben die Zudecken feuchtigkeitsregulierende Eigenschaften? Nur im Falle Schonbezüge: Sind diese ebenfalls feuchtigkeitsregulierend? Der Schonbezug darf die Zudecke nicht negativ beeinträchtigen.		
4.22	Gibt es eine geplante und regelmäßig Qualitätskontrolle der Zudecken, auch hinsichtlich ihres Alters? (→ 79)	→67	
4.23	Sofern es eine regelmäßige Qualitätskontrolle gibt, findet diese mindestens einmal jährlich statt?	→24	
4.24	Führen festgestellte Mängel zum Austausch?	→25	
4.25	Gibt es eine Reserve vor Ort, um bei festgestellten Mängeln unverzüglich handeln zu können?	→26	
4.26	Werden Qualitätsmängel (z. B. Verschleiß) dokumentiert?	→27	
4.27	Wurden die Personen, welche die Qualitätskontrollen vornehmen, fachlich geschult?	→28	
4.28	Haben Informationen von den Gästen sowie die gewonnenen Erfahrungen Einfluss auf den Einkauf der Zudecken?		
4.29	Gibt es für die Hotel-Leistung „Zudecke" ein eigenes Qualitätsmanagementsystem?	→33	

5.3 Erläuterungen zum Fragenkatalog

➔ 1 Verantwortung
Personelle Verantwortung ist in diesem Sinne die eindeutige, dokumentierte Zuordnung von Befugnis und Verpflichtung zur Organisation der betreffenden Hotel-Leistung einer Person/Stelle. Ob diese Person innerhalb der Hotel-Organisation tätig oder einem externen Dienstleister zugehörig ist, ist nicht relevant.

➔ 2 Praxisorientierung
So vorteilhaft eine klare Zuordnung bei der Frage des Managements einer Leistung bzw. eines Produktes ist, so hilfreich ist es auch, wenn diese Person täglich mit den Produkten zu tun hat und nicht nur fernab der Praxis in der Verwaltung sitzt.

➔ 3 Zusammenhang
Je mehr Komponenten des Hotel-Bettes von einer Person/Position verantwortet werden, desto effektiver ist letztlich ein sowohl kunden- als auch betriebswirtschaftlich orientiertes Betten-Management.

➔ 4 Einfluss
Entscheidend hinsichtlich der Verantwortung ist die tatsächliche Möglichkeit der Einflussnahme, vor allem beim Einkauf, aber auch bei der Pflege bis zur Entsorgung der betreffenden Produkte. Denn alle Verantwortung hat keinen Wert, wenn Erfahrungen der Praxis zum Beispiel im Einkauf keine Berücksichtigung finden. Was nützt Verantwortung, wenn daraus kein Einfluss erwächst?

➔ 5 Produkttest
Der Einkauf schafft die Grundlage für die jeweilige Hotel-Leistung. Dabei ist neben dem Budget die Frage nach der Qualität und dem Nutzen der Leistung nicht minder wichtig, denn diese haben einen wichtigen Zweck zu erfüllen. Daher sollte die Auswahl nicht nur über Preis und Katalog erfolgen. Die Frage nach dem Probeschlafen (idealerweise in dem auszustattenden Hotel-Bett) verleiht der Hoffnung Ausdruck, das Wohl des Gastes stärker zu gewichten und dies durch Selbstversuche zu ergründen.

→ 6 Haltbarkeit

Bei einer durchschnittlichen Belegung von etwa 2 Nächten pro Gast* und einer Auslastung von durchschnittlich über 60 %* haben in 4 Jahren etwas mehr als 300 Gäste ihr jeweils höchst individuelles Haupt auf die Kissen gebettet, womit diese, unabhängig von der Hygiene, allein durch physikalische Beanspruchung an Stützhöhe und Stützkraft eingebüßt haben. Damit müssen diese, je nach Qualität, noch längst nicht unbrauchbar geworden sein, aber neu und unverbraucht sind sie eben auch nicht mehr. *(* Dehoga, Zahlenspiegel 2017)*

→ 7 Komfort

Komfort beginnt dort, wo mehr als nur der Mindeststandard erfüllt ist. Zwei Kissen machen ein Bett nicht nur wohnlicher, sie bieten dem Gast auch mehr Möglichkeiten.

→ 8 Alternativen

Mehrere Kissen im Bett zu haben, kann schön sein, aber ein echter Nutzen wird erst dann für den Gast erzielt, wenn sich die Kissen auch in Stützhöhe und Stützkraft unterscheiden und so dem Gast die Möglichkeit bieten, ein für sein individuelles Bedürfnis geeigneteres Kissen zu finden. Wenn sich die Kissen lediglich im Format unterscheiden (Länge × Breite) oder die Unterschiede in der Stützkraft nicht wirklich signifikant sind, weil alle die gleiche Füllung enthalten, dienen die Kissen mehr der Bett-Kosmetik denn einer Verbesserung im Schlafkomfort. Daher ist nicht die absolute Zahl der Kissen entscheidend, sondern ob mit den zur Verfügung stehenden Kissen (es gibt z. B. auch Kombikissen mit einer weichen und einer festen Seite) dem Gast echte Optionen geboten werden.

→ 9 Kissen-Menü

Ein umfassendes Kissen-Menü für den Gast ist ein toller Service des Hauses, doch muss nicht zwingend jedes Zimmer mit Kissen-Angeboten ausgestattet sein. Aber schön wäre es schon.

→ 10 Information

Das Hotel-Angebot hinsichtlich der Bettausstattung ist erst dann rund, wenn der Gast von möglichen Alternativen auch entsprechende Kenntnis hat, bevor er sich zur Nachtruhe bettet. Daher ist ein für den Gast wahrnehmbares Angebot eine Mindestanforderung, wenn man schon Alternativen anbietet.

➜ 11 Dokumentation

Sofern der Gast via Zimmerservice seine Bettausstattung individuell optimiert, bietet dies eine sehr gute Gelegenheit, diese Nachfrage zu erfassen und auszuwerten, was eine entsprechende Dokumentation voraussetzt – idealerweise mit der Hinterlegung von Geschlecht, Alter, Nationalität usw. Dies würde es ermöglichen, das Hotel-Angebot „Bett" genauer an die Bedürfnisse seiner Gäste anzupassen. Wer dies nicht tut, handelt auch weiterhin im Blindflug.

➜ 12 Aufklärung

Hilfreich ist es, dem Gast nicht nur die verschiedenen Optionen zu präsentieren, sondern ihm auch gleichzeitig die möglichen Unterschiede und deren Nutzen aufzuzeigen, da nicht alles immer selbst erklärend ist. Auf der Weinkarte schreibt man ja auch dazu, welcher Wein lieblich oder trocken ist und zu welchen Speisen er passt.

➜ 13 Encasing

Ein Hygieneschutzbezug bzw. Encasing kann bei entsprechenden Eigenschaften und richtiger Anwendung einen ergänzenden, zusätzlichen Hygieneschutz für den Gast darstellen.

➜ 14 Humanverträglichkeit

Wichtig ist es, die Bettausstattung einwandfrei und humanverträglich zu gestalten, zumal die Haut über einen längeren Zeitraum (während der Nachtruhe) direkten Kontakt mit den Textilien hat. Die Bettwäsche selbst vermag die Migration möglicher humanunverträglicher Stoffe aus Kissen und Matratzen nicht verhindern, weshalb *alle* Materialien im Bett möglichst geprüft und per Zertifikat für unbedenklich erklärt sein sollten.

➜ 15 Allergie

Es ist ein großer Pluspunkt, wenn grundsätzlich alle Kissen den Bedürfnissen der wachsenden Zahl an Allergikern entgegenkommen. Dazu muss nicht nur das Kissen zwingend waschbar sein, um Staub und Milben regelmäßig zuverlässig zu entfernen. In dieser Frage gelten auch Kissenfüllungen, die aus Naturhaar, Federn und anderen

Naturmaterialen bestehen, nicht als für Allergiker geeignet. Zum einen, weil diese zum Teil nicht waschbar sind (wie z. B. Kirschkernkissen), zum anderen, weil Naturmaterialien potenziell einen geeigneteren organischen Nährboden u. a. für Schimmel und Pilze bieten und zudem im Rahmen der Abnutzung zusätzliche Kleinstpartikel absondern, die eingeatmet werden könnten.

➜ 16 Feuchtigkeitsregulierend

Weil alle Menschen, speziell im Nacken- und Kopfbereich, im Schlaf viel Wärme und auch Feuchtigkeit abgeben, ist es für einen gesunden Schlafkomfort sehr wichtig, diese Feuchtigkeit vom Körper wegzuleiten und trockene Luft zuzuführen. Dafür ist es notwendig, dass die Materialien auch atmungsaktiv bzw. feuchtigkeitsregulierend sind, damit kein zusätzlicher Schwitz-/Wärmeeffekt auftritt und die Feuchtigkeit abgeleitet werden kann. Ein weiterer wichtiger Grund liegt in der Notwendigkeit, die Feuchtigkeit im Kissen möglichst niedrig zu halten, denn Feuchtigkeit und Temperatur sind neben Hautschuppen, Haaren usw. wesentliche Einflussfaktoren auf die Zahl der Milben.

➜ 17 Waschbarkeit

Ganz wichtig, denn nur sauber ist gesund. Gerade im Nacken- und Kopfbereich – wo zum einen Haut und Haare direkten Kontakt mit dem Kissen haben und zum anderen genau dieser Körperbereich auch in einem extrem hohen Maße Körperflüssigkeiten und andere Substanzen absondert – ist Hygiene besonders wichtig. Eine Bettausstattung, die nicht waschbar ist, hat im Hotel nichts zu suchen. Und mit waschen ist auch genau das gemeint, was landläufig darunter verstanden wird: der Einsatz von Wasser (bei Federn ist auch Dampf möglich) und entsprechenden Reinigungsmitteln. Nur so lassen sich Verschmutzungen aus Hülle und Füllmetarial lösen und samt anderer Fremdpartikel wie auch Milben und Milbenkot aus den Kissen entfernen. Dabei können Kissenhülle und Füllmaterial auch getrennt gewaschen werden, was aufgrund möglicher Materialunterschiede bisweilen zwangsläufig notwendig ist.

➜ 18 Geräusche

Es gibt immer noch Hygieneschutzbezüge, speziell Encasings, die aufgrund des Materials deutlich mehr Geräusche produzieren, wenn der Kopf sich darauf bewegt. Das kann den Schlaf empfindlich stören.

➜ 19 Reinigung

Der Hygieneschutzbezug bzw. ein Encasing soll den Gast schützen und nicht das Kissen vor dem Gast. Was nützt die Waschbarkeit einer derartigen Schutzeinrichtung, wenn diese nicht auch gewaschen wird, zumal sie aufgrund ihrer Beschaffenheit und ihrer Kontaktfläche schneller und stärker verschmutzt als ein Kissen ohne Schutzhülle. Alternativ besteht die Möglichkeit, Wegwerfprodukte bzw. Einmal-Encasings zu verwenden, was nicht unbedingt Umwelt und Ressourcen schonend ist, aber mit Blick auf die Hygiene immerhin eine Möglichkeit ist, einen hygienischen Mindeststandard zu erfüllen.

➜ 20 Allergien

Falls nicht alle Standardkomponenten im Bett für Allergiker geeignet sein sollten, wäre es ein guter Service, dem Gast auf Nachfrage im Austausch entsprechende Komponenten zur Verfügung zu stellen.

➜ 21 Mindesthygiene

Ob mit oder ohne Hygieneschutzbezug bzw. Encasing sollten die Kissen mindestens einmal jährlich gewaschen werden.

➜ 22 Reinigungszyklen

Da besonders Kissen viel „zu schlucken" haben, ist hier ein deutliches Mehr an Hygiene angebracht, wenn man bedenkt, dass schon die Bettwäsche mindestens mit jeder Neubelegung bzw. bei Belegung mindestens einmal die Woche gewaschen wird (★ 38/39). Daher gibt es hier Pluspunkte, wenn die Kissen öfters im Jahr gewaschen werden. Da es beim Einsatz von Hygieneschutzbezügen/Encasings nie eine Prozesssicherheit gibt, also keine Gewähr, dass diese vom Gast nicht eventuell entfernt werden, ist demnach trotz einer möglichen Schutzmaßnahme eine Verschmutzung nie auszuschließen. Daher ist ein häufigeres, regelmäßiges Waschen aus hygienischer Sicht grundsätzlich sinnvoll und auch notwendig.

➜ 23 Qualitätskontrolle

In Abhängigkeit von der Auslastung sowie der Inanspruchnahme durch die Gäste ist der natürliche Verschleiß bzw. ist die Abnutzung nicht linear planbar. Somit ist es notwendig, die Komponenten eines Bettes regelmäßig auf ihre Eignung zu prüfen.

→ 24 Regelmäßige Qualitätskontrollen
Eine Prüfung bzw. Qualitätskontrolle sollte in nicht zu großen Abständen erfolgen, um mögliche Qualitätsmängel möglichst rechtzeitig entdecken und beheben zu können.

→ 25 Mängelbehebung
Mängel festzustellen ist das eine, diese zu beheben das andere. Zum Wohle des Gastes sollte ein festgestellter Mangel zeitnah durch entsprechenden Ersatz behoben werden.

→ 26 Ausfallsicherheit
Ideal ist es, einen Mangel unverzüglich zu beheben, was eine Reserve im eigenen Haus oder zum Beispiel beim Textildienstleister voraussetzt. Dadurch müssen nachfolgende Gäste nicht unnötigerweise mit einem Mangel leben.

→ 27 Dokumentation
Um die Erfahrungen aus der Praxis für ein effektives Management nutzbar zu machen, ist es unerlässlich, diese schriftlich zu dokumentieren. Nur so sind auf Dauer genaue Analysen möglich.

→ 28 Schulung
Produkte hinsichtlich ihrer Qualität und Beschaffenheit prüfen und beurteilen zu können, setzt ein solides Grundwissen voraus, das durch Schulungen erworben werden kann.

→ 29 Gästezufriedenheit
Gäste äußern sich auf vielfältige Weise, schriftlich oder mündlich, frei oder auf vorgefertigten Fragebögen. Aus diesen Informationen jene zur Hotel-Leistung „Bett" und dessen Komponenten herauszufiltern erfordert sicherlich einen gewissen Aufwand, aber es lohnt die Mühe. Denn Gäste äußern sich, wenn überhaupt, nicht ohne Grund. Diese Informationen sind daher äußerst wertvoll und sollten in die Dokumentation zur weiteren Analyse eingehen.

→ 30 Gästebefragung
Die Messung von Kundenzufriedenheit – oder von deren Gegenteil – ist ein unverzichtbares Instrument für jeden, der in seiner Leistung nach dem Optimum strebt. Ohne die Rückmeldungen der Gäste und

deren Auswertung befindet man sich im Blindflug. Daher ist es von Vorteil, seine Gäste gezielt nach bestimmten Leistungen zu fragen, oder zumindest die Möglichkeit zu bieten, diese auf strukturierte Weise um ihre Wertung zu bitten. Nach Kissen und Matratze gefragt kann der Gast gezielt Auskunft geben, alle anderen Komponenten verschmelzen in der Regel zum Gesamteindruck Bett.

➜ 31 Transparenz

Wo auch immer Informationen der Gäste zur Hotel-Leistung „Bett" und dessen einzelnen Komponenten erfasst, gespeichert und ausgewertet werden, sollte die für dieses Thema verantwortliche Person/Stelle Zugang haben, um ihre Verantwortung auszufüllen. Das kann sie nur, wenn sie das Meinungsbild der Gäste kennt.

➜ 32 Informationsvernetzung

An vielen Stellen im Haus können relevante Informationen zur Hotel-Leistung „Bett" und dessen einzelnen Komponenten erhoben werden. Ihre Wirkung entfalten sie aber erst, wenn sie zusammengeführt und, nicht zuletzt, mit dem Praxiswissen der verantwortlichen Person/Stelle verdichtet einen Teil der Entscheidungsgrundlage für den Einkaufsprozess in diesem wichtigen Produktbereich bilden.

➜ 33 Qualitätsmanagementsystem

Qualitätsmanagementsysteme helfen dabei, System-, Prozess- und Produktqualität in einer Organisation zu verbessern: Planung statt Zufall. Deshalb braucht es auch für das Hotel-Bett eine zielgerichtete Methodik in der Vorgehensweise sowie eine strukturierte Dokumentation und Analyse.

➜ 34 Abstimmung von Komponenten

Der Liegekomfort einer Matratze wird maßgeblich beeinflusst durch ihren Unterbau, vorzugsweise eine Unterfederung. Dieser Unterbau vermag das Potenzial einer Matratze optimal zur Geltung zu bringen, wenn beide Komponenten aufeinander abgestimmt sind. Ebenso ist aber eine kontraproduktive Konstellation möglich, wodurch sich der Liegekomfort einer Matratze verschlechtert.

→ 35 Haltbarkeit/Lebensdauer

Sofern es kein Brett ist, liegt sich mit der Zeit auch der Unterbau einer Matratze durch, was aber nicht immer sofort ersichtlich ist. Neue Matratzen auf einem deutlich älteren Unterbau zu platzieren lässt die Matratze sofort physisch dem durchgelegenen Unterbau folgen. Spätestens nach 15 Jahren sollte eine Neuanschaffung erfolgen.

→ 36 Gästeprofil

Wenn nicht vorhanden, ist das sehr schade, denn jedes Hotel verfügt über die Informationen (und bei Neueröffnungen über eine Vorstellung des Zielpublikums), wie sich der Durchschnitt der Gäste nach Nationalität, Alter und Geschlecht zusammensetzt. Und dies kann nach Standort, Hotel-Angebot und Hotel-Kategorie usw. sehr unterschiedlich sein. Diese Informationen machen es möglich, in allgemein verfügbaren und zugänglichen Statistiken nachzulesen, wie sich dieser statistische Durchschnitt auf Körpergewicht und Körpergröße auswirkt (zum Beispiel beim *Statistischen Bundesamt für Deutschland* zu den Körpermaßen der Bevölkerung unter *www.destatis.de* oder international unter *laenderdaten.info*, um nur zwei Möglichkeiten zu nennen). Diese Daten sollten dann zwingend Einfluss haben auf die zu wählende Matratze hinsichtlich Länge und Härte.

→ 37 Bedarfsdeckung

Auch wenn der vorhandene Matratzenbestand nicht gezielt für die Haus-Gäste angeschafft wurde, kann die Möglichkeit nicht ausgeschlossen werden, dass Angebot und Nachfrage zusammenpassen. Da es bei der Matratzen-Industrie keine einheitliche Norm zur Messung und Klassifizierung von Härtegraden gibt (was für den einen weich, ist für den anderen schon fest) und zudem unterschiedlichste, nicht vergleichbare Abstufungen existieren, ist diese Frage nicht einfach zu beantworten, es sei denn: a) der verwendete Matratzentyp wurde vorher vergleichend durch eigenes Probeschlafen getestet oder b) der Hersteller prüft anhand relevanter Daten der Gäste, ob das gelieferte Modell dem Bedarf entspricht.

Ob der vorhandene Härtegrad zu den Gästen passt, lässt sich auch durch folgende Faustformel erkennen, die als grobe Orientierung dienen kann:

- Körpergewicht in kg < Körpergröße in cm minus 100 ➜ Matratze **eher weich**
- Körpergewicht in kg = Körpergröße in cm minus 100 ➜ Matratze **eher mittel**
- Körpergewicht in kg > Körpergröße in cm minus 100 ➜ Matratze **eher fest**

Damit gilt, je höher der Härtegrad, desto härter und belastbarer ist eine Matratze. Doch für alle Gäste, die nicht das nötige Gewicht für diese Matratze mitbringen, kann die Nacht zur Qual werden. Sofern man sich für die Anschaffung harter bis sehr harter Matratzen entscheidet, besteht das Risiko, einer (zu) großen Anzahl Gästen nicht gerecht zu werden.

➜ 38 Stauchhärte

Härtegrad und Liegekomfort sind unmittelbar abhängig von der Stauchhärte und dem Raumgewicht einer Matratze. Diese Informationen helfen bei der Einordnung der vom Hersteller angegebenen Härtegrade (da diese nicht normiert sind). Dabei beschreibt die Stauchhärte, die besonders bei *Federkernmatratzen* Anwendung findet, welcher Kraftaufwand notwendig ist, um die Matratze um rund 40 % eindrücken zu können. Gemessen wird diese Angabe in Kilopascal (kPa). Je höher dieser Wert ausfällt, desto weniger weich ist die Matratze. Hier gilt als Faustregel ein Bedarf von etwa 40 kPa bei schweren und von etwa 30 kPa bei leichten Menschen. Übrigens: Die Zahl der eingesetzten Federn in einer Federkernmatratze hat nur bedingt Aussagekraft, da auch die Material- bzw. Drahtstärke sowie die Zahl der Windungen und die Spannkraft wie auch deren Anordnung, Verarbeitung und Befestigung von Bedeutung sind.

➜ 39 Raumgewicht (RG)

Das Raumgewicht ist wie die Stauchhärte mitverantwortlich für den Liegekomfort. Damit wird die zur Verfügung stehende „Masse" einer Matratze angegeben, um den Körper aufzunehmen. Gleichzeitig ist dieser Wert ein Indikator dafür, wie formbeständig und langlebig die Matratze sein kann. Das RG definiert sich in kg/m^3, wobei dieser Wert überwiegend für *Schaumstoffmatratzen* angewendet wird. Sofern das RG nicht bekannt ist, kann es auch grob selbst ermittelt werden:

Gewicht der Matratze in Kilogramm, geteilt durch ihr Volumen in Kubikmetern (m³ = Breite × Höhe × Länge), also kg/m³. Für den Einsatz im Hotel sollte das RG mindestens bei 40, besser über 50 liegen.

➔ 40 Unterfederung

So gut und individuell passend eine Matratze auch sein mag, kommt dem technischen Unterbau einer Matratze die Aufgabe zu, die vorhandene Eigenschaft nicht zu neutralisieren, sondern idealerweise zu verbessern. Ist der Unterbau ungeeignet, kann er alle positiven Eigenschaften einer Matratze egalisieren oder sogar den gesamten Liegekomfort negativ beeinträchtigen.

Dies ist der Fall bei einem starren Unterbau – einem Brett oder wenig bis unelastischen Latten oder etwas Vergleichbarem. So gilt es, zum Beispiel in Seitenlage, eine durchschnittliche Schulterbreite von bis zu 25 cm von Kissen und Matratze aufnehmen zu lassen, damit die Wirbelsäule nicht abknickt. Um diesen Wert (reduziert um die Stützhöhe des Kissens) müsste demzufolge eine Matratze an dieser Stelle einsinken können. Da die Matratze über eine Eigenmasse verfügt, die sich auch bei extremer Stauchung nicht in Luft auflösen kann, stehen auch bei hohen Matratzen selten mehr als 5 bis 10 cm zur Verfügung. Die fehlenden Zentimeter können aber durch ein Einsinken der Matratze selbst von der Unterfederung zur Verfügung gestellt werden.

Das ist der Grund, warum auch flache Matratzen mit einem guten Federsystem (ob flexibler bzw. elastischer Lattenrost, Tellerrahmen oder Boxspring u. a.) durchaus sehr gute Liegeeigenschaften haben können, im Umkehrschluss auch sehr hohe Matratzen ganz schlecht abschneiden, wenn sie auf einem Brett liegen. Zudem werden auf harten Unterlagen Matratzen schnell mürbe und liegen schneller durch. Ein starrer Unterbau ist daher immer eine absolut negative Beeinträchtigung des Liege- und somit Schlafkomforts. Ein Brett unter der Matratze kommt deshalb nicht einmal als Notlösung in Betracht.

➔ 41 Mindesthöhe Matratze

Stauchhärte und Raumgewicht einer Matratze definieren maßgeblich den Härtegrad und den Schlafkomfort einer Matratze. Neben diesen beiden Parametern ist aber auch die Höhe einer Matratze von Relevanz, da sie das notwendige Volumen zur Verfügung stellen muss, um einen

Körper auch in Seitenlage anatomisch korrekt lagern zu können. Es braucht ausreichend Raum, damit Schulter und Becken einsinken können. Selbst wenn der durchschnittliche Gast eher klein und leicht ist, sollte die Höhe der Matratze 13 cm nicht unterschreiten.

➜ 42 Mindestanforderung Bettsystem
Sofern eine elastische Unterfederung als Unterbau für die Matratze vorhanden ist, kann eine Matratze ab etwa 13 cm Höhe mit einer Unterfederung von zum Beispiel 5 cm Bauhöhe (und entsprechendem Federweg, der dabei größer als 5 cm sein kann) zusammen ein Bettsystem von 18 cm Höhe bilden, was je nach Qualität der eingesetzten Materialien sowie je nach Raumgewicht und Stauchhärte auch für ein breiteres Publikum geeignet sein kann.

➜ 43 Komfortsteigerung
Mit jedem Zentimeter mehr in der Summe von Matratze und Unterfederung wächst der mögliche Schlafkomfort, wobei in der Bewertung der Schwerpunkt in der Zentimeter-Verteilung bei der Matratze liegt. Höhere Matratzen können aufgrund ihres Volumens und ihrer Masse mit mehr Komfort beim Einsinken punkten.

➜ 44 Alternativen Härtegrad Matratze
Neben der Möglichkeit, über die Aufteilung der Zimmer Matratzen mit unterschiedlichem Härtegrad anzubieten, gibt es auch Wendematratzen mit einer festen und einer weichen Seite sowie die Option, ein Doppelbett mit Matratzen unterschiedlicher Festigkeit anzubieten oder ein Bettsystem zu verwenden, bei dem die gefühlte Festigkeit der Matratze motorisch oder manuell verändert werden kann. Mit solchen Maßnahmen kann dem Wunsch einer größeren Bandbreite von Gästen nach individuellem Schlafkomfort entgegengekommen werden.

➜ 45 Matratzen-Topper
Komfort beginnt dort, wo mehr als nur der Mindeststandard erfüllt wird. Ein zusätzlicher Topper, also eine Matratzenauflage, die nicht dünner als 5 cm sein sollte, um diese Bezeichnung zu verdienen, kann spürbar helfen, die Auflagefläche einer Matratze etwas weicher zu machen. Defizite der Matratze und der Unterfederung kann ein Topper zwar nicht kompensieren, aber zumindest etwas ausgleichen.

→ 46 Mindestgröße

Wie für das Zimmer gilt auch für die Matratze: Komfort hängt von der zur Verfügung stehenden Fläche ab. Und ein Blick in die Statistik zeigt, dass der Mensch an Statur und Körpermasse zunehmend gewinnt, womit sein Bedarf an mehr Matratze zum Schlafen wächst. Zudem wächst auch das Bedürfnis nach erholsamem Schlaf, der auf Komfortgrößen schneller zu finden ist als in schmalen Kojen. Schön, wenn das Hotel dieser Entwicklung folgt.

→ 47 Überlänge

Die Evolution bleibt nicht stehen und lässt aus diversen Gründen die Menschen und somit die Gäste immer länger werden. Ab einer Körpergröße von 180 cm ist für eine geruhsame wie ungestörte Nachtruhe und gesunden Schlaf eine Matratze bzw. ein Bett mit einer Länge von mehr als 200 cm erforderlich. Der Mensch will sich im Bett nicht nur ausstrecken und drehen, er „wandert" darin auch unbewusst von oben nach unten und umgekehrt. Dafür braucht er Platz, auch um zu verhindern, dass die Füße aus dem Bett ragen. Und für Gäste mit einer Körperlänge um 200 cm und mehr erklärt sich die Frage und Forderung nach Betten in Überlänge von selbst.

→ 48 Identifizierung

Erst die Identifizierung (z. B. via Strichcode, Nummer, RFID-Chip) ermöglicht ein genaues Management von Hygienedokumentation, Nutzungsdauer und Qualitätskontrolle.

→ 49 Matratzenhygiene

Abgesehen von der physikalischen Beanspruchung – jede Matratze nutzt sich ab – wird die Matratze hygienisch überdurchschnittlich stark beansprucht. Pro Nacht gibt der Mensch zwischen 250 und 500 ml* Körperflüssigkeit ab, bei starkem Schwitzen, im Sommer oder bei Krankheit sogar ein Vielfaches davon. Etwa 10 % davon werden über die Atemluft abgesondert, 90 % als „Nachtschweiß" über unser größtes Organ, die Haut. Davon wiederum entweichen etwa ⅔ in die Zudecke, und ⅓ landet in der Matratze. Sollte ein entsprechender Matratzenschutz/Hygieneschutzbezug bzw. ein entsprechendes Encasing sachgerecht zum Einsatz kommen, können hier allenfalls eingebüßte Punkte ein Stück weit wieder aufgeholt werden.

Aber auch bei einem Encasing braucht es, auch aufgrund fehlender Prozesssicherheit bei der Anwendung, in Abständen eine hygienische Aufbereitung. Und analog zu allen anderen Produkten, die im Bett eingesetzt werden und mit Körperflüssigkeiten sowie anderen Stoffen in Kontakt kommen (Haare, Hautschuppen usw.) kann nur durch richtiges Waschen mit Wasser und einem Waschmittel die erforderliche Hygiene hergestellt werden. *(* z.B. Stiftung Warentest)*

➜ 50 Lebensdauer Matratze

Unabhängig von der Hygiene unterliegt jede Matratze der physikalischen Abnutzung durch Beanspruchung. Der *Fachverband Matratzen-Industrie e. V.* in Deutschland wie auch die *Stiftung Warentest* empfehlen dem privaten Verbraucher eine Erneuerung seiner Matratze nach 7 bis 10 Jahren, was umgerechnet einer Belastung von 2500 bis 3500 Nächten bedeutet und maßgeblich mit der Hygiene begründet wird. Eine Nutzung von 3500 bis 4000 Nächten darf selbst für hochwertige Matratzen als Belastungsobergrenze angesehen werden. Für ein Hotel mit einer Auslastung von durchschnittlich 60 bis 70 % ergibt sich diese Belastungsgrenze nach etwa 15 Jahren. Hygiene und Qualität vorausgesetzt, kann eine gute Matratze so lange eingesetzt werden.

➜ 51 Hygienebelastung

Bei einer durchschnittlichen Belegung von etwa 2 Nächten pro Gast* und einer Auslastung von durchschnittlich über 60 %,* haben in 3 Jahren über 300 Gäste ihren jeweils höchst individuellen biologischen Abdruck im Bett hinterlassen. In Litern Flüssigkeit umgerechnet etwa 2 ½ Badewannen voll. Egal ob mit oder ohne Encasing hat die Matratze in dieser Zeit auch durch die in der Raumluft zirkulierenden Substanzen hinreichend Schmutz aufgenommen, um nicht mehr als wirklich sauber gelten zu können. *(* Dehoga, Zahlenspiegel 2017)*

Natürlich gibt es die Möglichkeit, eine Matratze von allen Seiten durch einen Hygieneschutzbezug von der Außenwelt „abzuschirmen", doch wenn dieser zum Waschen gewechselt, vom Gast entfernt, durch Gebrauch beschädigt oder wenn die Matratze gelüftet wird, nimmt diese Schmutz und Keime auf. Zudem sollte ein Hygieneschutzbezug ja keine Plastikfolie sein, sondern eine Membran, die dampfdurchlässig ist und auf diesem Wege auch im Dampf gelöste Substanzen in die Matratze transportiert.

→ 52 Allergiker-Freundlichkeit

Ein großer Pluspunkt, wenn grundsätzlich alle Matratzen den Bedürfnissen der wachsenden Zahl Allergiker entgegenkommen. Dazu sollten die Matratzen waschbar sein, um Staub und Milben regelmäßig und zuverlässig entfernen zu können. Oder es wird ein entsprechend geeignetes Encasing sachgerecht eingesetzt. Wichtig ist aber auch die Zusammensetzung einer Matratze. Matratzen mit großen Hohlräumen, wie z. B. Federkernmatratzen oder Boxspring-Systeme bieten Milben, Staub und anderem Schmutz ausreichend Platz, ohne die Möglichkeit, diesen jemals komplett entfernen zu können. Bei Matratzen mit Komponenten aus Naturhaar oder Latex können sich zusätzlich Probleme für Gäste ergeben, die an einer Tierhaar- oder Latex-Allergie leiden. Am unproblematischsten sind Schaumstoffmatratzen. Damit ein Encasing eine Matratze für einen Allergiker geeignet macht, muss es die Matratze von allen 6 Seiten vollständig umschließen und zudem über ein entsprechendes Zertifikat verfügen.

→ 53 Atmungsaktivität (Wasserdampf-Durchlässigkeit)

Bekanntlich werden vom Gast in der Nacht Flüssigkeiten abgesondert, davon in erheblichen Umfang in Dampfform über die Haut. Sobald der Gast schwitzt, erfolgt dies buchstäblich fließend. Zur Erinnerung: Nur ein Fünftel der Energie wird in Arbeitskraft des Körpers investiert (wie z. B. die Endverdauung und andere Stoffwechselprozesse), der Rest ist Wärme, die nach außen durch Schwitzen in Dampfform abgegeben werden muss. Diesen Dampf gilt es vom Körper wegzuführen, um Schweißbildung auf der Haut zu vermeiden. Dabei reicht es nicht aus, wenn die den Körper umgebenden Materialien/Textilien die Flüssigkeit aufnehmen (und speichern, wie z. B. Baumwolle), sie müssen die Feuchtigkeit auch schnell nach außen abführen können, damit der Gast trocken bleibt und der Schlaf nicht beeinträchtigt wird.

Daher kommt der Atmungsaktivität der Matratze eine extrem hohe Bedeutung zu, wobei der Ausdruck Wasserdampf-Durchlässigkeit der sachlich richtige wäre, denn nicht alle Materialien, ob Textilien oder Schaum, sind „aktiv". Und an dieser Stelle entscheidet sich, ob z. B. ein Hygieneschutzbezug oder Encasing auch eine ausreichende Luftzirkulation zulässt. Gefordert wird also ein geeignetes Feuchtigkeitsmanagement.

Die Wasserdampfdurchlässigkeit wird gemessen in g/m²/24 h, was besagt, wie viel Gramm Wasserdampf durch einen Quadratmeter in 24 Stunden verdampfen können. Vor dem Hintergrund von durchschnittlich 250 bis 500 ml Nachtschweiß sollte als Richtwert die Wasserdampf-Durchlässigkeit der Liegefläche grösser als 4000 g/m² und die Luftdurchlässigkeit grösser als 3 l/(dm² ·min) sein.* Wenn ein Encasing oder Hygieneschutzbezug diese Anforderung nicht erfüllt, sollte es/er nicht zum Einsatz kommen. *(* TÜV Nord)*

→ **54 Geräuschentwicklung**
Es gibt Hygieneschutzbezüge, die wegen des verwendeten Materials vernehmbar rascheln, wenn sich der Körper darauf bewegt. Diese Geräuschentwicklung kann den Schlaf empfindlich stören. (vgl. → 18)

→ **55 Matratzenhygiene**
Ob mit oder ohne Hygieneschutzbezug bzw. Encasing sollten die Matratzen mindestens einmal jährlich gewaschen werden. Da es beim Einsatz von Hygieneschutzbezügen/Encasings nie eine Prozesssicherheit gibt, also keine Gewähr, dass diese nicht vom Gast vielleicht entfernt werden oder dass bei Verlust aufgrund von Verschleiß kein sofortiger Ersatz möglich ist, lässt sich eine Verschmutzung nicht ausschließen. Daher ist ein häufigeres und regelmäßiges Waschen aus hygienischer Sicht grundsätzlich erforderlich. Da durch absaugen, abbürsten oder bedampfen der Schmutz nicht entfernt werden kann, ist waschen wie bei der Hotel-Bettwäsche unerlässlich für die Hygiene.

→ **56 Lüften**
Im operativen Tagesgeschäft ein große Herausforderung, aber bei guter Planung und entsprechendem Matratzen-Management möglich. Da der Gast im Schlaf Feuchtigkeit absondert und diese von den Produkten im Bett aufgenommen wird, besteht Bedarf, diese Feuchtigkeit durch entsprechendes Lüften an die Raumluft abzugeben. Sofern die Betten immer früh am Morgen, kurz nachdem die Gäste sie verlassen haben, gemacht werden, ergibt sich die Problematik, die Feuchtigkeit zum großen Teil im Bett einzuschließen, bzw. wird je nach Material das Entweichen erschwert. Bei entsprechender Planung und je nach Auslastung/Belegung ist es aber möglich, die Betten gezielt abgedeckt zu lassen und die Matratzen zu lüften. Ideal wären mehrere Stunden.

Voraussetzung ist, dass auch der Raum ausreichend gelüftet wird, um die nun feuchte Zimmerluft gegen Frischluft auszutauschen.

→ 57 Prüfung Stützkraft (Kuhlen-Kontrolle)

In Abhängigkeit von der Auslastung sowie der Inanspruchnahme durch die Gäste ist der natürliche Verschleiß bzw. ist die Abnutzung nicht linear planbar. Somit wird es notwendig, die Matratzen regelmäßig auf ihre Eignung hin zu prüfen. Das Problem des Durchliegens kann auch im Rahmen von Stichproben kontrolliert werden. Dabei empfiehlt sich die Nutzung objektiver Messmethoden.

So kann zum Beispiel durch die Verwendung einer langen Holzlatte sowie einige Übung erkannt werden, ob sich in den kritischen Bereichen (Beckenhöhe) bereits signifikante Deformationen (Kuhlen) ankündigen. Diese können vom Gast beim Liegen gespürt werden, wozu man es aber nicht kommen lassen sollte. Feinere Methoden, wie zum Beispiel das MRK-Messverfahren,* arbeiten lasergestützt mit einem Referenzkörper und ermöglichen die Visualisierung und Dokumentation von nachlassender Stützkraft. Auch die Einschaltung eines Sachverständigen bietet die Möglichkeit, den eigenen Bestand an Matratzen prüfen zu lassen. (* *Matratzen-Referenzkörper-Messverfahren*)

→ 58 Abstimmung

Der Liegekomfort einer Matratze wird maßgeblich beeinflusst durch ihren Unterbau. Harmonieren Unterbau und Matratze nicht zusammen, kann im Extremfall der vorhandene Komfort einer Matratze weitgehend neutralisiert werden. Daher hat es Sinn und bietet Vorteile, den Kauf von Matratze und Unterbau aufeinander abzustimmen.

→ 59 Einstellbare Unterfederung

Bei den Matratzen, gleich welchen Typs und welcher Bauart, hat sich in der Praxis, ob gewerblich oder privat, durchgesetzt, unverstellbare Matratzen einzusetzen. Anders beim Unterbau bzw. bei der Unterfederung. Ob manuell oder motorisch, lassen sich definierte Zonen, speziell im Bereich von Schulter, Lordose und Becken, fester bzw. weicher einstellen, anheben oder absenken, womit eine individuelle Anpassung an den Menschen und somit eine deutliche Steigerung des Schlafkomforts möglich ist.

➜ 60 Verstellbare Unterfederung

Sicherlich ein Luxus, aber längst in vielen privaten Schlafzimmern zu finden sind sogenannte Sitzrahmen, meist motorisch verstellbar, um für das Verstellen nicht aufstehen zu müssen. Dabei kann, in Abhängigkeit von der Zahl der Motoren und der eingesetzten Technik, die Liegefläche in bis zu 4 einzelne Bereiche (Kopf, Rücken, Beine, Füße) aufgelöst und unabhängig voneinander angehoben werden. Somit lassen sich komfortable Sitzpositionen im Bett einnehmen oder Entlastungsstellungen für Kreislauf, Rücken und Beine herstellen. Ein deutlicher Mehrwert, der sofort zu spüren ist.

➜ 61 Unterbaureinigung

Auf die gleiche Art wie die Bettwäsche und die Matratze ist auch der Unterbau einer Matratze den „Einträgen" ausgeliefert, die der Gast in der Nacht und im Rahmen seines Aufenthalts im Zimmer hinterlässt; zwar nicht im direkten Körper- bzw. Hautkontakt mit dem Gast, aber doch als Speicher für alle Art von Schmutz, der vom Unterbau auch wieder in den Raum zurückgegeben wird. Wenn nach einiger Zeit der Nutzung ein Bett von unten und innen unter die Lupe genommen wird, weiß man um die Mengen an Staub, Milben & Co., die sich dort sammeln können, wie auch um jede andere Form von „Hinterlassenschaften" des Gastes. Daher muss auch der Unterbau vollständig gereinigt werden können, wozu ein Abwaschen der Flächen von außen und innen gehört, um mögliche Verkrustungen zu lösen, die sich durch bloßes Absaugen nicht entfernen lassen.

➜ 62 Hohlräume

Ein Unterbau mit Hohlräumen wie bei Boxspring-Systemen birgt das Problem, dort eingedrungenen Schmutz nicht entfernen zu können, wenn dieser Hohlraum nicht vollständig geöffnet werden kann.

➜ 63 Reinigungszyklen

Die Möglichkeit zur Reinigung ist die Voraussetzung, doch die Durchführung einer Reinigung, wie sie in vielen privaten Haushalten regelmäßig erfolgt, führt erst zu der erforderlichen Betthygiene.

➜ 64 Luftdurchlässigkeit

Was für Zudecke, Bettwäsche und Matratze gilt, gilt auch für den Unterbau der Matratze: Atmungsaktivität. In die Matratze eindringende

Feuchtigkeit kann aus dieser nur entweichen, wenn sie von oben, von den Seiten und von unten einen ausreichenden Luftaustausch erfährt. So muss auch der Unterbau den Luftaustausch unterstützen, weshalb er nach unten nicht abgedichtet noch durch den Bettkasten verschlossen sein darf. Dies setzt eine offene Bauweise voraus, was nicht der Fall ist, wenn der Unterbau von unten zum Beispiel mit einem Brett oder einer Spanplatte verschlossen ist.

➜ 65 Wärmebedarf
Ob mit oder ohne Klimaanlage, für jedes Hotelzimmer lässt sich die durchschnittliche Raumtemperatur fest- oder einstellen. Bei Zimmern ohne Klimaanlage bedeutet dies entsprechende Abweichungen für Sommer und Winter. Unter der Bettdecke sollte aber für ein optimales Schlafklima eine konstante Temperatur zwischen 27 und 28 Grad Celsius angestrebt werden. Demzufolge sollte die Zudecke der bekannten Raumtemperatur angepasst sein.

➜ 66 Zudecken-Auswahl
Obwohl eine vielleicht allgemein passende Zudecke für die vorhandene Raumtemperatur zur Verfügung steht, hat nicht jeder Gast den gleichen Wärmebedarf. Alter, Geschlecht, Körpermasse und andere Faktoren können dazu beitragen, dass das individuelle Wärmebedürfnis vom Durchschnitt erheblich abweicht, so auch zum Beispiel bei der Gruppe mit starkem Schwitzen.

➜ 67 Lebensdauer
Auch die Zudecke unterliegt einem Verschleiß, der je nach verwendeter Füllung eine abnehmende Wärme-Isolation zur Folge hat.

5.4 Best practice: Grundanforderungen an ein Hotel-Bett

Autor Jens Rosenbaum

Wie überall gilt auch beim Bett das Motto: Das Ergebnis ist die Summe seiner Teile. Wer Wert auf Qualität legt, ein effektives wie effizientes Betten-Management betreiben möchte und zudem das Wohl seiner Gäste im Auge hat, ist gut beraten, die einzelnen Komponenten mit Sorgfalt auszuwählen. Denn das Hotel-Bett in seiner Gesamtheit sollte kein Zufallsprodukt sein. Um hierbei planvoll vorzugehen, sei es im Rahmen von Neuanschaffungen oder zur Bestimmung des Status quo, bietet es sich an, die einzelnen Komponenten methodisch hinsichtlich ihrer Eignung zu prüfen. Folgende Komponenten sind dabei relevant:

- Bettwäsche und Laken
- Kissen
- Zudecke
- Matratze
- Hygieneschutzbezug bzw. Encasing (sofern angewendet und sowohl für Kissen, Zudecke als auch Matratze möglich)
- Topper
- Unterfederung
- Bettmöbel

Während Bettwäsche und Laken bei einer stetig wachsenden Zahl Hotels durch textile Dienstleister, die sich um Beschaffung, Pflege (Waschen), Qualitätssicherung und tägliche Bereitstellung kümmern, gestellt werden, gibt es bei den anderen Komponenten nicht selten eine weniger klare Zuordnung. So können, je nach Geschäftsmodell, mehrere Akteure an der Zusammenstellung eines Bettes beteiligt sein, von Investoren und Architekten über Pächter bis zu möglichen Managementgesellschaften.

Damit die verschiedenen möglichen Entscheider neben den Kriterien Preis und Design den Gast und seine Bedürfnisse nicht aus den Augen verlieren, mag es helfen, sich der relevanten Kriterien bewusst zu sein. Einer besseren Übersichtlichkeit soll nachfolgende doppelseitige Tabelle dienen.

Tabelle 17: Grundanforderungen an ein Hotel-Bett

Das Hotel-Bett- und seine Komponenten	Humanverträglichkeit
Bettwäsche & Laken Sind nicht nur für das Auge, sondern haben den intensivsten Anteil am Körperkontakt mit dem Gast und werden (auch durch das Waschen) am stärksten belastet.	X
Kissen Idealerweise ein Kissen-Menü, woraus der Gast Kopfkissen mit unterschiedlicher Stützhöhe- und Stützkraft wählen kann, denn zu individuell sind hier die Bedürfnisse, um es mit einem Kissen allen Gästen recht machen zu können.	X
Zudecke Auf die Raumtemperatur abgestimmt und nach Möglichkeit mit Alternativen für mehr oder weniger Wärmebedarf, zudem mit Übergrößen für lange Gäste.	X
Matratze Sollte mit Festigkeit und Zonierung dem Bedürfnis eigener Hotel-Gäste im Durchschnitt entsprechen.	X
Hygieneschutzbezug (Encasing) Sofern richtig angewendet, eine Möglichkeit für zusätzliche Hygiene.	X
Topper Durchaus eine sinnvolle Ergänzung, kann zu feste Matratzen an der Oberfläche etwas weicher machen.	X
Unterfederung Bei Boxspring im Bettmöbel verbaut, sonst separate Komponente. Verantwortlich für Liegekomfort und Lebensdauer der Matratze. Komfortsteigerung durch verstellbare Unterfederungen, womit auch die Festigkeit einer Matratze individuell angepasst werden kann.	
Bettmöbel Trägersystem für alle Komponenten eines Bettes. Neben der Optik maßgeblich verantwortlich für die Aufstehhöhe (Höhe Bettkante).	

Grundanforderungen an ein Hotel-Bett

Allergiker-Freundlichkeit	Wasserdampf-Durchlässigkeit	Waschbarkeit	Reinigungsfähigkeit	Auswahl für den Gast	Verstellbarkeit
X	X	X			
X	X	X		X	
X	X	X		X	
X	X	X			
X	X	X			
X	X	X			
	X		X		X
			X		

5.5 Wie misst man eigentlich ...

... ob eine Matratze durchgelegen ist?
Jede Matratze hat, in Abhängigkeit der Beanspruchung, einen natürlichen Verschleiß. Dieser Verschleiß wird beeinflusst von der Qualität der verwendeten Materialien, der Pflege (z. B. regelmäßiges Wenden), der Unterfederung sowie der Beanspruchung durch Aufenthaltsdauer und Körpergewicht der Gäste. Schwere Körper z. B. benötigen nicht nur feste Matratzen mit viel Stauchhärte, sondern auch entsprechend hochwertige Materialien und eine Masse, die dem Gewicht standhält, sowie eine entsprechende Unterfederung. Eine eher flache und preiswerte Matratze wird von schweren Körpern sehr schnell durchgelegen, auch wenn sie dem Typ „fest" entsprechen sollte. Und Matratzen vom Typ „weich" werden von schweren Körpern ohnehin schnell mürbe gelegen, auch wenn unter einer für das Gewicht passenden Matratze nur ein Brett liegen sollte.

Aber auch, wer alles richtig macht, hat irgendwann das Problem durchgelegener Matratzen, sofern er diese nicht regelmäßig durch Neue ersetzt. Aber wann das der Fall ist, ob bereits nach 3, 5 oder erst nach 15 Jahren, ist einer Matratze von außen nicht immer sofort anzusehen. Nun gibt es mehrere Möglichkeiten, eine Matratze hinsichtlich ihrer Stützkraft und möglicher Kuhlen-Bildung testen bzw. prüfen zu lassen, bevor man es mit bloßem Auge erkennen kann.

So gibt es zum Beispiel das anerkannte *Ergonomie-Institut München (www.eim-online.de),* das für die Matratzen-Industrie Tests durchführt und in aufwendigen Verfahren genau bestimmen kann, wie es um die Qualität einer Matratze bestellt ist. Für strittige Gewährleistungsansprüche mit der Industrie gibt es von der IHK öffentlich bestellte Sachverständige für Bettwaren. *(www.svv.ihk.de)* Eine mobile Lösung, mit der man von Zimmer zu Zimmer oder in Stichproben Messungen vornehmen kann, ist das Verfahren mit Referenzkörpern *(Matratzen-Referenzkörper-Messverfahren).* Dabei werden Körperpuppen, die durchschnittlichen jeweils Hotel-spezifischen Gästen in Größe und Gewicht entsprechen, mit einem Laserstrahl in Rücken- und Seitenlage auf der zu prüfenden Matratze optisch vermessen und dokumentiert. Nebst einem Vorher-nachher-Vergleich lassen sich damit Aussagen darüber machen, ob eine Matratze ihren Zenit überschritten hat und ausgetauscht werden sollte, bevor der Gast selber den mangelhaften Zustand reklamiert. *(www.mrkm.de)*

...ob eine Matratze weich, mittel oder fest ist?

Härtegrad oder Festigkeit einer Matratze sind leider keiner Norm unterworfen. Die Industrie arbeitet mit bis zu 5 Stufen und mehr. Dabei können zwischen zwei Matratzen mit identischen Angaben bzgl. Härtegrad oder Festigkeit gravierende Unterschiede liegen, wenn diese von unterschiedlichen Herstellern kommen. Grundsätzlich kann mit folgenden *Faustregeln* das Ziel angestrebt werden, dass der entsprechende Körper und seine Wirbelsäule auf der Matratze in Rücken- wie in Seitenlage gemäß ihrer natürlichen Form gerade liegen.

- Matratze für 1 Person bis 60 kg Körpergewicht   ➔ **eher weich**
- Matratze für 1 Person bis 80 kg Körpergewicht   ➔ **eher mittel**
- Matratze für 1 Person über 80 kg Körpergewicht   ➔ **eher fest**

Das heißt, dass zwischen Becken und Schulter weder ein Abknicken der Wirbelsäule erfolgt, noch das Becken durchsackt oder bei zu hoher Festigkeit nur aufliegt). Auch dürfen keine übermäßigen Druckstellen an den Auflageflächen entstehen, was schnell der Fall ist, wenn die Matratze zu fest ist.

Etwas genauer ist die Faustregel bei Einbezug der Körpergröße, da es auch um die Verteilung des Körpergewichtes geht:

- Körpergewicht in kg < Körpergröße in cm minus 100   ➔ Matratze **eher weich**
- Körpergewicht in kg = Körpergröße in cm minus 100   ➔ Matratze **eher mittel**
- Körpergewicht in kg > Körpergröße in cm minus 100   ➔ Matratze **eher fest**

Das heißt, auf einer eher festen Matratze müssen Gäste mit einem Körpergewicht von z. B. 100 kg und einer Körperlänge von 180 cm liegen können, ohne im Bereich des Beckens durchzuhängen. Für den Bereich zwischen Schulter und Kopf ist das Zusammenspiel zwischen Matratze und Kopfkissen ausschlaggebend. Auch hier sollte die Wirbelsäule im Nackenbereich eine gerade Linie bilden.

... für wen welche Matratzenfestigkeit geeignet ist?

Härtegrad oder Festigkeit einer Matratze sollte ausgerichtet werden auf den statistischen Durchschnitt der eigenen Gäste. Denn es macht einen erheblichen Unterschied, ob man mehrheitlich jüngere oder ältere Zielgruppen anvisiert, ob es eher männliche oder eher weibliche Gäste sind und woher diese stammen. Nachfolgende Tabelle soll exemplarisch aufzeigen, welche Unterschiede es gibt. Wer sein Gästeprofil kennt, ist gut beraten, sich auch daran zu orientieren.

Tabelle 18: Statistik Körpergrößen und Körpergewicht

Durchschnitt Alter (18–40 Jahre)	männlich Größe in cm	männlich Gewicht in kg	weiblich Größe in cm	weiblich Gewicht in kg
Deutschland	180	88	166	71
USA	177	90	164	78
Japan	171	69	158	54
Saudi-Arabien	168	79	156	71
Größte/ Kleinste				
Niederlande	183	87,4	169	72,3
Laos	160	57,9	151	52,4
Schwerste/ Leichteste				
Amerikanisch Samoa	176	102,5	165	95,8
Osttimor	160	54,3	151	48,3
Deutschland (2013)				
25–30	181	82	167	64
65–70	176	86	164	71
Deutschland im Durchschnitt	m/w	m/w		
Ø 25–30	174	73		
Ø 65–70	170	78		
Ø	172	76		

Quellen: Statistisches Bundesamt, www.destatis.de
eglitis-media, www.laenderdaten.info/durchschnittliche-koerpergroessen.php

Nach diesen Daten wäre für ein Hotel in Deutschland mit vorwiegend deutschen Gästen quer durch alle Altersschichten (durchschnittliche Körpergröße 172 cm bei einem durchschnittlichen Körpergewicht von 76 kg) eine Matratze mit eher mittlerem Härtegrad bzw. mittlerer Festigkeit zu bevorzugen. Gewichtsunterschiede von 50 kg und mehr – bei Paaren bisweilen im selben Bett – sind aber trotzdem keine Seltenheit und sollten berücksichtigt werden können, zumal es die Möglichkeit der schnellen und flexiblen Anpassung gibt.

Wasserdampf-Durchlässigkeit (Atmungsaktivität)
Die Wasserdampf-Durchlässigkeit wird gemessen in $g/m^2/24\,h$, was besagt, wie viel Gramm Wasserdampf durch einen Quadratmeter in 24 Stunden verdampfen können. Vor dem Hintergrund von durchschnittlich 250 bis 500 ml Nachtschweiß sollte – als Richtwert – die Wasserdampf-Durchlässigkeit der Liegefläche > $4000\,g/m^2$ und die Luftdurchlässigkeit bei > $3\,l/(dm^2 \times min)$ liegen.* Sofern ein Encasing oder Hygieneschutzbezug diese Anforderung nicht erfüllt, sollte es/er nicht zum Einsatz kommen. *(* TÜV NORD, siehe auch Seite 226)*

Raumgewicht (RG)
Das Raumgewicht* definiert sich in Kilogramm pro Kubikmeter, wobei dieser Wert überwiegend für *Schaumstoffmatratzen* angewendet wird. Sofern er nicht bekannt ist, kann er auch grob selbst ermittelt werden: Gewicht der Matratze in Kilogramm, geteilt durch ihr Volumen in Kubikmetern (m^3 = Breite × Höhe × Länge), also kg/m^3. Für den Einsatz im Hotel sollte das RG mindestens bei 40, besser bei 50 und mehr liegen.

(*siehe auch Seite 221)

Sauberkeit
Das Messen des hygienischen Zustands eines Bettes ist sehr exakt möglich. Wenngleich Bettwäsche und Laken, sofern von einer zertifizierten Wäscherei gewaschen, eher selten Grund zur Beanstandung sind, verhält sich dies bei Kissen, Matratze, Encasing, Zudecke, Bettmöbel und Unterfederung oft anders. Hautpartikel und Haare der Gäste sowie sonstige Rückstände, Milben (und Milbenkot), Schimmel (u. a. auf Encasings), aber auch Bakterien sind unvermeidbare „Einträge" in einem benutzten Bett. Und alle lassen sich denkbar einfach nachweisen, ganz ohne aufwendige Labor-Untersuchungen.

Die nachfolgend aufgeführten *Tests* werden von verschiedenen Anbietern im Handel bzw. im Internet angeboten.

Milben, die von organischen Stoffen leben, lassen sich am einfachsten über ihren Kot nachweisen. Eine Milbe lebt zwar nur etwa 3 Monate, produziert in dieser Zeit aber die 200-fache Menge ihres Körpergewichts an Kot. In einem Bett sind bis zu 10 000 000 dieser 0,4 mm großen Tiere. Die vorhandene Milben-Belastung kann unkompliziert mit einem Stäbchentest durchgeführt und per Farbreaktion mit Referenzwerten abgeglichen werden. Die dafür notwendige Staubprobe kann mithilfe eines Staubsaugers gewonnen werden.

Schimmel selbst lässt sich nicht so einfach nachweisen, da es sich um einen Pilz und somit genaugenommen um ein Lebewesen handelt, doch lassen sich die Schimmel-Sporen nachweisen. Zum Beispiel mittels mikrobiellem Abstrich von Oberflächen durch Schimmel-Schnelltests, die jeder Laie durchführen kann. Von den Pilzen abgegebene Gase lassen sich, was schon komplizierter ist, in der Luft messen, wozu es Schimmel-Sporen-Luftmessgeräte gibt, doch sagt der Befund noch nichts über den Verursacher aus. Bezogen auf das Bett ist daher ein Messverfahren mittels Abstrich vorzuziehen.

Bakterien, die auch Lebewesen sind, scheiden Proteine aus, die sich leicht nachweisen lassen. Hierzu gibt es unterschiedliche Möglichkeiten des Nachweises, auch hinsichtlich der Konzentration, was für eine Bewertung nicht unwichtig ist. Eine sehr einfache und kostengünstige Möglichkeit ist z. B. die „Clean Card", die als Abriebtest zur betrieblichen Eigenkontrolle der Reinigungsqualität dient. Dieser Test erkennt Protein-Rückstände als Hinweis auf eine unzureichende Reinigung innerhalb von Sekunden, sagt aber nur bedingt etwas über die vorhandene Konzentration aus.

Sehr viel genauer macht es der *Lumitester*, z. B. von *Kikkoman* (die nicht nur Soja-Soße machen), der für das Hygiene-Monitoring in Lebensmittelbetrieben entwickelt wurde. Auch er weist in Sekundenschnelle auf mikrobielle Verunreinigungen hin, stellt aber auch die Konzentration und somit den Grad der Verunreinigung genau dar, was wichtig ist, um vergleichen zu können. Damit lässt sich nicht nur die Oberfläche einer Matratzen und eines Kissens testen, sondern auch das

Innenleben, ebenso von Bettgestell und Unterfederung. Wer genau wissen möchte, woraus sich der Schmutz zusammensetzt, kommt allerdings an einer Auswertung im Labor nicht vorbei.

Stauchhärte
Die Stauchhärte* beschreibt, speziell bei einer *Federkernmatratze*, welcher Kraftaufwand notwendig ist, um die Matratze um rund 40 % einzudrücken. Gemessen wird diese Angabe in Kilopascal (kPA). Je höher dieser Wert ausfällt, desto weniger weich ist die Matratze. Hier gilt als Faustregel ein Bedarf von etwa 40 kPA bei schweren und von etwa 30 kPA bei leichten Menschen. *(*siehe auch Seite 221)*

Kapitel 6
Autorenverzeichnis

6 Autorenverzeichnis

Hans R. Amrein (Jahrgang 1957) ist seit vielen Jahren Publizist und war von 2010 bis Ende 2016 bzw. ist seit 2019 wieder Leitender Redakteur der Schweizer Fachzeitschrift *Hotelier*. Er testet seit vielen Jahren Hotels in der Schweiz und im Ausland. Amrein ist Dozent an Hotel-Fachschulen und seit Anfang Januar 2018 Senior Consultant & Lecturer bei *Swiss Hospitality Solutions* (SHS). Daneben betreut er die Online-Fachplattform *www.hotelinsider.ch*. Der gebürtige Luzerner hat Musik, Musikwissenschaften und Geschichte studiert und in London promoviert. Er arbeitete viele Jahre als Korrespondent im Ausland (u. a. in London und in Asien), war Reporter in Krisengebieten und in den 1990er-Jahren für große Verlagshäuser als Zeitschriften-Projektentwickler und Chefredakteur tätig. Amrein lebt seit vielen Jahren in Italien. *amrein@hotelinsider.ch*

Stephan Schulze-Aissen ist Textilbetriebswirt (BTE), Inhaber des Bettenhauses Aissen in Bremerhaven und Bettenfachhändler des Jahres 2012. Zudem ist er öffentlich bestellter und vereidigter Sachverständiger für Bettwaren mit über 200 Gerichtsgutachten. Als Fachautor von Artikeln und Beiträgen in Tageszeitungen, Magazinen und Fachzeitschriften sowie durch Fernsehbeiträge wie „Matratzen im Test – Welt der Wunder" ist er dem Fachpublikum der Bettenbranche bekannt. Zudem ist er Vorsitzender des Aufsichtsrats der Bettenring e. G., Europas größtem Einkaufsverband für Bettenfachgeschäfte. *www.betten-aissen.de*

Prof. Dr. rer. pol. Marco A. Gardini ist seit 2008 Pro-Dekan der Fakultät Tourismus an der Hochschule Kempten und Professor für Tourismus, Internationales Hospitality Management und Marketing. Er ist Autor der aktuellen Standardwerke „Marketing-Management in der Hotellerie" (3. Auflage 2015) und „Grundlagen der Hotellerie und des Hotel-Managements" (2. Auflage 2014), Herausgeber zahlreicher Sammelbände wie „Personalmanagement im Tourismus (2014), „Mit der Marke zum Erfolg" (2011), „Handbuch Hospitality Management (2009), „Management internationaler Dienstleistungen (2004) sowie Autor von mehr als 100 Veröffentlichungen in wissenschaftlichen Journalen, Fachzeitschriften und -magazinen.

Philipp Hangartner erlernte bis in die späten 90er-Jahre das Schweizer Bankgeschäft von der Pike auf – mit langjährigen Anstellungen bei der *Zürcher Kantonalbank* und bei der *Credit Suisse Private Banking* in den USA. Nach Abschluss der Fachhochschule Zürich (HWV) ergänzte er seine akademische Ausbildung mit dem Titel eines Executive Master of Business Administration an der École supérieure de commerce in Lille, Frankreich. Die Industrie lernte er über die Konsolidierungsplattform *Mayflower Development Group* kennen, für die er u. a. eine Produktionsgesellschaft im Süden der Schweiz führte. Seit 2009 ist er Präsident des Verwaltungsrates der SWISSFEEL AG in Zürich, die sich auf die Herstellung von Hotel-Bettsystemen mit Schweizer Mineralschaumstoff spezialisiert hat. *www.swissfeel.com*

Autorenverzeichnis

Stephan Hirt ist seit Oktober 2012 Geschäftsführer der *Schwob AG* und hat eine Ausbildung im Bereich Marketing und Betriebswirtschaft und zuletzt einen MBA absolviert. Zuvor hatte er während vieler Jahre erfolgreich ein ebenfalls in der Schweiz produzierendes Familienunternehmen geführt. Zu Beginn seiner beruflichen Karriere war er bereits mit dem Einkauf von Textilien u. a. bei einem grossen Schweizer Detailhändler betraut: Der Leinenweberei *Schwob AG*, einem Familienunternehmen mit Sitz in Burgdorf, Schweiz, das seit 1876 hochwertige Textilien für Hotellerie, Gastronomie sowie Kliniken/Residenzen im In- und Ausland herstellt und über eigene Wäschereien verfügt. *www.schwob.ch*

Karsten Jeß war von 2010 bis 2017 Hauptgeschäftsführer der *Servitex GmbH* in Berlin. Seine Branchenkompetenz im Segment Hotellerie hat er sich nach seiner Ausbildung an der Hotel-Berufsfachschule D. Speiser am Tegernsee und im „Grandhotel Elysee Hamburg" in knapp 25 Jahren Hotel-Tätigkeit erworben, darunter 15 Jahre als Hotel- und Regional-Direktor. Unter anderem war er für namhafte Privat-Hotels, aber auch für Hotel-Konzerne wie Kempinski, Steigenberger, Sorat und Golden Tulip tätig. Vielseitige Verbandsaktivitäten wie im Fachverband für Hotellerie und Gastronomie (FBMA) sowie in der Hotel-Direktoren-Vereinigung Deutschland (HDV) ergänzen seinen fachlichen Background. 2017 und 2018 war er für die igefa Handelsgesellschaft tätig und gründete 2019 die KAJ Hotel Networks Vertriebsorganisation. *www.kaj-hotel-networks.de*

Dr. Sven Klunker arbeitet seit vielen Jahren im Bereich Allergie-, Asthmaforschung und Allergie-Prävention und hat zahlreiche wissenschaftliche Artikel in renommierten Fachzeitschriften veröffentlicht. Er hat in Potsdam und Berlin Biologie studiert und 1998 am Schweizerischen Institut für Allergie- und Asthmaforschung in Davos seine Dissertation begonnen, die er 2003 an der Universität Zürich verteidigte. Am Imperial College London arbeitete er über die allergenspezifische Immuntherapie und kehrte anschließend wieder an das Schweizerische Institut für Allergie- und Asthmaforschung nach Davos zurück. 2010 übernahm er die Leitung der Allergie-Abteilung bei der *Testex AG* in Zürich, einem international tätigen Prüf- und Zertifizierungsunternehmen. *www.testex.ch*

Luzius Kuchen wurde 2007 zum Branchenverband Hotelleriesuisse gerufen. Als Leiter Schweizer Hotel-Klassifikation verantwortete er die Vergabe der Hotel-Sterne und der entsprechenden 17 Spezialisierungen wie Design-Hotel, Wellness-Hotel, Unique-Hotel, Golf-Hotel, Seminar-Hotel usw. Durch seine fundierten Branchenkenntnisse aufgrund von rund 100 Hotel-Besuchen und etwa 80 Hotel- und Resort-Beratungen entschied sich Kuchen im Jahr 2012, die „Kuchen Hotel Projects AG" zu gründen. Das Unternehmen ist seither offizieller Partner des Beraternetzwerks von Hotelleriesuisse. „Kuchen Hotel Projects" ist zudem Partner des Swiss Hospitality Investment Forum und Hauptpartner des Swiss Award für Marketing und Architektur. *www.hotel-projects.ch*

Jens Rosenbaum hat Mathematik und Wirtschaftswissenschaften studiert und besitzt einen Abschluss als Diplom-Kaufmann. Er ist diplomierter Schlafberater der Akademie LDT Nagold, Herausgeber des Journals „Schlafen Spezial", Betreiber der Internet-Plattform „Gilde der Bettwarenmanufakturen in Deutschland" und beratend tätig für Handel und Industrie. Ein regelmäßiger, praktischer Bezug zu den Schlafbedürfnissen der Menschen erfolgt durch ein familieneigenes, 1876 gegründetes Bettenfachgeschäft in Lehrte bei Hannover. Es wurde 2013 und 2019 mit dem Titel „Bettenfachhändler des Jahres" ausgezeichnet. Seit 2016 ist er Geschäftsführer der SWISSFEEL Deutschland GmbH und Verfasser des HOTEL-BETTEN-CHECKS. *www.schlafenspezial.de*

Rolf Slickers ist seit 2017 Hauptgeschäftsführer der *Servitex GmbH* in Berlin, einem Verbund von Großwäschereien mit bundesweiter Verfügbarkeit und Partnerbetrieben in der Schweiz und in Österreich, die eine textile Vollversorgung für Hotel-Betriebe anbieten. Slickers ist Hotel-Betriebswirt und ausgewiesener Branchen-Experte vor dem Hintergrund eines elterlichen Hotel-Betriebes und eines Berufsweges, der als Koch und Restaurant-Fachmann im „Hotel Maritim" in Travemünde begann. Darauf folgte eine 40-jährige Hotel-Tätigkeit – wovon 20 Jahre als Hotel-Direktor – an vielen namhaften Stationen, u. a. dem „Schlosshotel Lerbach" in Bergisch-Gladbach oder den „Pullman"-Hotels in Köln und Stuttgart. Nicht zuletzt seiner Tätigkeit als Vice President Operations der Dorint AG, in der operativen Betriebsführung sowie im Marketing von 16 First-Class-Resort-Hotels entstammt sein Wissen um die Notwendigkeit eines auf Nachhaltigkeit ausgelegten Bettenmanagements. *www.servitex.de*

Thomas G. Zydeck, Sachverständiger für Betriebshygiene, ist seit 1999 selbstständig im Bereich Hygiene tätig und zudem akkreditierter Probennehmer des BAV-Instituts. Er ist Autor zahlreicher Artikel und Publikationen, u. a. Infoblatt „Allergenkennzeichnung" der DIHK, „Was der Gastwirt wissen muss" und „Reinigung & Desinfektion in der Gemeinschaftsverpflegung" im BEHR´s-Verlag. Er ist Fachreferent bei der IHK Koblenz für Hygiene sowie bei der Dehoga Rheinland-Pfalz für Hygiene und § 4-Schulung wie auch bei der Handwerkskammer Koblenz für Meistervorbereitungskurse der Berufe Bäcker, Konditoren und Fleischer. Zydeck ist Inhaber der Firma *MaxInTime GmbH* für das digitale Hygienemanagement Check de Cuisine und Check de Audit für Gastronomie und Lebensmittel verarbeitende Betriebe. *www.maxintime.de*

IHA EDITION HOTELLERIE

Schlüssel zu solider Finanzierung

Finanzierungsleitfaden Mittelstandshotellerie

Strategien und Konzepte für dauerhaften Erfolg

Herausgegeben von
Prof. Dr. Dr. habil. Jörg Soller

2., völlig neu bearbeitete und wesentlich erweiterte Auflage 2018, XII, 145 Seiten, mit zahlreichen Abbildungen, fester Einband, € (D) 39,95, ISBN 978-3-503-17442-3

IHA Edition Hotellerie, Band 4

Online informieren und bestellen:
www.ESV.info/17442

Ob Existenzgründung, Investition oder neue strategische Positionierung: Mit der richtigen Finanzierung legen Sie in der Hotellerie den Grundstein zu dauerhaftem Erfolg.

Auf welche Faktoren Sie dabei in der Mittelstandshotellerie besonders achten müssen, verrät Ihnen das Expertenteam um Jörg Soller.

▸ Strategische Ausrichtung, Unternehmensnachfolge und neueste Trends

▸ Hotelmarken und Buchungsverhalten der Hotelgäste im Kontext der Finanzierung

▸ Überblick zu Finanzierungsarten und -strukturen, öffentlichen Mitteln, Finanzierungsfallen bei Existenzgründung und Fördermitteln

▸ Unternehmens- und Bonitätsbewertung durch Benchmarks und Rating

▸ Die Anwendung von Hotelbudgets, Forecasts und kurzfristiger Erfolgsrechnung

▸ Verhaltenstipps für den Umgang mit Banken

Die **2. Auflage** des bewährten Leitfadens – mit vielen **hotelspezifischen Praxisbeispielen** und Checklisten.

Auf Wissen vertrauen

Erich Schmidt Verlag GmbH & Co. KG
Genthiner Str. 30 G · 10785 Berlin
Tel. (030) 25 00 85-265
Fax (030) 25 00 85-275
ESV@ESVmedien.de · www.ESV.info

Erste Adresse für gute Beratung

Hospitality Consulting
Erfolgskonzepte für
die Hotellerieberatung

Herausgegeben von
Prof. Dr. Burkhard von Freyberg
und **Susanne Steppat**

2., neu bearbeitete und erweiterte
Auflage 2019, 293 Seiten, € (D) 44,95
ISBN 978-3-503-18233-6

**Online informieren
und bestellen:**
www.ESV.info/18233

Für die Hotellerie kann die **professionelle Unterstützung durch externe Beratung** entscheidende Wettbewerbsvorteile bringen: Denn Digitalisierung, Markenkonzentration und sich ändernde Gästeerwartungen fordern die Branche heraus. Doch was kann Beratung hinsichtlich dieses Strukturwandels und des anstehenden Generationenwechsels leisten? Wie sehen erfolgreiche Beratungsansätze aus?

In der **2., umfassend aktualisierten Auflage** des Buchs von **Burkhard von Freyberg** und **Susanne Steppat** gehen führende Vertreter der Hotellerie und renommierte Hotelberater diesen Fragen systematisch nach:

▶ **Alles zu Rolle und Leistung von Hotelberatungen** sowie Anforderungen, Instrumente und Erfolgsfaktoren qualifizierter Beratertätigkeit

▶ **Spezifische Handlungsfelder** anhand konkreter Beratungsfälle und Experteneinschätzungen

▶ **Aktuelle Themen**, z. B. Nachfolge in Familienbetrieben, Interims- und Turnaround-Management, Yield-Management

Auf Wissen vertrauen

Erich Schmidt Verlag GmbH & Co. KG
Genthiner Str. 30 G · 10785 Berlin
Tel. (030) 25 00 85-265
Fax (030) 25 00 85-275
ESV@ESVmedien.de · www.ESV.info